世界の記憶シリーズ

世界の記憶
データ・ブック

－2023年版－

《 目　次 》

「世界の記憶」 概説

カール大帝宮廷学校の装飾写本
(Illuminated manuscripts of Charlemagne's Court School)
オーストリア／英国／フランス／ドイツ／ルーマニア
2023年選定

　ユネスコ（国連教育科学文化機関　本部　パリ）は、1992年に、歴史的な文書、絵画、音楽、映画などの世界の記録遺産（Documentary Heritage）を保存し、利用することによって、世界の記録遺産を保護し、共有することを目的として、メモリー・オブ・ザ・ワールド・プログラム（Memory of the World Programme）を開始した。

　このメモリー・オブ・ザ・ワールド（Memory of the World　略称MOW「世界の記憶」、「世界世界の記憶」、「世界記録遺産」、「ユネスコ世界の記憶」とも）のプログラムの目的は、ユネスコ加盟国が「自国の記憶」についての認識を高め、「自国の記憶」を保護する上で、国、団体、国民の利益を呼び起こすこと、世界的に、または、国単位で、または、地域的に意義のある世界の記憶の保存を奨励すること、世界の記憶ができるだけ多くの人に利用できるようにすること、コンパクト・ディスク、ウェブサイト、アルバム、本、ポストカードなどの製品を作成し、世界の記憶の概念を促進することなどである。

　このメモリー・オブ・ザ・ワールド・プログラムの事務局は、ユネスコ本部の情報・コミュニケーション局知識社会部ユニバーサルアクセス・保存課が担当している。

　「世界の記憶」は、2年毎に開催される国際諮問委員会（略称IAC）で、世界にとって意義のある世界の記憶が選考される。国際諮問委員会は、1997年9月にウズベキスタンのタシケント、1999年6月にオーストリアのウィーン、2001年6月に韓国の慶州、2003年8月にポーランドのグダニスク、2005年6月に中国の麗江、2007年6月に南アフリカのプレトリア、2009年7月にバルバドスのブリッジタウン、2011年5月に英国のマンチェスター、2013年6月に韓国の光州、2015年10月にアラブ首長国連邦のアブダビ、2017年10月にフランスのパリの各都市で開催されてきたが、世界の記憶選定をめぐる政治利用などへの国際批判を理由に中断していたが、2021年4月の第214回ユネスコ執行委員会で改革案が承認され、2023年に選定が再開されることになった。

　「世界の記憶」には、これまでに、中国の「清代歴史文書」、韓国の「朝鮮王朝実録」、英国の「マグナ・カルタ」、フランスの「人権宣言」、ドイツの「ベートーベンの交響曲第九番の草稿」や「ゲーテの直筆の文学作品」、オランダの「アンネ・フランクの日記」、オランダ、ブラジル、ガーナ、ガイアナ、オランダ領アンティル、スリナム、英国、アメリカ合衆国の複数国（8か国）にまたがる「オランダ・西インド会社の記録文書」、2か国にまたがるイスラエルと英国の「アイザック・ニュートン卿の科学と数学の論文」、英国とアメリカ合衆国の「ウイリアム・シェイクスピアの文書類」、それに、自然や人為の災害の記録であるインドネシアとスリランカの「インド洋津波アーカイヴス」、ウクライナの「チェルノブイリ原子力発電所事故に関連する記録遺産」など忘れ去られてはならない多様な記録494件が「「世界の記憶」リスト」に選定されている。

　世界遺産に関連したものでは、カザフスタンの「コジャ・アフメド・ヤサヴィの写本」、中国の「麗江のナシ族の東巴古籍」、韓国の「海印寺の大蔵経板」、インドネシアの「ボロブドールの保全のアーカイヴス」、オーストリアの「オーストリア鉄道の歴史博物館のセンメリング鉄道の記録」、ドイツの「ライヒエナウ修道院にある彩飾写本」、スロヴァキアの「バンスカー・シュティアヴニッツァの鉱山地図」などが挙げられる。

　日本からの「世界の記憶」は、2011年5月に、英国のマンチェスターで開催された第10回国際諮問委員会で、「山本作兵衛コレクション」（Sakubei Yamamoto Collection）が、日本初のメモリー・オブ・ザ・ワールド（「世界の記憶」）の選定が内定、イリーナ・ボコヴァ・ユネスコ事務局長の決裁を得て、ユネスコと申請者（福岡県田川市長及び公立大学法人福岡県立大学学長）との間で、選定に関する契約が締結され、「世界の記憶」として正式決定の運びとなった。

　「山本作兵衛コレクション」は、筑豊の炭坑（ヤマ）の文化を見つめた画家、山本作兵衛氏（1892～1984年　福岡県飯塚市出身）の墨画や水彩画の炭鉱記録画、それに、記録文書などで、保管・展示は、福岡県田川市石炭・歴史博物館と福岡県立大学附属研究所が行なっている。

　「山本作兵衛コレクション」を選定申請した経緯は、田川市は、当初、「九州・山口の近代化産業遺産群」の構成資産の一つとして、旧三井田川鉱業所伊田竪坑櫓などの世界遺産登録を目指していたが、残念ながら2009年10月に国内審査で構成資産の候補から外れた。

　しかしながら、関連資料として紹介した山本作兵衛の作品を、現地を訪れた海外の専門家が「炭鉱記録画の代表作」と絶賛、高く評価していたことが契機となって、2010年3月末に図録などを添えた選定推薦書類をユネスコに提出したわけである。

　2013年6月に韓国の光州市で開催された第11回国際諮問委員会では、日本政府の推薦では初めてとなる、仙台藩の日欧交渉を伝える江戸時代の「慶長遣欧使節関係資料」(仙台市博物館所蔵)、それに、平安時代の藤原道長の自筆日記(国内最古)である「御堂関白記」(京都市にある陽明文庫が所蔵)の国宝2件が選定された。

　2015年にアラブ首長国連邦のアブダビで開催された第12回国際諮問委員会では、国宝の「東寺百合文書」(京都府立総合資料館所蔵)、「舞鶴への生還 1945～1956 シベリア抑留等日本人の本国への引き揚げの記録」(京都府舞鶴市舞鶴引揚記念館所蔵)の2件が選定された。

　2017年にフランスのパリのユネスコ本部で開催された第13回国際諮問委員会では、群馬県の「上野三碑」(高崎市が所蔵)、韓国と共同選定した「朝鮮通信使に関する記録：17世紀～19世紀の日韓の平和構築と文化交流の歴史」(長崎県立対馬歴史民俗資料館等が所蔵)の2件が選定された。

　2023年5月にユネスコ本部で開催された第216回ユネスコ執行委員会で、「円珍関係文書典籍―日本・中国の文化交流史―」(宗教法人園城寺(滋賀県大津市)と独立行政法人国立文化財機構東京国立博物館(東京都台東区)が所蔵)の1件がが選定された。

　「世界の記憶」は、人類の歴史的な文書や記録など忘れ去られてはならない貴重な記録遺産であり、地球上のかけがえのない自然遺産と人類が残した有形の文化遺産である「世界遺産」、人類の創造的な無形文化遺産の傑作である「世界無形文化遺産」と共に失われることなく保護し、恒久的に保存していかなければならない。

　「世界の記憶」は、「世界遺産条約」や「無形文化遺産保護条約」の様に多国間条約に基づくものではないが、マリ北部紛争で危機にさらされている世界遺産トンブクトゥの図書館に所蔵されている文書遺産などの保全も喫緊の課題であることから、「世界の記憶」事業の強化の必要性について、多くの国が賛意を示している。

　現在のメモリー・オブ・ザ・ワールド・プログラムの仕組みやジェネラル・ガイドラインズ(記録遺産保護の為の一般指針)の変更など、世界の記憶選定をめぐる政治利用などへの国際批判に応じた透明性のある制度改革が求められていたが、2021年4月15日にオンラインで開催された第214回ユネスコ執行委員会において、日本・韓国・中国など32の国と地域で構成した制度改革作業部会が取りまとめた改革案が承認され、各国からの申請があるとその内容を公開し、異議がある他国は90日以内に不服申し立てを行い、ユネスコの事務局が仲裁役として当事国間の対話を促し、双方の合意が得られた場合にのみ選定されることとなった。この決定を受けて、長らく停止していた新規申請の受付を再開し、2022-23年サイクルとして新たな選定を行うことになり、2023年5月に選定が再開された。

　また、2011年にユネスコがパレスチナの正式加盟を認めたことに端を発して、ユネスコ予算の分担率が第一位であるアメリカ合衆国(22%)が2018年末にイスラエルと共に脱退した為、財政面での運営に支障が生じていたが、ユネスコは2023年6月30日に開催した臨時総会でアメリカ合衆国の復帰への提案を承認、7月11日に、正式に再加盟した。

　いずれにせよ、ユネスコの事業は、政治利用の場であってはならない。また、選定遺産の選考過程の情報開示も必要であり、透明性のある仕組みへの転換が望まれると共に、複数国による共同選定は、今後も推奨されるべきだと思う。

　本書では、最新の「世界の記憶」の仕組みと選定遺産名のすべてを明らかにする。

　　　　　　　　　　　　　　　　　　　　　　　　2023年7月1日　　古田 陽久

ユネスコとは

第216回ユネスコ執行委員会
2023年5月10日〜24日

①ユネスコとは

ユネスコとは、国際連合の専門機関の一つである国際連合教育科学文化機関（United Nations Educational, Scientific and Cultural Organization＝UNESCO）のこと。

＜設立＞

1945年（昭和20年）11月16日	ロンドンでの「連合国教育文化会議」でユネスコ憲章採択
1946年（昭和21年）11月 4日	ユネスコ憲章の効力発生。
1951年（昭和26年） 7月 2日	日本の加盟（60番目の加盟国）

＜所在地＞

ユネスコ本部	7, Place de Fontenoy, 75352 Paris 07 SP, FRANCE
ウェブサイト	http://en.unesco.org/

＜公用語＞

アラビア語、英語、スペイン語、中国語、フランス語、ロシア語
（但し、「作業言語」は英語とフランス語のみ）

②ユネスコ憲章

＜前文＞

「……戦争は、人の心の中で生まれるものであるから、人の心の中に平和のとりでを築かなければならない。」（前文冒頭）の言葉は有名である。また、しばしば繰り返されてきた戦争の原因は、「お互いの風習や生活を知らないことにより、人類の歴史を通じて世界の人々の間に疑惑と不信を引き起こしたからだ」とし、「……だから、平和が失敗に終わらない為には、それを全人類の知的および道義的関係の上に築き上げなければならない……」と謳っている。したがって、ユネスコは、国際的な「知的協力」の機関として活動するという任務を課せられて発足した。

③ユネスコの目的と活動領域

＜ユネスコの目的＞

国際連合憲章が世界の諸人民に対して、人種、性、言語、または、宗教の差別なく確認している正義、法の支配、人権及び基本的自由に対する普遍的な尊重を助長するために、教育、科学、文化、コミュニケーションを通じて加盟国間の国際協力を促進することによって平和及び安全に貢献することである。

＜ユネスコの活動領域＞

- ●教育分野　○平和・人権教育
  - ○貧困、とりわけ極貧の削減
  - ○エイズ（HIV）予防教育
  - ○万人のための教育（EFA：Education for All）　識字教育等
  - ○持続可能な開発のための教育（ESD：Education for Sustainable Development）
  - ○ユネスコ・スクール（ASPnet：Associated School Project Network）
- ●自然科学分野　○科学、環境及び持続可能な開発
  - ○水科学の推進
  - ○津波災害の予防減災等
  - ○ユネスコ人間と生物圏（MAB:Man and the Biosphere）計画
    - 生物圏保存地域（ユネスコ・エコパーク　Biosphere Reserves: BR）

- 人文・社会科学分野
    - ○生命倫理　　ヒトゲノムに関する研究等
    - ○人権・差別対策　　男女平等等
- 文化分野
    - ○世界遺産
    - ○世界無形文化遺産
    - ○文化的多様性、文明間対話　　創造都市ネットワーク等
- 情報・コミュニケーション分野
    - ○教育、科学、文化の発展及び知識社会の構築のための情報・コミュニケーション技術（ICT）への貢献
    - ○「世界の記憶」

　ユネスコは、21世紀の国際社会の課題である、平和と安全、開発と貧困の軽減、環境、デモクラシー、人権とグッドガバナンス、アフリカの特別なニーズなどに応えるために設定された国連ミレニアム開発目標、なかでも極度の貧困及び飢餓の半減、普遍的初等教育の達成、男女平等及び女性の地位強化の推進、エイズ、マラリア等伝染病との戦い、環境の持続可能性の確保など、2015年までの目標達成に向けて、その戦略や活動を通じ積極的に取り組んでいる。

④ユネスコの主要機能

　また、ユネスコの活動には主に次の5つの機能がある。

- 将来の展望に関する研究（Prospective Studies）
世界の将来の課題を認知して、教育、科学、文化、コミュニケーションの分野でどのように課題に対処するべきかを研究する機能。

- 知識の進歩、移転及び共有の促進（The advancement, transfer and sharing of knowledge）
この機能は、ユネスコの最も重要な機能のひとつ。ユネスコは、地域単位、世界単位のネットワークを設け、その推進役を担う。

- 規範設定の活動（Standard-stetting action）
加盟国が、様々な文化や伝統の違いを越え、共通のルール作りをする時、法的拘束力をもつ条約、協定などの国際文書や勧告や宣言が必要になる。その作成や採択を行う活動。

- 人的機関的能力の向上（Building human and institutional capacities）
加盟国の開発政策・開発プロジェクトに対する専門的な助言、技術協力をする殊によって各国の人的機関的能力を向上させる、例えば、開発途上国に対し、研修、文字メディア、視聴覚メディアの機材の供与などの支援。

- 専門情報の交換（Exchange of specialized information）
様々な活動分野における専門的な情報を収集し、その情報を広く全世界に配布。2年毎に作成される「世界レポート」をはじめ、「統計年鑑」、各種定期刊行物などを発行。

⑤ユネスコの加盟国

加盟国 194、準加盟地域 12

<Group別・加盟順・アルファベット順>　（2023年7月現在）

<Group I>加盟国（26か国）　　※イスラエルとアメリカ合衆国は2018年12月31日に脱退
※※アメリカ合衆国は2023年7月11日に再加盟

国　名	ユネスコ加盟日	世界遺産の数	無形文化遺産の数	世界の記憶の数	合　計
カナダ	1946年11月 4日	20	0	9	29
デンマーク	1946年11月 4日	10	2	9	21
フランス	1946年11月 4日	49	26	20	95
ギリシャ	1946年11月 4日	18	10	2	30
ノルウェー	1946年11月 4日	8	0	6	14
トルコ	1946年11月 4日	19	25	9	53
ベルギー	1946年11月29日	15	16	7	38
オランダ	1947年 1月 1日	12	3	20	35
ルクセンブルク	1947年10月27日	1	2	1	4
イタリア	1948年 1月27日	58	17	10	85
オーストリア	1948年 8月13日	12	10	16	38
スイス	1949年 1月28日	13	8	6	27
モナコ	1949年 7月 6日	0	0	0	0
（イスラエル	1949年 9月16日	9	0	5	14)
	※脱退2018年12月31日				
スウェーデン	1950年 1月23日	15	2	8	25
ドイツ	1951年 7月11日	51	7	29	87
スペイン	1953年 1月30日	49	23	13	85
フィンランド	1956年10月10日	7	3	4	14
キプロス	1961年 2月 6日	3	6	0	9
アイルランド	1961年10月 3日	2	4	2	8
アイスランド	1964年 6月 8日	2	1	2	5
マルタ	1965年 2月10日	3	2	1	6
ポルトガル	1974年 9月11日	17	10	11	38
サンマリノ	1974年11月12日	1	0	0	1
アンドラ	1993年10月20日	1	2	0	3
英国	1997年 7月 1日	33	0	24	57
アメリカ合衆国	2023年7月11日	24	0	11	35
	※※加盟2003年10月 1日、脱退2018年12月31日　再加盟2023年7月11日				

<Group II>加盟国（25か国）

国　名	ユネスコ加盟日	世界遺産の数	無形文化遺産の数	世界の記憶の数	合　計
ポーランド	1946年11月 6日	17	5	18	40
ハンガリー	1948年 9月14日	9	8	7	24
ロシア連邦	1954年 4月21日	30	2	15	47
ベラルーシ	1954年 5月12日	4	1	2	7
ウクライナ	1954年 5月12日	8	8	5	21
ブルガリア	1956年 5月17日	10	8	4	22
ルーマニア	1956年 7月27日	9	9	1	19
アルバニア	1958年10月16日	4	1	1	6
リトアニア	1991年10月 7日	4	3	3	10
エストニア	1991年10月14日	2	5	2	9
ラトヴィア	1991年10月14日	2	3	4	9

モルドヴァ	1992年 5月27日	1	3	0	4
スロヴェニア	1992年 5月27日	5	2	1	8
クロアチア	1992年 6月 1日	10	21	2	33
アゼルバイジャン	1992年 6月 3日	3	19	3	25
アルメニア	1992年 6月 9日	3	7	4	14
ジョージア	1992年10月 7日	4	4	5	13
スロヴァキア	1993年 2月 9日	8	5	3	16
チェコ	1993年 2月22日	16	9	10	35
タジキスタン	1993年 4月 6日	2	7	2	11
ボスニア・ヘルツェゴヴィナ	1993年 6月 2日	4	2	1	7
北マケドニア	1993年 6月28日	2	2	0	4
ウズベキスタン	1993年10月26日	5	12	5	22
セルビア	2000年12月20日	5	5	4	14
モンテネグロ	2007年 3月 1日	4	0	0	4

＜Group III ＞加盟国（33か国）

国　名	ユネスコ加盟日	世界遺産の数	無形文化遺産の数	世界の記憶の数	合　計
ブラジル	1946年11月 4日	23	9	11	43
ドミニカ共和国	1946年11月 4日	1	4	2	7
メキシコ	1946年11月 4日	35	11	13	59
ボリヴィア	1946年11月13日	7	5	4	16
ハイチ	1946年11月18日	1	1	2	4
ペルー	1946年11月21日	13	13	4	30
ヴェネズエラ	1946年11月25日	3	6	3	12
エクアドル	1947年 1月22日	5	2	1	8
キューバ	1947年 8月29日	9	5	5	19
コロンビア	1947年10月31日	9	10	2	21
ウルグアイ	1947年11月 8日	3	2	4	9
ホンジュラス	1947年12月16日	2	1	0	3
エルサルバドル	1948年 4月28日	1	0	1	2
アルゼンチン	1948年 9月15日	11	2	3	16
グアテマラ	1950年 1月 2日	3	3	1	7
パナマ	1950年 1月10日	5	1	1	7
コスタリカ	1950年 5月19日	4	1	2	7
ニカラグア	1952年 2月22日	2	2	1	5
チリ	1953年 7月 7日	7	1	3	11
パラグアイ	1955年 6月20日	1	0	1	2
トリニダード・トバコ	1962年11月 2日	0	0	6	6
ジャマイカ	1962年11月 7日	1	1	3	5
ガイアナ	1967年 3月21日	0	0	2	2
バルバドス	1968年10月24日	1	0	6	7
グレナダ	1975年 2月17日	0	0	0	0
スリナム	1976年 7月16日	2	0	4	6
ドミニカ国	1979年 1月 9日	1	0	1	2
セント・ルシア	1980年 3月 6日	1	0	2	3
バハマ	1981年 4月23日	0	0	2	2
ベリーズ	1982年 5月10日	1	1	1	3
アンティグア・バーブーダ	1982年 7月15日	1	0	1	2
セント・ヴィンセントおよびグレナディーン諸島	1983年 1月14日	0	0	1	1
セント・キッツ・ネイヴィース	1983年10月26日	1	0	1	2

<Group Ⅳ>加盟国（44か国）

国　名	ユネスコ加盟日	世界遺産の数	無形文化遺産の数	世界の記憶の数	合　計
オーストラリア	1946年11月 4日	20	0	6	26
中国	1946年11月 4日	56	43	15	114
インド	1946年11月 4日	40	14	11	65
ニュージーランド	1946年11月 4日	3	0	3	6
フィリピン	1946年11月21日	6	5	4	15
アフガニスタン	1948年 5月 4日	2	3	0	5
イラン	1948年 9月 6日	26	21	13	60
タイ	1949年 1月 1日	6	3	6	15
ミャンマー	1949年 6月27日	2	0	4	6
パキスタン	1949年 9月14日	6	3	1	10
スリランカ	1949年11月14日	8	2	3	13
インドネシア	1950年 5月27日	9	12	11	32
韓国	1950年 6月14日	15	22	18	55
日本	1951年 7月 2日	25	22	8	55
カンボジア	1951年 7月 3日	3	6	2	11
ヴェトナム	1951年 7月 6日	8	15	3	26
ラオス	1951年 7月 9日	3	1	0	4
ネパール	1953年 5月 1日	4	0	2	6
マレーシア	1958年 6月16日	4	6	6	16
モンゴル	1962年11月 1日	5	15	4	24
バングラデシュ	1972年10月27日	3	4	1	8
北朝鮮	1974年10月18日	2	4	2	8
パプアニューギニア	1976年10月 4日	1	0	0	1
モルディヴ	1980年 7月18日	0	0	0	0
トンガ	1980年 9月29日	0	1	0	1
サモア	1981年 4月 3日	0	1	0	1
ブータン	1982年 4月13日	0	1	0	1
フィジー	1983年 7月14日	1	0	1	2
キリバス	1989年10月24日	1	0	0	1
クック諸島	1989年10月25日	0	0	0	0
ツバル	1991年10月21日	0	0	0	0
カザフスタン	1992年 5月22日	5	13	3	21
キルギス	1992年 6月 2日	3	13	1	17
トルクメニスタン	1993年 8月17日	3	7	1	11
ソロモン諸島	1993年 9月 7日	1	0	0	1
ニウエ	1993年10月26日	0	0	0	0
ヴァヌアツ	1994年 2月10日	1	1	1	3
マーシャル諸島	1995年 6月30日	1	0	0	1
ナウル	1996年10月17日	0	0	0	0
パラオ	1999年 9月20日	1	0	0	1
ミクロネシア	1999年10月19日	1	1	0	2
東ティモール	2003年 6月 5日	0	1	1	2
ブルネイ	2005年 3月17日	0	0	0	0
シンガポール	2007年10月 8日	1	1	0	2

＜Group V(a)＞加盟国（47か国）

国　名	ユネスコ加盟日	世界遺産の数	無形文化遺産の数	世界の記憶の数	合　計
リベリア	1947年 3月 6日	0	0	0	0
エチオピア	1955年 7月 1日	9	4	1	14
ガーナ	1958年 4月11日	2	0	1	3
ギニア	1960年 2月 2日	1	1	0	2
ベナン	1960年10月18日	2	1	1	4
コンゴ	1960年10月24日	1	1	0	2
コートジボワール	1960年10月27日	5	3	0	8
マリ	1960年11月 7日	4	9	3	16
マダガスカル	1960年11月10日	3	2	1	6
ニジェール	1960年11月10日	3	2	0	5
セネガル	1960年11月10日	7	3	3	13
カメルーン	1960年11月11日	2	0	0	2
中央アフリカ	1960年11月11日	2	1	0	3
ブルキナファソ	1960年11月14日	3	1	1	5
ナイジェリア	1960年11月14日	2	5	1	8
ソマリア	1960年11月15日	0	0	0	0
ガボン	1960年11月16日	2	0	0	2
トーゴ	1960年11月17日	1	1	0	2
コンゴ民主共和国	1960年11月25日	5	1	0	6
チャド	1960年12月19日	2	0	0	2
タンザニア	1962年 3月 6日	7	0	2	9
シエラ・レオネ	1962年 3月28日	0	0	0	0
ルワンダ	1962年11月 7日	0	0	0	0
ウガンダ	1962年11月 9日	3	6	0	9
ブルンディ	1962年11月16日	0	0	0	1
ケニア	1964年 4月 7日	7	5	0	12
マラウイ	1964年10月27日	2	6	0	8
ザンビア	1964年11月 9日	1	5	0	6
レソト	1967年 9月29日	1	0	0	1
モーリシャス	1968年10月25日	2	4	4	10
ガンビア	1973年 8月 1日	2	1	0	3
ギニア・ビサウ	1974年11月 1日	0	0	0	0
モザンビーク	1976年10月11日	1	2	0	3
セイシェル	1976年10月18日	2	1	0	3
アンゴラ	1977年 3月11日	1	0	1	2
コモロ	1977年 3月22日	0	0	0	0
スワジランド	1978年 1月25日	0	0	0	0
カーボ・ヴェルデ	1978年 2月15日	1	1	0	2
ナミビア	1978年11月 2日	2	2	1	5
赤道ギニア	1979年11月29日	0	0	0	0
ボツワナ	1980年 1月16日	2	3	0	5
サントメプリンシペ	1980年 1月22日	0	0	0	0
ジンバブエ	1980年 9月22日	5	2	1	8
ジブチ	1989年 8月31日	0	0	0	0
エリトリア	1993年 9月 2日	1	0	0	1
南アフリカ	1994年12月12日	10	0	5	15
南スーダン	2011年10月27日	0	0	0	0

ユネスコとは

＜Group V(b)＞加盟国（19か国）

国　名	ユネスコ加盟日	世界遺産の数	無形文化遺産の数	世界の記憶の数	合　計
エジプト	1946年11月 4日	7	7	5	19
レバノン	1946年11月 4日	6	2	2	10
サウジアラビア	1946年11月 4日	6	11	2	19
シリア	1946年11月16日	6	5	0	11
イラク	1948年10月21日	6	7	0	13
ヨルダン	1950年 6月14日	6	5	0	11
リビア	1953年 6月27日	5	0	0	5
モロッコ	1956年11月 7日	9	12	2	23
チュニジア	1956年11月 8日	8	6	3	17
スーダン	1956年11月26日	3	2	0	5
クウェート	1960年11月18日	0	4	0	4
モーリタニア	1962年 1月10日	2	4	0	6
イエメン	1962年 4月 2日	5	3	0	8
アルジェリア	1962年10月15日	7	10	2	19
バーレーン	1972年 1月18日	3	3	0	6
カタール	1972年 1月27日	1	4	0	5
オマーン	1972年 2月10日	5	13	1	19
アラブ首長国連邦	1972年 4月20日	1	14	0	15
パレスチナ	2011年11月23日	3	4	0	7

(注) 英国、アメリカ合衆国、シンガポールは、1980年代半ばに脱退したが、英国は1997年、アメリカ合衆国は
2003年、シンガポールは2007年に復帰。イスラエルとアメリカ合衆国は2018年12月31日に脱退、アメリカ
合衆国は2023年7月11日に復帰、再加盟。

＜準加盟地域＞ （12地域）

地　域　名	ユネスコ加盟日				
英領ヴァージン諸島	1983年11月24日				
アルバ	1987年10月20日				
マカオ	1995年10月25日				
ケイマン諸島	1999年10月30日				
トケラウ	2001年10月15日				
フェロー諸島	2009年10月12日				
キュラソー島	2011年10月25日	－	－	2	2
シント・マールテン島	2011年10月25日	－	－	2	2
アンギラ	2013年11月 5日	－	－	1	1
モンセラット	2015年11月 3日	－	－	1	1
ニューカレドニア	2017年10月30日	－	－	－	－
オーランド諸島	2021年11月 9日	－	－	－	－

⑥ユネスコの機関

ユネスコには、総会、執行委員会、事務局の3つの機関がある。

総会 （General Conference）

ユネスコの最高決定機関であり、2年に1度の割合で全加盟国を一堂に会して会合の開催。この総会
で、ユネスコの事業方針の決定、事業計画と予算の承認。また、4年毎に執行委員会の勧告に基づ
き事務局長の任命。

＜ユネスコ通常総会の開催歴＞

第 1回	パリ	1946年11月20日～12月10日
第 2回	メキシコシティ	1947年11月 6日～12月 3日
第 3回	ベイルート	1948年11月 6日～12月 3日

第 4回	パリ	1949年 9月19日～10月 5日	
第 5回	フィレンツェ	1950年 5月22日～ 6月17日	
第 6回	パリ	1951年 6月18日～ 7月11日	
第 7回	パリ	1952年11月12日～12月19日	
第 8回	モンテヴィデオ	1954年11月12日～12月11日	
第 9回	ニューデリー	1956年11月 5日～12月 5日	
第10回	パリ	1958年11月 4日～12月 5日	
第11回	パリ	1960年11月14日～12月15日	
第12回	パリ	1962年11月 9日～12月12日	
第13回	パリ	1964年10月20日～11月20日	
第14回	パリ	1966年10月25日～11月30日	
第15回	パリ	1968年10月15日～11月20日	
第16回	パリ	1970年10月12日～11月14日	
第17回	パリ	1972年10月17日～11月21日	世界遺産条約採択
第18回	パリ	1974年10月17日～11月23日	
第19回	ナイロビ	1976年10月26日～11月30日	
第20回	パリ	1978年10月24日～11月28日	
第21回	ベオグラード	1980年 9月23日～10月28日	
第22回	パリ	1983年10月25日～11月26日	
第23回	ソフィア	1985年10月 8日～11月 9日	
第24回	パリ	1987年10月20日～11月20日	
第25回	パリ	1989年10月17日～11月16日	
第26回	パリ	1991年10月15日～11月 7日	
第27回	パリ	1993年10月25日～11月16日	
第28回	パリ	1995年10月25日～11月16日	
第29回	パリ	1997年10月21日～11月12日	
第30回	パリ	1999年10月26日～11月17日	
第31回	パリ	2001年10月15日～11月 3日	
第32回	パリ	2003年 9月29日～10月17日	無形文化遺産保護条約採択
第33回	パリ	2005年10月 3日～10月21日	文化の多様性条約採択
第34回	パリ	2007年10月16日～11月 3日	
第35回	パリ	2009年10月 6日～10月23日	
第36回	パリ	2011年10月25日～11月10日	
第37回	パリ	2013年11月 5日～11月20日	
第38回	パリ	2015年11月 8日～11月18日	
第39回	パリ	2017年10月30日～11月14日	

ユネスコとは

執行委員会（Executive Board）

58か国の政府代表で構成され、1年に2度の委員会を開催する。事業計画と予算を検討し、総会決議の有効な実施に責任を負う。日本はユネスコに加盟して以来、継続して執行委員国になっている。2018年1月現在のユネスコ執行委員会の議長は、李炳鉉（イ・ビョンホン　Lee Byong-hyun）氏。

＜ユネスコ執行委員会　歴代議長＞

回	期間	議長名（国名）
1～ 4	1946～1947年	Mr Victor DORE （カナダ）
5～ 12	1947～1948年	Sir Ronald E. WALKER （オーストラリア）
13～ 17	1948～1949年	Mr Sarvepalli RADHAKRISHNAN （インド）
18～ 21	1949～1950年	Sir John MAUD （英国）
22～ 26	1950～1951年	Count Stefano JACINI （イタリア）
27～ 31	1951～1952年	Mr Paulo E. de Berrêdo CARNEIRO （ブラジル）
32～ 39	1952～1954年	Sir Ronald ADAM （英国）

40〜 45	1954〜1956年	Mr Arcot L. MUDALIAR （インド）
46〜 50	1956〜1958年	Mr Vittorino VERONESE （イタリア）
51〜 52	1958年	Mr Gholam Ali RAADI （イラン）
53〜 57	1958〜1960年	Sir Ben Bowen THOMAS （英国）
58〜 63	1960〜1962年	Mr Mohamed AWAD （エジプト）
64〜 66	1962〜1964年	Mr C. Edward BEEBY （ニュージーランド）
67〜 68	1964年	Mr Rodolfo BARON CASTRO （エル・サルバドル）
69〜 74	1964〜1966年	Mr Mohammed EL FASI （モロッコ）
75〜 80	1966〜1968年	Mr Atilio DELL'ORO MAINI （アルゼンチン）
81〜 85	1968〜1970年	Mr Gian Franco POMPEI （イタリア）
86〜 90	1970〜1972年	Mr Prem N. KIRPAL （インド）
91〜 95	1972〜1974年	Mr Fûad SARRUF （レバノン）
96〜100	1974〜1976年	Mr Hector WYNTER （ジャマイカ）
101〜105	1976〜1978年	Mr Leonard C.J. MARTIN （英国）
106〜110	1978〜1980年	Mr Chams Eldine EL〜WAKIL （エジプト）
111〜117	1980〜1983年	Mr Victor MASSUH （アルゼンチン）
118〜122	1983〜1985年	Mr Patrick K. SEDDOH （ガーナ）
123〜127	1985〜1987年	Mr Ivo MARGAN （ユーゴスラヴィア）
128〜132	1987〜1989年	Mr José Israel VARGAS （ブラジル）
133〜137	1989〜1991年	Mr Yahya ALIYU （ナイジェリア）
138〜142	1991〜1993年	Ms Marie BERNARD〜MEUNIER （カナダ）
143〜147	1993〜1995年	Ms Attiya INAYATULLAH （パキスタン）
148〜152	1995〜1997年	Mr Nouréini TIDJANI〜SERPOS （ベニン）
153〜156	1997〜1999年	Mr Pál PATAKI （ハンガリー）
157	1999年	Mr Christopher J. CHETSANGA （ジンバブエ）
158〜162	1999〜2001年	Ms Sonia MENDIETA DE BADAROUX （ホンジュラス）
163〜167	2001〜2003年	Ms Aziza BENNANI （モロッコ）
168〜172	2003〜2005年	Mr Hans〜Heinrich WREDE （ドイツ）
173〜177	2005〜2007年	Mr ZHANG Xinsheng （中国）
178〜182	2007〜2009年	Mr Olabiyi Babalola Joseph YAÏ （ベニン）
183〜187	2009〜2011年	Ms Eleonora MITROFANOVA （ロシア連邦）
188〜192	2011〜2013年	Ms Alissandra CUMMINS （バルバドス）
193〜197	2013〜2015年	H. E. Mr Mohamed Sameh AMR （エジプト）
198〜202	2016〜2017年	Mr Michael Worbs （ドイツ）
203〜207	2017〜2019年	H.E. Lee Byong Hyun （韓国）
	2021〜	H.E. Ms Tamara Rastovac Siamashvili （セルビア）

＜現在の執行委員国（Members of the Executive Board）＞

＜2019〜2023年＞
フランス、ドイツ、イタリア、オランダ、スペイン、スイス、ハンガリー、ポーランド、ロシア連邦、セルビア、アルゼンチン、ブラジル、チリ、グレナダ、アフガニスタン、キルギス、ミャンマー、パキスタン、韓国、タイ、ベニン、コンゴ民主共和国、ガーナ、ギニア、ケニア、ナミビア、セネガル、トーゴ、サウジアラビア、チュニジア、アラブ首長国連邦

＜2021〜2025年＞
オーストリア、アイスランド、トルコ、アルメニア、アゼルバイジャン、リトアニア、ドミニカ共和国、ハイチ、メキシコ、パラグアイ、セントルシア、ウルグアイ、中国、クック諸島、インド、日本、フィリピン、ヴェトナム、アンゴラ、ボツワナ、コンゴ、ジブチ、南アフリカ、タンザニア、エジプト、ヨルダン、クウェート

＜Group I＞（9議席）任期
　　オーストリア（2025）　フランス（2023）　ドイツ（2023）　アイスランド（2025）
　　イタリア（2023）　オランダ　（2023）スペイン（2023）　スイス（2023）
　　トルコ（2025）
＜Group II＞（7議席）任期
　　アルメニア（2025）　アゼルバイジャン（2025）　ハンガリー　（2023）　リトアニア（2025）
　　ポーランド（2023）ロシア連邦（2023）セルビア（2023）
＜Group III＞（10議席）任期
　　アルゼンチン（2023）　ブラジル（2023）　チリ（2023）　ドミニカ共和国（2025）
　　グレナダ（2023）　ハイチ（2025）メキシコ（2025）　パラグアイ（2023）
　　セントルシア（2025）　ウルグアイ（2025）
＜Group IV＞（12議席）任期
　　アフガニスタン（2023）　中国（2025）クック諸島（2025）　インド（2025）
　　日本（2025）　キルギス（2023）　ミャンマー（2023）　パキスタン（2023）
　　フィリピン（2025）　韓国（2023）タイ（2023）　ヴェトナム（2025）
＜Group V(a)＞（14議席）任期
　　アンゴラ（2025）　ベニン（2023）ボツワナ（2025）　コンゴ（2025）
　　コンゴ民主共和国（2023）　ジブチ（2025）ガーナ（2023）
　　ギニア（2023）ケニア（2023）ナミビア（2023）　セネガル（2023）
　　南アフリカ（2025）　トーゴ（2023）　タンザニア（2025）
＜Group V(b)＞（6議席）任期
　　エジプト（2025）　ヨルダン（2025）　クウェート（2025）　サウジアラビア（2023）
　　チュニジア（2023）　アラブ首長国連邦（2023）

事務局（Secretariat）
ユネスコの事業の実施機関。4年の任期で選出される事務局長の下で、加盟諸国の採択した事業計画の実施。

⑦ユネスコの事務局

＜ユネスコの歴代事務局長＞	出身国	在任期間
1. ジュリアン・ハクスリー	イギリス	1946年12月～1948年12月
2. ハイメ・トレス・ボデー	メキシコ	1948年12月～1952年12月
（代理）ジョン・W・テイラー	アメリカ	1952年12月～1953年 7月
3. ルーサー・H・エバンス	アメリカ	1953年 7月～1958年12月
4. ヴィットリーノ・ヴェロネーゼ	イタリア	1958年12月～1961年11月
5. ルネ・マウ	フランス	1961年11月～1974年11月
6. アマドゥ・マハタール・ムボウ	セネガル	1974年11月～1987年11月
7. フェデリコ・マヨール	スペイン	1987年11月～1999年11月
8. 松浦晃一郎	日本	1999年11月～2009年11月
9. イリーナ・ボコヴァ	ブルガリア	2009年11月～2017年11月
10. オードレイ・アズレー*	フランス	2017年11月～現在

＊オードレイ・アズレー氏（Audrey Azoulay フランス前文化通信大臣）
1972年パリ生まれ、パリ政治学院、フランス国立行政学院（ENA）、パリ大学に学ぶ。フランス国立映画センター（CNC）、大統領官邸文化広報顧問等重要な役職を務め、フランスの国際放送の立ち上げや公共放送の改革などに取り組みamong文化行政にかかわり、文化通信大臣を務める。2017年3月のイタリアのフィレンツェでの第1回G7文化大臣会合での文化遺産保護（特に武力紛争下における保護）の重要性など「国民間の対話の手段としての文化」に関する会合における「共同宣言」への署名などに主要な役割を果たし、2017年11月、イリーナ・ボコヴァ氏に続く女性としては二人目、フランス出身のユネスコ事務局長は1962～1974年まで務めたマウ氏に続いて2人目のユネスコ事務局長に就任。

ユネスコの事務局長選挙は、58か国で構成する執行委員会が実施し、過半数である30か国の支持を得た候補者が当選する。
投票は当選者が出るまで連日行われ、決着がつかない場合は上位2人が決選投票で勝敗を決める。
ユネスコ総会での信任投票を経て、就任する。任期は4年。

＜事務局職員＞　職員数　2,174人（うち邦人職員50人）

<地域事務所>　55か所

- ●ナショナルオフィス（National Office）
  事業活動の円滑な実施のために特定の国に置かれる地域事務所　27か所

- ●クラスターオフィス（Cluster Office）
  地域レベルの活動を管轄する地域事務所　19か所

- ●リエゾンオフィス（Liaison Office）
  国連及び他の国連関係機関との連絡調整等のために置かれる連絡事務所
  4か所（アディスアベバ、ブリュッセル、ニューヨーク、ジュネーヴ）

- ●リージョナルビュロー（Regional Bureau）
  特定の分野について地域及び地域事務所等への助言等を行う地域事務所
  13か所（うち8か所はクラスター兼務）

日本については、ユネスコ北京事務所（クラスターオフィス）が管轄の地域事務所。
日本ユネスコ国内委員会は、ユネスコ本部だけではなく、アジア・太平洋地域のリージョナルビュロー(教育：バンコク事務所、科学：ジャカルタ事務所)等と連携・協力してユネスコ活動を進めている。

⑧ユネスコの財政

ユネスコの財政は、通常予算（加盟国の分担金）と通常外予算（加盟国からの任意拠出金等）から成り立っている。

<通常予算総額>　（2年分）
　　2022～2023年：1,447,757,820米ドル

<主要国分担率>
　　中国（19.704%）、日本（10.377%）、ドイツ（7.894%）、英国（5.651%）、
　　フランス（5.578%）

<わが国分担金>
　　2022年度（令和4年度）：約31億円

⑨日本ユネスコ国内委員会

ユネスコは、各加盟国における国内委員会の設置を定めている国連唯一の専門機関で、規定に基づき、政府の諮問連絡機関としてユネスコ国内委員会を設置している。

わが国の場合、日本における政府の窓口が「日本ユネスコ国内委員会」で、文部科学省内に設置されており、教育・科学・文化等の各分野を代表する57名（定員60名以内)の委員で構成されている。2018年1月現在の会長は、日本学術振興会理事長の安西祐一郎氏。

ここでは、わが国におけるユネスコ活動の基本方針の策定や、活動に関する助言、企画、連絡及び調査、さらに民間の各機関や団体との連絡・情報交換などを行っている。

各都道府県や市町村では、各々の教育委員会がユネスコ活動を担当している。

⑩民間のユネスコ活動

- ●公益社団法人日本ユネスコ協会連盟（日本国内にユネスコ協会 283*） *2017年10月現在
- ●公益財団法人ユネスコ・アジア文化センター（ACCU）
- ●ユネスコクラブ（日本国内の大学生）
- ●ユネスコスクール（日本国内の幼稚園、小・中・高等学校及び教員養成学校 1,115校*）

*2023年3月現在

⑪ユネスコの文化面での近年の活動

　国際的な政治、経済におけるグローバリゼーションの進展に伴い、文化芸術による創造的な相互交流が促進される一方、文化的アイデンティティーの危機をめぐる緊張が高まり、文化の多様性が脅かされることが懸念されている。

　ユネスコは、過去の有形遺産を保護する「世界遺産条約」（1972年条約）、過去から現在まで継承されてきた「無形文化遺産保護条約」（2003年条約）、これから創造される文化の多様性を保障する「文化多様性条約」（2005年条約)の3つの条約を基盤に置いて、持続可能な開発に不可欠な要因である「文化の多様性」を擁護促進してゆくための国際協力の推進役を担っている。

⑫日本の貢献

○ユネスコ日本政府代表部を開設している。

○今日では、日本は米国に次いで第2位の分担金拠出国（2011年10月から、米国がパレスチナのユネスコ加盟により拠出金支払を停止しているため、実質的に日本が最大の分担金拠出国となっている。）として、ユネスコに財政面から貢献するとともに、ユネスコの管理・運営を司る執行委員会委員国として、ユネスコの管理運営に直接関与している。

○ユネスコが行う諸事業にも様々な形で協力している。文化遺産の保存協力のために、「文化遺産保存日本信託基金」、「無形文化遺産保護日本信託基金」を設置しているほか、コミュニケーション分野、海洋学や環境問題にかかる自然科学、教育の諸事業への資金拠出、専門家派遣、研修員受入れ等種々の協力を推進している。

○途上国における教育の普及や人造りの事業支援等のために、「持続可能な開発のための教育交流・協力信託基金」（2008年度〜）、「人的資源開発信託基金」（2000年度〜）、「アジア太平洋地域教育協力信託基金」（2009年度〜）等をユネスコに設置している。

○ユネスコ・カテゴリー２センターの「アジア太平洋無形文化遺産研究センター」（略称：IRCI）を2011年10月、堺市博物館内に開設。

⑬問題点と課題

①2018年12月末、アメリカ合衆国（※2023年7月復帰）とイスラエルのユネスコ脱退に伴う対応と対策。
②既存事業の見直し、人員再編計画、各種節減努力の継続。
③ユネスコ遺産への選定をめぐっての政治利用による国際関係の紛糾、政治的緊張の回避。
④ユネスコ遺産の選定・選定過程の透明性の確保。
⑤「世界の記憶」（世界世界の記憶）の申請案件の選定に際して、当事者間の意見が異なる場合、当事者同士が協議する仕組みの導入などの制度改革。
⑥わが国については、拠出金などユネスコへの貢献に見合う発言力や発信力を期待。
⑦オードレ・アズレ新事務局長（フランス前文化相）の交渉力、指導力、判断力に期待。

ユネスコとは

「世界の記憶」 概要

ベハイムの地球儀 （Behaim Globe）
2023年選定
＜所蔵機関＞ゲルマン国立博物館（ドイツ・ニュルンベルク）

世界の記憶データ・ブック－2023年版－

「世界の記憶」概要

① 「世界の記憶」とは

　「世界の記憶」（Memory of the World）とは、人類の歴史的な文書や記録など忘れ去られてはならない貴重な世界の記憶をユネスコの国際諮問委員会で選定し、最新のデジタル技術などを駆使して保存し、研究者や一般人に広く公開することを目的とした事業である。

② 「世界の記憶」が準拠するプログラム

　ユネスコは、1992年に、歴史的な文書、絵画、音楽、映画などの世界の記録遺産（Documentary Heritage）を保存し、利用することによって、世界の世界の記憶を保護し、促進することを目的として、「メモリー・オブ・ザ・ワールド・プログラム」（Memory of the World Programme）を開始した。「世界の記憶」は、地球上のかけがえのない自然遺産と人類が残した有形の文化遺産である「世界遺産」（World Heritage）、人類の創造的な無形文化遺産の傑作である「世界無形文化遺産」（Intangible Cultural Heritage）と共に失われることなく保護し、恒久的に保存していかなければならないユネスコの三大遺産事業の一つである。

③ 「世界の記憶」の成立と背景

　世界の記憶は、人類の文化を受け継ぐ重要な文化遺産であるにもかかわらず、毀損されたり、永遠に消滅する危機に瀕している場合が多い。このため、ユネスコは1995年に、世界の記憶の保存と利用のために世界の記憶のリストを作成して効果的な保存手段を用意するために「メモリー・オブ・ザ・ワールド・プログラム」を開始し、世界の記憶保護の音頭を取っている。

④ 「世界の記憶」プログラムの略史

1980年10月	ユネスコが「動的映像の保護及び保存に関するユネスコ勧告」（UNESCO Recommendation for the Safeguarding and Preservation of Moving Images）を採択。
1992年	ユネスコが「メモリー・オブ・ザ・ワールド・プログラム」（Memory of the World Programme）を創設。
1993年9月	国際諮問委員会（IAC）がポーランドのプウトゥスクで初会合。
1994年6月3〜4日	第1回技術分科会がオーストリアのウィーンで開催される。
1994年11月4〜5日	第2回技術分科会が英国のロンドンで開催される。
1995年	「記録遺産保護の為の一般指針」（略称　ジェネラル・ガイドラインズ）が設けられる。
1995年5月	第2回国際諮問委員会がフランスのパリで開催される。
1996年3月1〜4日	第3回技術分科会がチェコのプラハで開催される。
1996年7月10〜12日	第1回マーケティング分科会がノルウェーのオスロで開催される。
1997年5月15〜17日	第4回技術分科会が英国のロンドンで開催される。
1997年9月	第3回国際諮問委員会がウズベキスタンのタシケントで開催され38件が選定される。
1998年9月4〜5日	国際諮問委員会ビューロー会合1998が英国のロンドンで開催される。
1998年11月17〜21日	第1回アジア太平洋地域「世界の記憶」委員会（MOWCAP）が中国の北京で開催される。
1999年1月17〜19日	第5回技術分科会がスペインのマドリッドで開催される。
1999年6月	第4回国際諮問委員会がオーストリアのウイーンで開催され、9件が選定される。
2000年9月26日	国際諮問委員会ビューロー会合2000がメキシコのマンザニロで開催される。
2001年6月	第5回国際諮問委員会が韓国の慶州で開催され、21件が選定される。

2002年2月	「記録遺産保護の為の一般指針」（略称　ジェネラル・ガイドラインズ）が改定される。
2002年6月13〜15日	第6回技術分科会がフランスのパリで開催される。
2003年3月18〜19日	第1回選定分科会がパリのユネスコ本部で開催される。
2003年8月	第6回国際諮問委員会がポーランドのグダニスクで開催され、23件が選定される。
2004年2月6〜7日	第7回技術分科会がフランスのパリで開催される。
2004年4月	レイ・エドモンドソンが「視聴覚アーカイビング：その哲学と原則」(Audiovisual Archiving: Philosophy and Principles) を公表。
2004年4月	ユネスコ、『直指賞』(世界の記憶の保存と公開に貢献した個人または団体に贈られる)を創設することを執行委員会(Executive Board)で承認。
2004年11月22〜24日	第2回選定分科会がパリのユネスコ本部で開催される。
2005年3月21日	第3回選定分科会がパリのユネスコ本部で開催される。
2005年3月22日	国際諮問委員会ビューロー会合2005がパリのユネスコ本部で開催される。
2005年5月17〜18日	第8回技術分科会がオランダのアムステルダムで開催される。
2005年6月	第7回国際諮問委員会が中国の麗江で開催され、29件が選定される。チェコ国立図書館が『直指賞』を受賞。
2006年9月7〜8日	第9回技術分科会がメキシコのメキシコ・シティで開催される。
2006年12月4〜6日	第4回選定分科会がパリのユネスコ本部で開催される。
2007年3月19〜20日	国際諮問委員会ビューロー会合2007がパリのユネスコ本部で開催される。
2007年3月21日	第5回選定分科会がパリのユネスコ本部で開催される。
2007年6月	第8回国際諮問委員会が南アフリカのプレトリアで開催され、38件が選定される。オーストリア科学アカデミー視聴覚資料アーカイヴが『直指賞』を受賞。
2008年2月28日	第6回選定分科会がオーストラリアのキャンベラで開催される。
2008年2月19〜22日	第3回国際「世界の記憶」会議がオーストラリアのキャンベラで開催される。
2008年11月20〜21日	第10回技術分科会がエジプトのアレキサンドリアで開催される。
2008年12月1〜3日	第7回選定分科会がフランスのパリで開催される。
2009年3月16〜17日	第3回マーケティング分科会がパリのユネスコ本部で開催される。
2009年4月	ユネスコ、「世界電子図書館」(World Digital Library) をスタート。
2009年7月	第9回国際諮問委員会がバルバドスのブリッジタウンで開催され、35件が選定される。マレーシア国立公文書館が『直指賞』を受賞。
2010年10月	ユネスコが「動的映像の保護及び保存に関するユネスコ勧告」が採択された10月27日を「世界視聴覚遺産の日」(World Day for Audiovisual Heritage) と宣言。
2011年5月18〜19日	第4回国際「世界の記憶」会議がポーランドのワルシャワで開催される。ワルシャワ宣言 "Culture - Memory - Identities" を起草。
2011年5月	第10回国際諮問委員会が英国のマンチェスターで開催され、45件が選定される。
2011年9月2日	オーストリア国立公文書館(IVHA)が『直指賞』を受賞。
2011年10月	ユネスコ事務局長、7件を追認。
2012年4月1日〜12月31日	「世界の記憶」20周年祝賀行事。
2012年10月17日	ユネスコ、「『世界の記憶』、紀元前1800年から現在までの私達の歴史を記録する宝物」をハーパー・コリンズ社から出版。
2012年10月23日	デジタル化による保護：遺産の保護と市民権の保護
2012年10月29日	ユネスコ、ニュージーランドの記録遺産を認識。
2012年10月31日	アジアの4か国の「世界の記憶」の強化。
2012年11月9日	第7回インターネット・ガバナンス・フォーラム・バクー会議で、表現の自由、多言語主義、地元の同意と倫理に関するユネスコのインターネット・ガバナンス・ワーク。
2013年6月	第11回国際諮問委員会が韓国の光州で開催され、56件が選定される。
2013年7月9〜10日	朝鮮民主主義人民共和国(北朝鮮)平壌市で、「『世界の記憶』－古文書遺産の保護」に関するワークショップ。
2013年10月27日	第7回世界視聴覚遺産の日。
2013年10月28日〜11月1日	フランスのマルセイユで「2013デジタル遺産」国際会議。

「世界の記憶」概要

2013年11月27～29日	インドのニューデリーで2013電子図書館国際会議（ICDL）
2015年10月4～6日	第12回国際諮問委員会がアラブ首長国連邦のアブダビで開催され、47件が選定される。
2015年11月10～11日	世界遺産・ボロブドール寺院遺跡群のアーカイヴスを「世界の記憶」に選定するワークショップを開催。
2015年11月3～18日	第38回ユネスコ総会で、「デジタル形式を含む記録遺産の保存とアクセスに関する勧告」（Recommendation concerning the Preservation of, and Access to, Documentary heritage including in Digital Form）を採択。
2017年3月1～4日	ドイツのベルリン国立図書館で、ユネスコとドイツ外務省の共催で「世界の記憶」プログラムの法令、規則、総合的な機能をレビューする専門家会合（議長アブドゥッラー・エル・レイ国際諮問委員会議長、アラブ首長国連邦記録研究センター長）を開催。
2017年5月9日	「デジタル時代の保存とアクセス 東南アジアの記録遺産」に関する国際シンポジウムをマレーシアの首都クアラルンプールで開催。アセアン諸国、中国、日本、韓国から約300人が参加。
2017年9月22日	「世界の記憶」（MOW）プログラム 25周年祝賀記念行事、パリのユネスコ本部で開催。特別イベント「世界の記憶」展示会開催。（9月15日～10月30日）
2017年10月18日	第202回ユネスコ執行委員会で、「世界の記憶」の選定制度について、政治的な緊張を回避する為、関係者に対し、対話、相互理解を尊重する改善方針を決定。日本政府の主張を踏まえて、歴史的、政治的な問題を孕む案件の選定審査では、関係国の反対意見などを聴取する手続きを2019年の審査分（2018～2019選定サイクル）から新たに導入する。
2017年10月24日～27日	第13回国際諮問委員会がフランスのパリで開催され、78件が選定される。
2017年11月	韓国、ユネスコ国際記録遺産センター(ICDH)を忠清北道清州市に誘致。
2021年4月	第214回ユネスコ執行委員会で改革案が承認され、2023年に選定が再開されることになった。
2021年7月30日～11月30日	ユネスコ、2022-2023選定サイクルにおける国際選定の申請募集を開始。推薦可能件数：1国あたり2件まで（但し複数国による共同推薦は含まれない）
2022年11月21日～22日	第3回世界の記憶グローバル・ポリシー・フォーラム テーマ 「危機に瀕する記録遺産のよりよい保存にかかる国際協力の強化」
2023年5月10日～24日	第216回ユネスコ執行委員会
2023年7月1日～11月30日	ユネスコ、2024-2025選定サイクルにおける国際選定の申請募集を開始。推薦可能件数：1国あたり2件まで（但し複数国による共同推薦は含まれない）

⑤「世界の記憶」の理念と目的

　メモリー・オブ・ザ・ワールド（Memory of the World　略称MOW）のプログラムの目的は、世界的な重要性を持つ世界の記憶の最も適切な保存手段を講じることによって重要な世界の記憶の保存を奨励し、デジタル化を通じて全世界の多様な人々の接近を容易にし、平等な利用を奨励して全世界に広く普及することによって世界的観点で重要な世界の記憶を持つすべての国家の認識を高めることである。

　　＜「世界の記憶」プログラムの3つの主な目的＞

● 「世界の記憶」の最も適切な技術による保存を促進すること。
● 「世界の記憶」への普遍的なアクセスを援助すること。
● 「世界の記憶」の存在と重要性の世界的な認識を高めること。

⑥「世界の記憶」プログラムの主要規定

　「世界の記憶」プログラムの主要規定は、「記録遺産保護の為の一般指針」（General Guidelines to

（左余白縦書き）「世界の記憶」概要

Safeguard Documentary Heritage　略称　ジェネラル・ガイドラインズ）で規定されている。1995年に作成され、2002年2月に改定され現在に至っている。「記録遺産保護の為の一般指針」は、序文、根拠、保存とアクセス、「世界の記憶」の選定、プログラムの構成と管理、財政支援とマーケティング、将来の見通し、付属書類から構成されている。

⑦国際諮問委員会（The International Advisory Committee　略称IAC））

○国際諮問委員会は、その業務を組織化する為、その手続き規則を確立、修正し、適切な補助機関や分科会を維持する。現在の機関の機能は下記の通り。分科会の議長は、国際諮問委員会の会合に出席するのが慣例である。
○特に、国際諮問委員会は、世界の記憶プログラム全体のポリシーや戦略の概観を維持する。
○各小委員会と地域委員会の運営は、国際諮問委員会の通常委員会で、毎回、レビューされる。

⑧国際諮問委員会の開催歴と選定件数

第 1 回	1993年 9月	プウトゥスク（ポーランド）	0件
第 2 回	1995年 5月	パリ（フランス）	0件
第 3 回	1997年 9月	タシケント（ウズベキスタン）	38件
第 4 回	1999年 6月	ウイーン（オーストリア）	9件
第 5 回	2001年 6月	慶州（韓国）	21件
第 6 回	2003年 8月	グダニスク（ポーランド）	23件
第 7 回	2005年 6月	麗江（中国）	29件
第 8 回	2007年 6月	プレトリア（南アフリカ）	38件
第 9 回	2009年 7月	ブリッジタウン（バルバドス）	35件
第10回	2011年 5月	マンチェスター（英国）	52件
第11回	2013年 6月	光州（韓国）	56件
第12回	2015年10月	アブダビ（アラブ首長国連邦）	47件
第13回	2017年10月	パリ（フランス）	78件

※「制度改革」により、2018年以降中断。

第216回ユネスコ執行委員会
　　　2023年5月　パリ（フランス）　　　　64件

⑨国際諮問委員会の補助機関（IAC subsidiary bodies）

国際諮問委員会（IAC）は、次の補助機関からなる。

●ビューロー（The Bureau）
国際諮問委員会の通常委員会で選ばれた議長、3人の副議長、ラポルチュールから構成される。

●技術分科会（The Technical Sub-committee）
国際諮問委員会、或は、ビューローによって指名された議長と専門家のメンバーからなる。

●マーケティング分科会（The Marketing Sub-committee）
国際諮問委員会、或は、ビューローによって指名された議長と専門家から構成される。

●選定分科会（The Register Sub-committee）
国際諮問委員会、或は、ビューローによって指名された議長と専門家から構成される。

「世界の記憶」概要

●選定分科会は、事務局と連携し、「世界の記憶」の選定の為の推薦書類を審査し、国際諮問委員会へ、選定、或は、却下について、理由を付して勧告する。
●選定分科会は、推薦書類の評価にあたっては、NGO、他の機関、或は、個人と連携して、選定基準を判定する。
●選定分科会は、地域及び国の世界の記憶委員会の要請あれば選定管理上の助言を行う。

⑩「世界の記憶」の事務局 （Secretariat）

ユネスコ本部の情報・コミュニケーション局知識社会部記録遺産課（世界の記憶）が担当している。
＜ユネスコ記録遺産課長＞ファクソン・バンダ （Mr. Fackson Banda）
Documentary Heritage Unit (Memory of the World Programme)
Communication and Information Sector
UNESCO
7 Place de Fontenoy
75352 Paris 07 SP, France
E-mail: mowsecretariat@unesco.org

⑪「世界の記憶」の数

「世界の記憶」には、124の国と地域(Countries)、7つの国際機関(International Organizations)、3つの民間財団（Private Foundation）の494件が選定されている。この内、複数国にまたがる「世界の記憶」は、59件ある。

⑫「世界の記憶」の種類

❏文書類

○文書 （manuscripts）
＜例示＞ ●ペルシャ語の文書 （Persian Illustrated and Illuminated Manuscripts）
2007年選定　エジプト ＜所蔵機関等＞エジプト国立図書館・公文書館（カイロ）
●御堂関白記：藤原道長の自筆日記
（Midokanpakuki: the original handwritten diary of Fujiwara no Michinaga）
2013年選定　日本＜所蔵機関＞公益財団法人陽明文庫 （京都市右京区）
●東寺百合文書 （Archives of Tōji temple contained in one-hundred boxes）
2015年選定　日本＜所蔵機関＞京都府立総合資料館 （京都市左京区）

○書籍 （books）
＜例示＞ ●アラビア語の文書と書籍のコレクション
（Collection of Arabic Manuscripts and Books）　2003年選定　タンザニア
＜所蔵機関＞ザンジバル国立公文書館 （ザンジバル）
●デルヴァニ・パピルス：ヨーロッパ最古の「書物」
（The Derveni Papyrus: The oldest 'book' of Europe）　2015年選定　ギリシャ
＜所蔵機関＞テッサロニキ考古学博物館 （テッサロニキ）

○新聞 （newspapers）
＜例示＞ ●新聞コレクション （Newspaper collections）　1997年選定　ロシア連邦
＜所蔵機関＞ロシア国立図書館 （サンクトペテルブルク）

○ポスター （posters）
＜例示＞ ●19世紀末と20世紀初期のロシアのポスター

（Russian posters of the end of the 19th and early 20th centuries）
1997年選定　ロシア連邦　＜所蔵機関＞ロシア国立図書館

❏非文書類

○絵画（drawings）
　　＜例示＞　●ゴシック建築の図面集（Collection of Gothic Architectural Drawings）
　　　　　　　2005年選定　オーストリア
　　　　　　　＜所蔵機関＞ウィーン美術アカデミー（ウィーン）
　　　　　　●山本作兵衛コレクション（Sakubei Yamamoto Collection）　2011年選定　日本
　　　　　　　＜所蔵機関＞田川市石炭・歴史博物館（福岡県田川市）
　　　　　　　　　　　　　公益大学法人福岡県立大学附属研究所（福岡県田川市）

○印刷物（prints）
　　＜例示＞　●カレル大学の526の論文（1637～1754年）
　　　　　　　（Collection of 526 prints of university theses from 1637-1754））
　　　　　　　2011年選定　チェコ　　＜所蔵機関＞チェコ国立図書館（プラハ）

○地図（maps）
　　＜例示＞　●バンスカー・シュティアヴニッツアの鉱山地図
　　　　　　　（Mining maps and plans of the Main Chamber - Count Office in Banska Stiavnica）
　　　　　　　2007年選定　スロヴァキア
　　　　　　　＜所蔵機関＞スロヴァキア内務省鉱山アーカイヴス
　　　　　　　（バンスカー・シュティアヴニッツア）
　　　　　　●アルビの世界地図（The Mappa mundi of Albi）　2015年選定　フランス
　　　　　　　＜所蔵機関＞ピエール・アマルリック図書館（アルビ）
　　　　　　●カモッショ地図（Camocio Maps）　2017年選定　チェコ／マルタ
　　　　　　　＜所蔵機関＞ヘリテージ・マルタ（カルカラ）　カレル大学科学部（プラハ）

○音楽（music）
　　＜例示＞　●アメリカの植民地音楽：豊富な記録の見本
　　　　　　　（American Colonial Music: a sample of its documentary richness）
　　　　　　　2007年選定　ボリヴィア／コロンビア／メキシコ／ペルー
　　　　　　　＜所蔵機関＞ボリヴィア国立公文書館ほか
　　　　　　●モントルー・ジャズ・フェスティバル：クロード・ノブスの遺産
　　　　　　　（The Montreux Jazz Festival: Claude Nob's Legacy）　2013年選定　スイス
　　　　　　　＜所蔵機関＞モントルー・ジャズ・フェスティバル財団（モントルー）

❏視聴覚類

○映画（films）
　　＜例示＞　●ルミエール兄弟の映画（Lumiere Films）
　　　　　　　2005年選定　フランス　＜所蔵機関＞フランス映画Archives

○ディスク類（discs）、テープ類（tapes）
　　＜例示＞　●1940年6月18日のド・ゴール将軍の呼びかけ（The Appeal of 18 June 1940）
　　　　　　　2005年選定　フランス／英国
　　　　　　　＜所蔵機関＞英国国立視聴覚研究所、BBCサウンド・アーカイヴ（ロンドン）

○写真（photographs）
　　＜例示＞　●19世紀のラテン・アメリカの写真集
　　　　　　　（Collection of Latin American photographs of the 19th Century）
　　　　　　　1997年選定　ヴェネズエラ　＜所蔵機関＞ヴェネズエラ国立図書館（カラカス）

❑ サーバー上のウェブ・サイト

❑ その他（記念碑、碑文など）
　　　　＜例示＞ ●イスラム初期（クーフィー）の碑文（Earliest Islamic（Kufic）inscription）
　　　　　　　　 2003年選定　サウジアラビア
　　　　　　　　 ＜所蔵機関＞サウジアラビアの北西、アル・ウラの近隣
　　　　　　　 ●レバノン山のナハル・エル・カルブの記念碑
　　　　　　　　 （Commemorative stela of Nahr el-Kalb, Mount Lebanon）
　　　　　　　　 2005年選定　レバノン　＜所蔵機関＞ズーク・ムスビフ市、ドバイエ市
　　　　　　　 ●トレンガヌ碑文石（Batu Bersurat Terengganu（Inscribed Stone of Terengganu））
　　　　　　　　 2009年選定　マレーシア
　　　　　　　　 ＜所蔵機関＞トレンガヌ州立博物館（クアラ・トレンガヌ）
　　　　　　　 ●スコータイ王朝のラーム・カムヘーン王の碑文
　　　　　　　　 （The King Ram Khamhaeng Inscription）　2003年選定　タイ
　　　　　　　　 ＜所蔵機関＞タイ国立博物館（バンコク）
　　　　　　　 ●ワット・ポーの碑文書（Epigraphic Archives of Wat Pho）
　　　　　　　　 2011年選定　タイ　＜所蔵機関＞ワット・ポー（バンコク）
　　　　　　　 ●黎朝・莫朝時代の科挙の記録石碑（1442年〜1779年）
　　　　　　　　 （Stone Stele Records of Royal Examinations of the Le and Mac Dynasties（1442-1779））
　　　　　　　　 2011年選定　ヴェトナム　　＜所蔵機関＞文廟（ハノイ）
　　　　　　　 ●ネブラの天文盤（Nebra Sky Disc）
　　　　　　　　 2013年選定　ドイツ　＜所蔵機関＞ザクセン・アンハルト州（ハレ）
　　　　　　　 ●ミャゼーディーの4言語の石碑（Myazedi Quadrilingual Stone Inscription）
　　　　　　　　 2015年選定　ミャンマー
　　　　　　　　 ＜所蔵機関＞ミャンマー国立博物館考古学部門（ネピドー）
　　　　　　　　　　　　　　　 バガン考古学博物館、ミャゼディ・パゴダ（バガン）

　　　　※美術品等の再現不可能な「オリジナル」としてデザインされたものは除く。

⑬「世界の記憶」の選定基準

〇第一は、真正性（Authenticity）複写、模写、偽造品でないかの確認。
〇第二は、独自性と非代替性（Unique and Irreplaceable）
〇第三は、下記の一つ以上の基準を満たさなければならない。

　　　基準 1　年代（Time）
　　　基準 2　場所（Place）
　　　基準 3　人物（People）
　　　基準 4　題材・テーマ（Subject and Theme）
　　　基準 5　形式・様式（Form and style）

〇最終的には、次の事項が考慮される。

　　　□希少性（Rarity）
　　　□完全性（Integrity）
　　　□脅威（Threat）
　　　□管理計画（Mnagement Plan）世界の記憶の重要性を反映する為の適切な保存とアクセスの
　　　　　　　　　　　　　　　　　　為の戦略

⑭「世界の記憶」への選定申請者

選定申請者は、国、地方自治体、団体、個人でも可能。
- (1)国の選定申請　　　　　日本の場合、有識者による「世界の記憶」事業選考委員会が設置されており、国宝級から選ばれる。尚、他国との共同提案も可能。
- (2)地方自治体の選定申請　日本の場合、福岡県田川市、京都府舞鶴市、群馬県高崎市など。
- (3)団体の選定申請　　　　クリストファー・オキボ財団、インターナショナル・トレーシング・サービス(ITS)、アメリカ録音収蔵協会(ARSC)
- (4)個人の選定申請　ー

※「世界の記憶」では、申請者が公的機関か民間の機関か、商業組織か非営利組織か、また機関であるか個人であるかは問わない。

⑮「世界の記憶」への選定手続き

○ユネスコに選定推薦書類を提出。（2年に1回、1か国につき2件までの制限）
○選定推薦書類に不備がなければ、選定分科会に移管される。
○選定分科会は、通常会合の少なくとも1か月前に、国際諮問委員会に勧告書を提出。
○国際諮問委員会の決議を選定申請者に通知。
○メディアに公表。

⑯「世界の記憶」選定推薦書類の評価

　選定分科会は、国際図書館連盟（IFLA）、国際公文書館会議（ICA）、視聴覚アーカイヴ協会調整協議会（CCAAA）、国際博物館会議（ICOM）などの専門機関（Expert bodies or Professional NGOs）の助言を仰いで、「世界の記憶」の選定基準を満たしているかどうかを判定し、国際諮問委員会に選定の可否を勧告する。「世界の記憶」委員会の事務局は、これら一連のプロセスを管理する。

⑰「世界の記憶」への脅威や危険

○材質の劣化や風化
○火災、地震、津波などの災害による収蔵機関等の崩壊による喪失や汚損
○戦争などの災害による収蔵機関等の破壊による喪失や汚損
○大気汚染など収蔵建物内外の環境汚染
○盗難や売却による喪失
○不十分な保存予算

⑱「世界の記憶」リストからの選定抹消

○世界の記憶は、劣化したり、或は、その完全性が損なわれたり、その選定の根拠となった選定基準に該当しなくなった場合には、選定から抹消される。

⑲「世界の記憶」基金

　世界の記憶プログラムの目的の達成に向けての「世界の記憶」基金の募金、管理、配分は、国際諮問委員会に委ねられている。

　また、日本の文部科学省は、「世界の記憶」事業において、ユネスコが上記目的を推進できるよ

「世界の記憶」概要

う、2017年から日本信託基金（Japanese Funds-in-Trust）を拠出し、ラテンアメリカ地域、アジア太平洋地域、アフリカ地域で、記録遺産の保存やアクセスにかかる能力開発のためのワークショップや地域フォーラム等を開催するなど、様々な事業を支援している。

⑳ 国際センター

世界遺産における世界遺産センターに相当する機関として、「記録遺産国際センター」（International Center for Document Heritage）を韓国の清州市に設立、ここでは、登録された記録物の管理や関連政策の研究などを行う。

㉑ 日本の「世界の記憶」

「世界の記憶」の日本国内での選考は、基本的には、日本ユネスコ国内委員会の世界の記憶選考委員会が行う。

○山本作兵衛（やまもとさくべい）コレクション
(Sakubei Yamamoto Collection)

「山本作兵衛コレクション」は、筑豊の炭鉱（ヤマ）での労働体験をもつ絵師・山本作兵衛（1892〜1984年　福岡県飯塚市出身）の墨画や水彩画の炭坑記録画、それに、記録文書などの697点である。山本作兵衛氏は、「子や孫にヤマの生活や人情を残したい」と絵筆を取るようになり、自らの経験や伝聞をもとに、明治末期から戦後にいたる炭鉱の様子を描いた。絵の余白に説明を書き加える手法で数多くの作品を残し、画文集『炭鉱に生きる』などを通じて「ヤマの絵師」として知られるようになった。当時の炭坑の生活、作業、人情を物語る作品群は、日本社会の近代化の特徴を正確さと緻密さで克明に描いた「炭鉱記録画の代表作」である。**2011年選定**
＜所蔵機関＞田川市石炭・歴史博物館（福岡県田川市）
　　　　　　福岡県立大学附属研究所（福岡県田川市）

○慶長遣欧使節（けいちょうけんおうしせつ）関係資料
(Materials Related to the Keicho-era Mission to Europe Japan and Spain)

慶長遣欧使節関係資料は、1613年に仙台藩主伊達政宗（1567〜1636年）が、スペイン及びローマに派遣した支倉常長（1571〜1622年）らの使節団が、欧州から日本に持ち帰った現物資料と文献的に補完する文書資料である。この時代は西欧においては大航海時代にあたり、西欧諸国は、アジア、アフリカ大陸へ植民地主義的な海外進出を行っていた。その中で、アジアの東端にある日本から西欧に使節が派遣されたことは、西欧圏以外にも異なった文化圏があることを西欧諸国の人々に示し、異文化理解を深めるのに重要な役割を果たした。慶長遣欧使節関係資料は、江戸時代の鎖国直前の日欧交渉の実態を物語る世界の歴史においても、大きな重要性をもっており、2001年に国宝・重要文化財（美術品）に指定されている。支倉常長がローマで受けた羊皮紙のローマ市公民権証書など仙台市博物館に所蔵されている国宝「慶長遣欧使節関係資料」のうち、「ローマ市公民権証書」、「支倉常長像」、「ローマ教皇パウロ五世像」の3件、スペインのセビリア市にある国立インディアス公文書館に所蔵されている徳川家康及び秀忠がレルマ公に宛てた朱印状など64件、それに、シマンカス市にある国立シマンカス公文書館に所蔵されている支倉常長がスペイン国王フェリペ3世に宛てた書状など30件が、2013年、日本とスペインとの共同申請によって「世界の記憶」に選定された。　**2013年選定**
＜所蔵機関＞仙台市博物館（宮城県仙台市青葉区）

○御堂関白記（みどうかんぱくき）：藤原道長の自筆日記
（Midokanpakuki: the original handwritten diary of Fujiwara no Michinaga）

御堂関白記は、摂政太政大臣藤原道長（966～1027年）によって書かれた自筆日記である。道長は、10世紀の後期から11世紀の初期にかけて日本の宮廷において、最も影響力のある人物であった。彼は、執政として政治力と経済力と共に栄華を極め、紫式部の雇い主として「源氏物語」の執筆を支援したことでも知られている。御堂関白記は、世界最古級の自筆日記であり、筆勢のある能書にて、1年分が2巻の巻暦である具注暦の余白に書かれたものである。藤原道長という歴史的な重要人物の公私にわたる個人的な生活記録で、文中には加筆訂正の跡が著しく、道長が日々に書き継いだ原本であることを明らかにしている。御堂関白記は、政治的、経済的、社会的、文化的、宗教的、国際的な行事の鮮明な描写を含み、日本の宮廷文化が最高潮に達した平安時代（794～1192年）の一時期の権力の中心における事柄を描いた日本と世界の歴史上、極めて重要な書類であることから、2013年に「世界の記憶」に選定された。御堂関白記は、京都市にある近衛家ゆかりの公益財団法人陽明文庫の書庫に、現存する道長の自筆本14巻（1年2巻）と子孫が書き写した古写本12巻（1年1巻）が所蔵されており、国宝にも指定されている。2013年選定
＜所蔵機関＞陽明文庫（京都市右京区）

○東寺百合文書（とうじひゃくごうもんじょ）
（Archives of Tōji temple contained in one-hundred boxes）

東寺百合文書は、1000年以上にわたり、東寺（教王護国寺）に伝来した約2万5千通の文書。仏教史、寺院史、寺院制度史研究上に貴重であるのみならず、中世社会の全体構造を解明する基本史料として、質量ともに最も優れた文書史料群である。平安時代以来の伽藍を中心とした鎮護国家の修法・祈祷などの諸仏事・法会を運営するための文書記録、それらを維持するための寺院運営に関する評定引付、それらの基礎となる教義に関するもの、大師信仰を支えるものなどで、寺院活動を包括的に知り得る文書のほか、東寺の領有した41か国200余荘にわたる荘園に関する文書から構成されている。1685（貞享2）年、加賀藩第五代藩主・前田綱紀により「百合」の文書箱が寄進され、管理されてきた。　2015年選定
＜所蔵機関＞京都府立総合資料館（京都市左京区）

○舞鶴への生還　1945～1956シベリア抑留等日本人の本国への引き揚げの記録
（Return to Maizuru Port-Documents Related to the Internment and Repatriation Experiences of Japanese（1945-1956））

舞鶴への生還　1945～1956シベリア抑留等日本人の本国への引き揚げの記録は、当時の大日本帝国が1945年、第二次世界大戦の敗戦により崩壊した為に、推定60～80万人もの日本人の軍人と民間人がソ連の強制収容所に抑留され、その後1945年～1956年の間に日本へ帰還したその間の資料と、引揚のまち舞鶴に関連したユニークで広範な資料集である。これらの歴史資料は、舞鶴引揚記念館（京都府舞鶴市）に収蔵されており、2,869点が舞鶴市の文化財にも指定されている。これらのうち、抑留生活の様子を白樺の樹皮に書いた日誌、俘虜用郵便葉書、手作りのメモ帳、留守家族の手紙など合計570点を舞鶴市がユネスコの「世界の記憶」に選定申請した。これらは、適切な保存管理がなされており、舞鶴市と姉妹都市であるロシア連邦のナホトカ市の理解と協力があるなど、引揚の史実と平和の尊さが広い視点から世界的な重要性として説明されていること、スケッチブックや回想記録画などの絵画、日誌、手紙など記録媒体の多様性が評価できること、既に一般公開も実施されており、デジタル化等の作業が進められていることなどが評価され、2015年10月、アラブ首長国連邦の首都アブダビで開催された第12回国際諮問委員会で選定され、10月10日に選定された。2015年選定
＜所蔵機関＞舞鶴引揚記念館（舞鶴市）

○上野三碑（こうずけさんぴ）（Three Cherished Stelae of Ancient Kozuke）

上野三碑は、古代から近世まで上野国（こうずけのくに）と呼ばれた群馬県の南西部にある三つの古代石碑である。上野三碑は、いずれも高崎市内にあり、山名町の「山上碑」（やまのうえひ 681年）、吉井町の「多胡碑（たごひ 711年頃）、山名町の「金井沢碑」（かないざわひ 726年）のからなり、1954年（昭和29年）に、それぞれ特別史跡に指定されている。評価のポイントは、

❶短い碑文の中に、古代における家族、社会制度、宗教など、多くの情報が含まれているとともに、当時我が国に流入していた書体が用いられるなど、東アジアにおける文化の受容状況を示すものとして、世界的な重要性が説明されている。

❷直径3kmの狭い地域に集中する三つの石碑が、地域の人々によって大切に守られ、保存状態が極めて良好である。

❸すでに公開が実施されているほか、ウェブ上で関連情報が掲載されるとともに、外国語による紹介等の作業が進められていることが示されている。選定申請者は、上野三碑「世界の記憶」選定推進協議会。**2017年選定**

＜所蔵機関＞群馬県高崎市＜山上碑(山名町)、多胡碑(吉井町)、金井沢碑(山名町)＞

○朝鮮通信使に関する記録 - 17世紀～19世紀の日韓間の平和構築と文化交流の歴史

（Documents on Joseon Tongsinsa/Chosen Tsushinshi: The History of Peace Building and Cultural Exchanges between Korea and Japan from the 17th to 19th Century）

朝鮮通信使に関する記録は、1607年から1811年までの間に、日本の江戸幕府の招請により12回、朝鮮国から日本国へ派遣された外交使節団に関する資料である。これらの記録資料は、歴史的な経緯から韓国と日本国の両国に所在している。朝鮮通信使は、16世紀末に日本の豊臣秀吉が朝鮮国に侵略を行ったために途絶した国交を回復し、両国の平和的な関係を構築し維持させることに大きく貢献した。朝鮮通信使に関する記録資料は、外交記録（韓国 2件32点、日本 3件19点）、旅程の記録（韓国 38件67点、日本 27件69点）、文化交流の記録（韓国 23件25点、日本 18件121点）からなる総合的な記録であり、朝鮮通信使が往来する両国の人々の憎しみや誤解を解き、相互理解を深め、外交のみならず学術、芸術、産業、文化などのさまざまな分野において活発に交流がなされた成果で、韓国のソウル大学校奎章閣、国立中央図書館、釜山博物館など、日本の東京国立博物館、長崎県立対馬歴史民俗資料館、呉市(公財)蘭島文化振興財団（松濤園管理）などに所蔵されている。これらの記録資料には悲惨な戦争を経験した両国が平和な時代を構築し、これを維持していくための方法と知恵が凝縮されており、「誠信交隣」を共通の交流理念として、対等な立場で相手を尊重する異民族間の交流を具現したものである。その結果、両国はもとより東アジア地域にも政治的安定をもたらしたと共に、交易ルートも長期間、安定的に確保することができた。これら記録は、両国の恒久的な平和共存関係と異文化尊重を志向する人類共通の課題を解決するものであり、世界史上も重要な記録である。韓国の財団法人釜山文化財団、日本のNPO法人朝鮮通信使縁地連絡協議会の民間団体が共同申請し、2017年に韓国と日本にまたがる「世界の記憶」として共同選定された。**2017年選定**

＜所蔵機関＞【韓国】ソウル大学校奎章閣韓国学研究院（ソウル）、国立中央図書館（ソウル）、大韓民国国史編纂委員会（京畿道果川）、高麗大学校図書館（ソウル）、忠清南道歴史文化研究院（忠清南道公州）、国立中央博物館（ソウル）、釜山博物館（釜山）、国立古宮博物館（ソウル）、国立海洋博物館（釜山）

＜所蔵機関＞【日本】京都大学総合博物館(京都府京都市)、東京国立博物館(東京都台東区)、山口県立山口博物館(山口県山口市)、山口県文書館(山口県山口市)、福岡県立図書館(福岡県福岡市)、名古屋市蓬左文庫(愛知県名古屋市)、福岡県立育徳館高校錦陵同窓会(福岡県みやこ町)、みやこ町歴史民俗資料(福岡県みやこ町)、近江八幡市(旧伴伝兵衛家土蔵)(滋賀県近江八幡市)、大阪歴史博物館(大阪府大阪市)、〈公財〉高麗美術館(京都府京都市)、下関市立長府博物館(山口県下関市)、長崎県立対馬歴史民俗資料館(長崎県対馬市)、〈公財〉蘭島文化財団(松濤園)(広島県呉市)、超専寺(山口県熊毛郡上関町)、長崎県立対馬歴史民俗資料館(長崎県対馬市)、滋賀県立琵琶湖文化館(滋賀県大津市)、泉涌寺(京都府京都市)、芳洲会(滋賀県長浜市)、高月観音の里歴史民俗

資料館(滋賀県長浜市)、赤間神宮(山口県下関市)、福禅寺(広島県福山市)、福山市鞆の浦歴史民俗資料館(広島県福山市)、本蓮寺(岡山県瀬戸内市)、岡山県立博物館(岡山県岡山市)、本願寺八幡別院(滋賀県近江八幡市)、清見寺(静岡県静岡市)、慈照院(京都府京都市)、輪王寺(日光山輪王山宝物殿)(栃木県日光市)、東照宮(日光東照宮宝物館)(栃木県日光市)

○円珍関係文書典籍―日本・中国の文化交流史―
（The Monk Enchin Archives: A History of Japan-China Cultural Exchange） *New*

中国・唐に渡り、日本に密教の教えをもたらした智証大師・円珍に関連する史料群であり、日本と中国の文化交流の歴史や、当時の唐の法制度・交通制度を知ることができるほか、円珍が唐から持ち帰った唐代の通行許可書の原本が含まれるなど、非常に貴重な史料。全て国宝。2023年選定
＜所蔵機関＞宗教法人園城寺（滋賀県大津市）、
　　　　　　独立行政法人国立文化財機構東京国立博物館（東京都台東区）

㉒「世界の記憶」の日本におけるユネスコ窓口並びに国内選考窓口

「世界の記憶」日本国内委員会の事務局
〒100-8959　東京都千代田区霞ケ関三丁目2番2号
　　　　　　文部科学省国際統括官付企画係（日本ユネスコ国内委員会事務局）
　　　　　　電話：+81（0）352534111（内線3401）、+81（0）367343401（直通）
　　　　　　E-mail：mow-secretariat@mext.go.jp

㉓日本ユネスコ国内員委員会

日本ユネスコ国内委員会は、ユネスコ(国際連合教育科学文化機関)憲章の第7条に示されている「国内協力団体」として、ユネスコ加盟国が、教育、科学及び文化の事項に携わっている自国の主要な団体・者をユネスコの事業に参加させるために設立するものであり、わが国では、「ユネスコ活動に関する法律」第5条に基づき1952年(昭和27年)に設置された。

日本ユネスコ国内委員会の活動

日本ユネスコ国内委員会は、わが国におけるユネスコ活動に関する助言、企画、連絡及び調査を行う機関として、ユネスコ活動に関する法律第6条に基づき、わが国の関係大臣(文部科学大臣、外務大臣等)の諮問に応じて、次の事項を調査審議し、これらに関して必要と認められる事項を関係大臣(文部科学大臣等)に建議(意見・希望)する機関である。

○ユネスコ総会における政府代表及びユネスコに対する常駐政府代表の選考
○ユネスコ総会に対する議事及び議案の提出等
○ユネスコに関係のある国際会議への参加
○ユネスコに関係のある条約その他の国際約束の締結
○わが国の行うユネスコ活動の実施計画
○ユネスコの目的及びユネスコ活動に関する国民の理解の増進
○民間のユネスコ活動に対する助言、協力や援助
○ユネスコ活動に関する法令の立案及び予算の編成についての基本方針

また、日本におけるユネスコ活動の振興のため、以下の業務を行っている。

○わが国におけるユネスコ活動の基本方針の策定
○国内のユネスコ活動に関係のある機関及び団体等との連絡調整、情報交換
○ユネスコ活動に関する調査、資料収集及び作成

「世界の記憶」概要

○ユネスコ活動に関する集会の開催、出版物の配付
○ユネスコの目的及びユネスコ活動の普及
○ユネスコ活動に関する地方公共団体、民間団体、個人に対する助言、協力

日本ユネスコ国内委員会には、運営小委員会、選考小委員会のほか、六つの専門小委員会（教育小委員会、自然科学小委員会、人文・社会学小委員会、文化活動小委員会、コミュニケーション小委員会、普及活動小委員会）を設けて調査審議を行っている。

㉔ユネスコ世界の記憶選考委員会

ユネスコ世界の記憶選考委員会設置要綱

（設置）
第一条　ユネスコ世界の記憶（Memory of the World：MOW）事業に推薦する候補物件について調査審議するため、日本ユネスコ国内委員会文化活動小委員会にMOW選考委員会（以下委員会）を設置することについて必要な事項を定める。

（所掌）
第二条　委員会は次にあげる事項を所掌する。
　　　　（1）　推薦物件の募集方法についての審議
　　　　（2）　推薦物件の選考基準の策定
　　　　（3）　推薦物件の選定
　　　　（4）　推薦物件に係る調査
　　　　（5）　その他推薦物件に係る必要な事項

（組織）
第三条　委員会は、次の者をもつて構成する。
　　　　（1）　文化活動小委員会に属する委員から原則として2名
　　　　（2）　コミュニケーション小委員会に属する委員から原則として1名
　　　　（3）　文部科学省、文化庁、国立国会図書館及び国立公文書館が推薦する者から若干名
　　　　2　委員会の調査審議事項に関係する各省庁等の職員は、委員会の会議に出席し意見を述べることができる。

（委員長）
第四条　1　委員会に委員長を1人置く。
　　　　2　委員長は委員会に属する委員のうちから、その互選により定める。
　　　　3　委員長は委員会を総括し、代表する。
　　　　4　委員長に事故があるとき、または委員長が欠けたときは、委員長があらかじめ指名した者がその職務を代理し、またはその職務を行う。

（関係者からの意見聴取）
第五条　委員会の委員長は、委員会に属さない日本ユネスコ国内委員会委員、学識経験者その他関係者に出席を依頼し、その意見を聞くことができる。

（召集）
第六条　委員会の会議は、委員長が召集する。

（報告）
第七条　委員会の委員長は、委員会において調査審議した事項を、当該会議終了後における最も近い文化活動小委員会会議において文書で報告するものとする。

（国際的性格の付与）

第八条　　ユネスコから委員会の調査審議の事項に関するナショナル・コミッティの設定が要請されているときは、前条に基づき委員会は文化活動小委員会の分科会とした上で、我が国のナショナル・コミッティとみなすことができる。この場合においては第三条第1項の規程にかかわらず、文化活動小委員会の議を経て委員会の構成員に加え、関係各省庁等の職員をナショナル・コミッティの構成員と呼称することができる。

（運営規則）

第九条　　文化活動小委員会は、文化活動小委員会の議を経て、委員会の運営に必要な細則を定めることができる。

（存続期間）

第十条　　委員会の存続期間は、文化活動小委員会が廃止の議決をしたときまでとする。

（庶務）

第十一条　委員会の庶務は関係省庁の協力を得て国際統括官付が行う。

（附則）

この設置要綱は、平成22年2月12日から適用する。

㉕国内公募における選考基準

　わが国からユネスコに申請するユネスコ世界の記憶（国際選定）の物件は、ユネスコの「ユネスコ世界の記憶　記録遺産保護のための一般指針」に基づいて定められている本選考基準に従って、日本ユネスコ国内委員会文化活動小委員会ユネスコ世界の記憶選考委員会において選考の上、2件以内が選定される。

1. 基本要件

　選定する物件は、ユネスコ世界の記憶の対象となる物件[注]であり、ユネスコの「ユネスコ世界の記憶　記録遺産保護のための一般指針」に基づいて定められている以下の事項に照らし、世界的な重要性や世界への影響力が明確に示されているものでなければならない。
　なお、(3)の世界的な重要性については、その地理的な影響が世界的な広がりを持つものでなければならない。

(1) 真正性があること
　由来や所有履歴が分かっており、模造品、偽造品、偽文書等ではないこと。

(2) 唯一性、代替不可能性があること
　ある時代や文化圏において、歴史的に大きな影響を及ぼしたものであり、その喪失、または、劣化が人類にとって重大な損害となること。

(3) 以下の事項のうち一つ以上に関連して世界的な重要性が示されていること。
　　1) 時代　　　　　特定の時代を喚起させるものであること。
　　2) 場所　　　　　世界の歴史や文化にとって重要な場所に関するものであること。
　　3) 人　　　　　　重要な個人や集団の影響や、人類の行動、社会、産業、芸術、政治等の重大な変化を示すものであること。
　　4) 題材とテーマ　歴史的、または、知的な発展を代表する題材やテーマに関するものであること。
　　5) 形式及び様式　形式や様式が、美的、または、産業的に見て顕著なものであること。
　　6) 社会的・精神的・コミュニティー的な意義
　　　　　　　　　　現代の人々に対して、心理的な支配力を持つものであること。

2. 選考に当たって考慮する事項
選考に当たっては、以下の事項も考慮する。

(1) 希少性
その内容、または、外形が、その種類、または、時代を代表する数少ない残存例であること。

(2) 完全性
当該物件を構成すべき部分が全て含まれた完全なものであること。

(3) 公開性
合理的な方法により一般へのアクセスが担保されていること(デジタル化の状況や計画を含む)。

(4) 所有者、管理者との協議
申請者が所有者、管理者でない場合、所有者、管理者との協議がなされていること。

(5) 管理計画
保存とアクセス提供のための現実的な管理計画が示されていること。

(注) ユネスコ世界の記憶の対象となる物件
ユネスコ世界の記憶の対象となる物件の定義は、以下のとおり
(ユネスコの「ユネスコ世界の記憶 記録遺産保護のための一般指針」も参照のこと)

- 移動可能である。(ただし、碑銘や岩窟壁画など移動不可能な記録もある。)
- 記号や符号、音声及び/または画像で構成される。
- 保存可能である。(媒体は無生物)
- 再現可能及び移行可能である。
- 意図的な文書化プロセスの産物である。

例:手書き原稿、書籍、新聞、ポスター、図面、絵画、地図、音楽、フィルム、写真等。
※美術品等の再現不可能な「オリジナル」としてデザインされたものは除く。

㉖ 国内公募における選考申請者

当該物件に関係する個人、または、団体(所有者や管理者など)

㉗ 国内公募における申請手続き

(1) 提出様式
申請書は「ユネスコ世界の記憶(国際選定)国内公募申請書」(様式1)とし、用紙サイズはA4縦版、横書きとする。

(2) 提出方法
以下のとおり、電子メール及び郵送等の両方により提出する。電子メールのみ、または、郵送等のみの応募は申請と見なされない。

- 電子メール
  - ユネスコ世界の記憶(国際選定)国内公募申請書(様式1)をWordファイルでメールに添付して下記「本件担当、連絡先」宛に送信すること。押印または署名は必要ない。
  - メールの件名は、【申請者名】ユネスコ世界の記憶(国際選定)国内公募申請書とすること。
  - ファイルを含めメールの容量が5MBを超える場合は、メールを分割し、件名に通し番号を付して送信すること。
  - メール送信上の事故(未達等)について、当方は一切の責任を負わない。

●郵送等（郵便、宅配便等）
〇紙媒体で正本（押印又は署名入り）を1部、副本14部を下記「本件担当、連絡先」へ送付すること。
〇封筒に「ユネスコ世界の記憶（国際選定）国内公募申請書在中」と朱書きすること。
〇簡易書留、宅配便等、送達記録の残る方法で送付すること。

●その他
〇申請書に不備がある場合、審査対象とならない場合がある。
〇申請書を受領した後の修正（差替え含む）は、認めない。また、提出された申請書は返却しないので申請者において控えを取ること。
〇申請書作成の費用については、選定結果にかかわらず申請者の負担とする。また、選定された場合の申請書英訳費用についても同様である。

㉘ユネスコ世界の記憶（国際選定）国内公募の応募状況と選定結果

　国際連合教育科学文化機関（ユネスコ）が実施する「ユネスコ世界の記憶（Memory of the World）」（国際選定）については、ユネスコの審査に付されるのは1国につき2件までと定められていることを踏まえ、日本ユネスコ国内委員会が、わが国からユネスコへの申請物件を選定するため、2015年6月19日を提出期限として候補物件を公募した。

　下記の16件の応募があり、日本ユネスコ国内委員会文化活動小委員会ユネスコ世界の記憶選考委員会にて審査、2015年9月に選定結果が公表され、「上野三碑」、「杉原リスト」の2件が選定された。

国内公募の応募状況と選定結果　　（五十音順　＜　＞内は申請者）

❶伊能忠敬測量記録・地図　　＜千葉県香取市＞
❷黄檗版大蔵経版木群　　＜京都府宇治市、宗教法人萬福寺＞
❸菊陽町図書館少女雑誌村﨑コレクション　　＜熊本県菊陽町図書館＞
❹上野三碑　＜群馬県高崎市、上野三碑「世界の記憶」選定推進協議会＞
❺国宝　紙本著色北野天神縁起八巻附紙　本墨画同縁起下絵一巻、梅樹蒔絵箱一合
　　＜京都市、北野天満宮＞
❻重要文化財　徳川家康関係資料　洋時計（革箱付）　　＜静岡市、宗教法人久能山東照宮＞
❼信長公記　　＜京都市、建勲神社、織田裕美子＞
❽杉原リスト―1940年、杉原千畝が避難民救済のため人道主義博愛精神に基づき大量発給した
　　日本通過ビザ発給の記録　　＜岐阜県八百津町＞
❾全国水平社創立宣言と関係資料　　＜崇仁自治連合会、公益財団法人奈良人権文化財団＞
❿智証大師円珍と唐代の過所　　＜滋賀県大津市、宗教法人園城寺＞
⓫知覧に残された戦争の記憶―1945年沖縄戦に関する特攻関係資料群―
　　＜鹿児島県南九州市＞
⓬東慶寺文書　　＜神奈川県鎌倉市、宗教法人東慶寺＞
⓭広島の被爆作家による原爆文学資料―栗原貞子「あけくれの歌（創作ノート）」、原民喜「原爆
　　被災時の手帖」、峠三吉「原爆詩集（最終稿）」　＜広島市、広島文学資料保全の会＞
⓮普勧坐禅儀（付　普勧坐禅儀撰述由来）　　＜福岡県永平寺町、大本山永平寺＞
⓯水戸徳川家旧蔵キリシタン関係史料　　＜東京都世田谷区、公益財団法人徳川ミュージアム＞
⓰水戸徳川家旧蔵『大日本史』編纂史料　　＜東京都世田谷区、公益財団法人徳川ミュージアム＞

㉙日本の今後の「世界の記憶」候補

2021年7月　ユネスコにおける「世界の記憶」（Memory of the World: MOW）事業に推薦する
　　　　　　国内案件について専門的・技術的観点から調査審議するため文部科学省国際統括官
　　　　　　の下に「世界の記憶」国内案件に関する審査委員会を開催する。
2021年8月　国内公募を開始。
2021年11月　わが国から、「智証大師円珍関係文書典籍－日本・中国の文化交流史－」
　　　　　　（申請者：宗教法人園城寺、独立行政法人国立文化財機構東京国立博物館）及び
　　　　　　「浄土宗大本山増上寺三大蔵」（申請者：浄土宗、大本山増上寺）を、
　　　　　　ユネスコへ申請。
2023年5月　第216回ユネスコ執行委員会において、「智証大師円珍関係文書典籍－日本・中国
　　　　　　の文化交流史－」（申請者：宗教法人園城寺、独立行政法人国立文化財機構
　　　　　　東京国立博物館）の選定決定。

※選定決定に至らなかった「浄土宗大本山増上寺三大蔵」（申請者：浄土宗、大本山増上寺）
　も次期サイクルでの再申請が可能である。

㉚「世界の記憶」の今後の課題

①ユネスコの事業が政治利用の場であってはならないこと、選定遺産の選考過程の情報開示など、
　透明性のある制度改革（国際選定並びに国内公募における選考共に）の必要性
②過去の戦争など負の遺産を選定対象に加えることについて、一定の制限の必要性
③ユネスコの設置目的である国際平和と人類の共通の福祉という目的にかなった選定遺産なのか
　など、選定対象や選定基準の見直し
④「世界の記憶」事業の強化の為、「プログラム」から「勧告」、そして「条約」への進化を視野に
　入れた法規範の設定
⑤「世界の記憶」の事務局の陣容強化と「世界の記憶」の統計やデータベースの充実
⑥「世界の記憶」の世界的な重要性の認識と「世界の記憶」の認知の向上
⑦「世界の記憶」の重要性のグローバルな認識と保存の必要性
⑧「世界の記憶」の保存と原本のデジタル化の促進、並びにデジタル・アーキビストの養成
⑨「世界の記憶」の収蔵機関へのアクセスの増加が図れる様な工夫
⑩「世界電子図書館」（World Digital Library）の構築と充実
⑪世界の記憶プログラムの仕組み、社会的な役割、NGOや国内委員会との活発な関係強化
⑫アジア太平洋地域「世界の記憶」委員会（MOWCAP 事務局：香港)の「地域リスト」の選定・充実
　　2023年3月現在65件（日本関係は下記の1件）
「水平社と衡平社国境を越えた被差別民衆連帯の記録」（2016年5月選定）
　　所蔵：水平社博物館（奈良県御所市）

　尚、2018年の選定を目指し日本ユネスコ国内委員会が国内候補を公募
　　○「伊能忠敬測量記録・地図」（千葉県香取市）
　　○「画家加納辰夫の恒久平和への提言 フィリピン日本人戦犯赦免に関わる運動記録」
　　　（島根県・加納美術振興財団）
　　○「松川事件・松川裁判・松川運動の資料」（福島大学）
　の3件が申請したが、選考基準を満たさなかった為、推薦は見送られた。

⑬日本世界の記憶（National Register 国内リスト）の選定と保存
⑭台湾はユネスコの「世界の記憶」（Memory of the World）への選定実現を見据えて「世界
　記憶国家名録」制度を整備しており、琉球王国の外交文書『歴代宝案』（全249冊／台湾大学
　図書館蔵）を指定している。『歴代宝案』の原本は沖縄戦などで失われており、ほぼ完全な
　内容が残る写本は台湾のもののみで、琉球王国が中国（明・清）・朝鮮・タイ（シャム）など
　と交した外交文書をまとめた東アジアにおける中近世外交史の重要史料である。わが国と
　共同選定できれば望ましい。

31 「世界の記憶」の今後の予定

2023年7月1日～11月30日　国際選定2024-2025サイクルの応募（第211回ユネスコ
　　　　　　　　　　　　　執行委員会で承認された「世界の記憶の一般指針」の
　　　　　　　　　　　　　選定基準やプロセスに準拠）
2023年8月28日　国際選定、日本の国内申請〆切。
2023年8月中　　2023登録サイクルにおける地域選定の国内申請、関係省庁連絡会議
　　　　　　　　において推薦案件の決定推薦件数：3件以内（複数国による共同申請
　　　　　　　　は含まれない）
2023年9月15日　地域選定、アジア太平洋地域MOWCAPへの申請書提出〆切。
2024年6月頃　　地域選定、アジア太平洋地域MOWCAP総会において選定可否の決定。

32 「世界の記憶」を通じての総合学習

①世界史での歴史的位置づけ、当時の社会的な背景、当該「世界の記憶」が果たした役割などを
　調べてみる。
②「世界の記憶」が収蔵されている世界各地の文書館、図書館、博物館等を調べてみる。
③「世界の記憶」を後世に残し守っていく為の各国の法律や保存管理の制度等を調べてみる。
④「世界の記憶」などの記録遺産を専門的に学ぶ為のアーカイヴ学、文献学、古文書学、書誌学、
　図書館学、図書館情報学、文書館学、歴史学、考証学学問の体系を調べてみる。
⑤デジタル・アーキビストについて調べてみる。
⑥「世界遺産」や「世界無形文化遺産」との関係を調べてみる。
⑦世界各地のヘリティッジ・ツーリズムにおいて、「世界遺産」、「世界無形文化遺産」、「世界の記
　憶」のユネスコ遺産を、総合的に学べる仕組みを考えてみる。
⑧日本の世界の記憶の文化財保護法上の位置づけと現在の指定状況を調べてみる。
⑨「山本作兵衛コレクション」、「慶長遣欧使節関係資料」、「御堂関白記：藤原道長の自筆日記」、
　「東寺百合文書」、「舞鶴への生還 1945～1956シベリア抑留等日本人の本国への引き揚げの記録」、
　「上野三碑」、「朝鮮通信使に関する記録」等に続いて「世界の記憶」になりうる可能性がある
　日本の世界の記憶とその理由や根拠について考えてみる。

■国際デーとの関連

　国際連合は、国際デー、国際年を定めている。特定の日、または一年間を通じて、平和と安全、
開発、人権/人道の問題など、ひとつの特定のテーマを設定し、国際社会の関心を喚起し、取り組
みを促すために制定している。国連総会やさまざまな国連専門機関によって宣言される。

1月27日　　ホロコースト犠牲者を想起する国際デー
　　　　　　（International Day of Commemoration in Memory of the Victims of the Holocaust）

●アンネ・フランクの日記　2009年選定　オランダ
●ワルシャワ・ゲットーのアーカイヴス（エマヌエル・リンゲルブルムのアーカイヴス）
　1999年選定　ポーランド
●フランクフルト・アウシュヴィッツ裁判　2017年選定　ドイツ
●バビ・ヤールの記録遺産　2023年選定　ウクライナ

3月21日　　世界詩デー（World Poetry Day）

●バヤサンゴールのシャーナーメ（バヤサンゴール王子の王書）　2007年選定　イラン
●クリストファー・オキボの詩集　2007年選定　クリストファー・オキボ財団（COF）

「世界の記憶」概要

●ニザーミーの長篇叙事詩パンジュ・ガンジュ（五宝）　2011年選定　イラン
●コジャ・アフメド・ヤサウィの写本集　2003年選定　カザフスタン
●ウバイド・ザコニの「クリヤート」とハーフェズ・シェロズィーの「ガザリト」（14世紀）
　2003年選定　タジキスタン
●叙事詩ラ・ガリゴ　2011年選定　インドネシア／オランダ
●中世ヨーロッパの英雄叙事詩ニーベルングの歌　2009年選定　ドイツ
●フールシード・バーヌー・ナータヴァーンの「花の本」、イラスト入りの詩集
　2023年選定　アゼルバイジャン
●ナレーター、サグンバイ・オロズバコフによるキルギスの叙事詩『マナス』の写本
　2023年選定　キルギス

3月21日　国際人種差別撤廃デー（International Day for the Elimination of Racial Discrimination）

●刑事裁判所判決No.253/1963（国家対ネルソン・マンデラほか）　2007年選定　南アフリカ
●解放闘争の生々しいアーカイヴ・コレクション　2007年選定　南アフリカ
●カリブの奴隷にされた人々の記録遺産　2003年選定　バルバドス
●黒人奴隷のアーカイヴス　2005年選定　コロンビア
●英国カリブ領の奴隷の登記簿1817～1834年　2009年選定
　英国／バハマ／ベリーズ／ドミニカ／ジャマイカ／セントキッツ・ネイヴィース／トリニダード・トバゴ
●旧フランス植民地（1666年から1880年まで）での奴隷化された人々の識別選定　2023年選定
　ハイチ／フランス
●モーリシャスの奴隷貿易と奴隷制度の記録（1721年から1892年まで）
　2023年選定　モーリシャス
●オランダ領カリブ海地域の奴隷化された人々とその子孫の記録遺産（1816年から1969年まで）
　2023年選定　オランダ（キュラソー／シント・マールテン／スリナム共和国）

4月23日　世界図書・著作権デー（World Book and Copyright Day）

●アラビア語の文書と書籍のコレクション　2003年選定　タンザニア
●バヤサンゴールのシャーナーメ（バヤサンゴール王子の王書）　2007年選定　イラン
●占星術教程の書　2011年選定　イラン
●本草綱目　2011年選定　中国
●直指心体要節　2001年選定　韓国
●ケルズの書　2011年選定　アイルランド
●叙事詩ラ・ガリゴ　2011年選定　インドネシア／オランダ
●アンネ・フランクの日記　2009年選定　オランダ
●ジャン・ジャック・ルソー、ジュネーブとヌーシャテルのコレクション　2011年選定　スイス
●ハンス・クリスチャン・アンデルセンの直筆文書と通信文　1997年選定　デンマーク
●エマヌエル・スウェーデンボリのコレクション　2005年選定　スウェーデン
●15世紀のキリル文字におけるスラブ語の出版物　1997年選定　ロシア連邦
●トルストイの個人蔵書、草稿、写真、映像のコレクション　2011年選定　ロシア連邦
●デレック・ウォルコットのコレクション　1997年選定　トリニダード・トバゴ
●奴隷の洗礼に関する本（1636～1670年）　2009年選定　ドミニカ共和国
●クリストファー・オキボの詩集　2007年選定　クリストファー・オキボ財団（COF）

12月10日　人権デー（Human Rights Day）

●解放闘争の生々しいアーカイヴ・コレクション　2007年選定　南アフリカ
●フィリピンの人民の力革命のラジオ放送　2003年選定　フィリピン
●トゥール・スレン虐殺博物館のアーカイヴス　2009年選定　カンボジア
●韓国光州民主化運動の記録　2011年選定　韓国

- 人間と市民の権利の宣言（1789～1791年）　2003年選定　フランス
- 1980年8月のグダニスクの二十一箇条要求：大規模な 社会運動で労働組合の連帯が誕生
  2003年選定　ポーランド
- バルトの道-自由への行進での三国を繋ぐ人間の鎖
  2009年選定　エストニア／ラトヴィア／リトアニア
- ドミニカ共和国における人権の抵抗と闘争に関する記録遺産　2009年選定　ドミニカ共和国
- チリの人権のアーカイヴ　2003年選定　チリ
- 恐怖の記録文書　2009年選定　パラグアイ
- 1976～1983年の人権記録遺産-国家テロ闘争での真実、正義、記憶のアーカイヴス
  2007年選定　アルゼンチン

<u>12月18日　　国際移住者デー（International Migrants Day）</u>

- ロシア人、ウクライナ人、ベラルーシ人の移民誌　1918～1945年　2007年選定　チェコ
- シルバー・メン：パナマ運河における西インド諸島労働者の記録
  2011年選定　バルバドス／ジャマイカ／パナマ／セント・ルシア／英国／アメリカ合衆国
- 国際連合パレスチナ難民救済事業機関の写真と映画のアーカイヴス　2009年選定　エルサレム

■ 世界遺産との関連

- 『フランス領西アフリカ』（AOF）の記録史料　1997年選定　セネガル
  ⇔　「ゴレ島」　1978年　世界遺産登録
- 刑事裁判所判決No.253/1963（国家対ネルソン・マンデラほか）　2007年選定　南アフリカ
  ⇔　「ロベン島」　1999年　世界遺産登録
- コジャ・アフメド・ヤサヴィの文書　2003年選定　カザフスタン
  ⇔　「コジャ・アフメド・ヤサヴィ廟」　2003年　世界遺産登録
- スコータイ王朝のラーム・カムヘーン王の碑文　2003年選定　タイ
  ⇔　「古都スコータイと周辺の歴史地区」　1991年　世界遺産登録
- グエン朝の版木　2009年選定　ヴェトナム
- グエン朝（1802～1945年）の帝国アーカイヴス　2017年選定　ヴェトナム
  ⇔　「フエの建築物群」　1993年　世界遺産登録
- ボロブドールの保全のアーカイヴス　2017年選定　インドネシア
  ⇔　「ボロブドール寺院遺跡群」　1991年　世界遺産登録
- 麗江のナシ族の東巴古籍　2003年選定　中国
  ⇔　「麗江古城」　1997年　世界遺産登録
- 清王朝（1693～1886年）のマカオの公式記録　2017年選定　中国／ポルトガル
  ⇔　「マカオの歴史地区」　2005年　世界遺産登録
- 高麗大蔵経板と諸経板　2007年選定　韓国
  ⇔　「八萬大蔵経のある伽倻山海印寺」　1995年　世界遺産登録
- 東寺百合文書　2015年選定　日本
  ⇔　「古都京都の文化財」　1994年　世界遺産登録
- ペロ・ヴァス・デ・カミーニヤの手紙　2005年選定　ポルトガル
  ⇔　ブラジルの「ブラジルが発見された大西洋森林保護区」　1999年　世界遺産登録
- オーストラリアの囚人記録集　2007年選定　オーストラリア
  ⇔　「オーストラリアの囚人遺跡群」　2010年　世界遺産登録
- アレッポ写本　2015年選定　イスラエル
  ⇔　シリアの「古代都市アレッポ」　1986年　世界遺産登録
- スレイマン寺院文書図書館におけるイブン・シーナの業績　2003年選定　トルコ
- トプカプ宮殿博物館図書館とスレイマニェ図書館に所蔵されているエヴリヤ・チェレビの
  「旅行記」　2013年選定　トルコ
  ⇔　「イスタンブールの歴史地区」　1985年　世界遺産登録
- トルデシリャス条約　2007年選定　スペイン

「世界の記憶」概要

- 慶長遣欧使節関係資料　2013年選定　スペイン／日本
- 新世界の現地語からスペイン語に翻訳された語彙　2015年選定　スペイン
  - ⇔　「セビリア大聖堂、アルカサル、インディアス古文書館」　1987年　世界遺産登録
- サンティアゴ・デ・コンポステーラ大聖堂のカリクストゥス写本と聖ヤコブの書の他の中世のコピー：ヨーロッパにおけるヤコブの伝統のイベリア半島の起源
  2017年選定　スペイン／ポルトガル
  - ⇔　「サンティアゴ・デ・コンポステーラ（旧市街）」　1985年　世界遺産登録
- アルビの世界地図　2015年選定　フランス
  - ⇔　「アルビの司教都市」　2010年　世界遺産登録
- ライヒェナウ修道院にある彩飾文書　2003年選定　ドイツ
  - ⇔　「ライヒェナウ修道院島」　2000年　世界遺産登録
- ゲーテ・シラー資料館のゲーテの直筆の文学作品　2001年選定　ドイツ
  - ⇔　「クラシカル・ワイマール」　1996年　世界遺産登録
- マルティン・ルターによって創始された宗教改革の発展の草創期を代表する記録
  2015年選定　ドイツ
  - ⇔　「アイスレーベンおよびヴィッテンベルクにあるルター記念碑」
    1996年　世界遺産登録
- フランクフルト・アウシュヴィッツ裁判　2017年選定　ドイツ
  - ⇔　「アウシュヴィッツ・ビルケナウのナチス・ドイツ強制・絶滅収容所（1940-1945）」
    1979年　世界遺産登録
- プランタン印刷所のビジネス・アーカイヴス　2001年選定　ベルギー
  - ⇔　「プランタン・モレトゥスの住宅、作業場、博物館」　2005年　世界遺産登録
- オーストリア鉄道の歴史博物館のセンメリング鉄道の記録　2017年選定　オーストリア
  - ⇔　「センメリング鉄道」　1998年　世界遺産登録
- ザンクト・ガレンの修道院アーカイブスと修道院図書館に所蔵されている前ザンクト・ガレン修道院の記録遺産　2017年選定　スイス
  - ⇔　「ザンクト・ガレン修道院」　1983年　世界遺産登録
- バンスカー・シュティアヴニッツアの鉱山地図　2007年選定　スロヴァキア
  - ⇔　「バンスカー・シュティアヴニッツアの町の歴史地区と周辺の技術的な遺跡」
    1993年　世界遺産登録
- ワルシャワ再建局の記録文書　2011年選定　ポーランド
  - ⇔　「ワルシャワの歴史地区」　1980年　世界遺産登録
- スエンニェルのスコルト・サーミの村のアーカイヴ　2015年選定　フィンランド
  - ⇔　スウェーデンの「ラップ人地域」　1996年　世界遺産登録（複合遺産）
- オアハカ渓谷の文書　1997年選定　メキシコ
  - ⇔　「オアハカの歴史地区」　1987年　世界遺産登録
- オスカー・ニーマイヤー建築アーカイヴ　2013年選定　ブラジル
  - ⇔　「ブラジリア」　1987年　世界遺産登録
- 石に刻まれたアラビアの年代記：イクマ山　2023年選定　サウジアラビア
  - ⇔　「ヘグラの考古遺跡（アル・ヒジュル／マダイン・サーレハ）　2008年／2021年　世界遺産登録

■世界無形文化遺産との関連

- バルトの道−自由への行進での三国を繋ぐ人間の鎖
  2009年選定　エストニア／ラトヴィア／リトアニア
  - ⇔　「バルト諸国の歌と踊りの祭典」　2008年　世界無形文化遺産選定
- カルロス・ガルデルの原盤− オラシオ・ロリエンテのコレクション（1913〜1935年）
  2003年選定　ウルグアイ
  - ⇔　アルゼンチン／ウルグアイの「タンゴ」　2009年　世界無形文化遺産選定

透明性が求められる「世界の記憶」選定の選考プロセス

	プロセス	段階
国際選考	ユネスコ執行委員会	審議・決定
	↑	
	国際諮問委員会	選定勧告
	↑	
	選定分科会	選定
	↑	
	専門家のパネル	評価
	↑	
	ユネスコ「世界の記憶」事務局	受付
	↑	
国内選考	日本ユネスコ国内委員会 （ユネスコ世界の記憶選考委員会）	提出
	↑	
	団体（行政機関・NGO）	申請

「世界の記憶」概要

「世界の記憶」保護の為の一般指針

序文
1. **序文**

1.1 「世界の記憶」とは何か？
1.2 「世界の記憶」の目的
1.3 「世界の記憶」の背景

2. **根拠**

2.1 基本的前提
2.2 プログラムの性格
2.3 ビジョンと使命
2.4 補完するプログラム
2.5 倫理的な問題
2.6 世界の記憶: 定義
2.7 記憶の共有
2.8 基本戦略

3. **保存と公開・利用**

3.1 はじめに
3.2 保存の定義
3.3 保存の原則
3.4 コンテンツの公開・利用の為の原則と方法
3.5 製品と配布
3.6 広報と啓発
3.7 教育と研修

4. **「世界の記憶」の選定**

4.1 国際的、地域的、国内の選定
4.2 「世界の記憶」選定の選定基準
4.3 「世界の記憶」への選定推薦
4.4 法的・管理の前提
4.5 選定推薦書類の準備
4.6 選定推薦書類の提出
4.7 選定推薦書類の評価
4.8 選定抹消
4.9 遺産の喪失と紛失

「世界の記憶」概要

「世界の記憶」の選定推薦書式

PART A　基本情報

1. 要約
　特質、独自性、重要性

2. 選定推薦の詳細
　2.1　名前（人、或は、組織）
　2.2　選定推薦遺産との関係
　2.3　担当者
　2.4　担当者の詳細（含む住所、電話、ファックス、Eメール）

3. 世界の記憶の個性と概要
　3.1　名称と個性の詳細
　3.2　概要

4. 正当性／該当する選定基準
　4.1　真正性
　4.2　世界的な重要性，独自性、非代替性
　4.3　該当する選定基準　（a）年代　（b）場所　（c）人物
　　　　　　　　　　　　　（d）題材・テーマ　（e）形式・様式
　4.4　この選定推薦に関連する希少性、完全性、脅威、　管理

5. 法的情報
　5.1　世界の記憶の所有者（名前と連絡先の詳細）
　5.2　世界の記憶の保管者（所有者と異なる場合は、名前と連絡先の詳細）
　5.3　法的地位：
　　（a）所有権のカテゴリー
　　（b）コンテンツの公開・利用
　　（c）著作権上の地位
　　（d）管理責任者
　　（e）他の要因

6. 管理計画
　6.1　管理計画の有無
　　　　有る場合には、計画の要約を添付。
　　　　無い場合には、現在の収蔵状況についての詳細を添付。

7. 協議
　　7.1　この推薦に関する協議の詳細
　　　（a）遺産の所有者
　　　（b）保管者
　　　（c）「世界の記憶」国内委員会、或は、地域委員会

PART B　補完情報

8. リスクの評価
　　8.1　当該世界の記憶への脅威の特質や範囲の詳細

9. 保存の評価
　　9.1　当該世界の記憶の各種情報の保存の詳細

PART C　申請者

　　（名前の印字）…………………………………………………………
　　（署名）………………………………　（日付）……………………………

「世界の記憶」概要

「世界の記憶」の分布図

「世界の記憶」概要

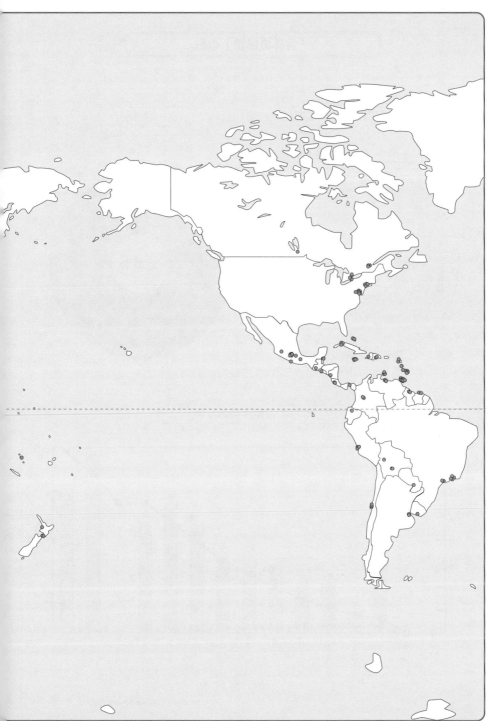

「世界の記憶」の数

国・その他（国際機関・NGO）

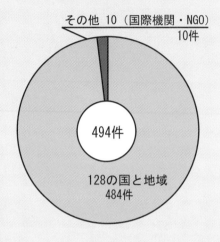

その他 10（国際機関・NGO）
10件

494件

128の国と地域
484件

地域別

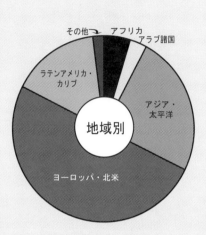

その他　アフリカ
アラブ諸国
ラテンアメリカ・カリブ
アジア・太平洋
地域別
ヨーロッパ・北米

年別の選定件数の推移

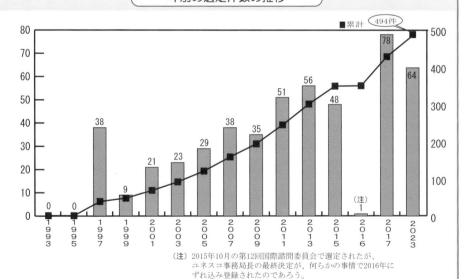

■累計　494件

年	件数
1993	0
1995	0
1997	38
1999	9
2001	21
2003	23
2005	29
2007	38
2009	35
2011	51
2013	56
2015	48
2016	1（注）
2017	78
2023	64

（注）2015年10月の第12回国際諮問委員会で選定されたが、ユネスコ事務局長の最終決定が、何らかの事情で2016年にずれ込み登録されたのであろう。

*2023年7月現在 ユネスコHPによる

「世界の記憶」概要

「世界の記憶」概要

選定上位国

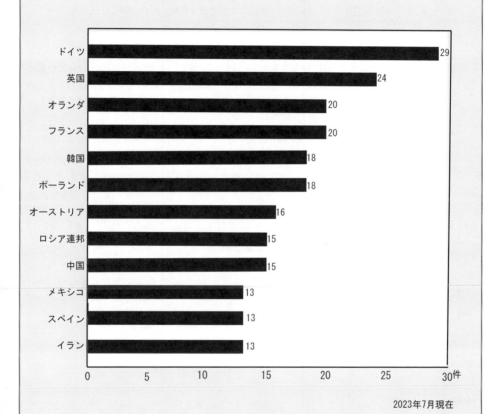

2023年7月現在

※米国、ポルトガル、ブラジル、インド、インドネシアが11と続く。

世界遺産、世界無形文化遺産、世界の記憶の違い

	世界遺産	世界無形文化遺産	世界の記憶
準拠	世界の文化遺産および自然遺産の保護に関する条約（略称：世界遺産条約）	無形文化遺産の保護に関する条約（略称：無形文化遺産保護条約）	メモリー・オブ・ザ・ワールド・プログラム（略称：MOW）＊条約ではない
採択・開始	1972年	2003年	1992年
目的	かけがえのない遺産をあらゆる脅威や危険から守る為に、その重要性を広く世界に呼びかけ、保護・保全の為の国際協力を推進する。	グローバル化により失われつつある多様な文化を守るため、無形文化遺産尊重の意識を向上させ、その保護に関する国際協力を促進する。	人類の歴史的な文書や記録など、忘却してはならない貴重な記録遺産を登録し、最新のデジタル技術などで保存し、広く公開する。
対象	有形の不動産（文化遺産、自然遺産）	文化の表現形態・口承及び表現・芸能・社会的慣習、儀式及び祭礼行事・自然及び万物に関する知識及び慣習・伝統工芸技術	・文書類（手稿、写本、書籍等）・非文書類（映画、音楽、地図等）・視聴覚類（映画、写真、ディスク等）・その他　記念碑、碑文など
登録申請	各締約国（195か国）2023年7月現在	各締約国（181か国）2023年7月現在	国、地方自治体、団体、個人など
審議機関	世界遺産委員会（委員国21か国）	無形文化遺産委員会（委員国24か国）	ユネスコ事務局長 国際諮問委員会
審査評価機関	NGOの専門機関（ICOMOS, ICCROM, IUCN）現地調査と書類審査	無形文化遺産委員会の評価機関 6つの専門機関と6人の専門家で構成	国際諮問委員会の補助機関　登録分科会専門機関（IFLA, ICA, ICAAA, ICOM などのNGO）
リスト	世界遺産リスト（1157件）うち日本（25件）	人類の無形文化遺産の代表的なリスト（567件）うち日本（22件）	世界の記憶リスト（494件）うち日本（8件）
登録基準	必要条件：10の基準のうち、1つ以上を完全に満たすこと。顕著な普遍的価値	必要条件：5つの基準を全て満たすこと。コミュニティへの社会的な役割と文化的な意味	必要条件：5つの基準のうち、1つ以上の世界的な重要性を満たすこと。世界史上重要な文書や記録
危機リスト	危機にさらされている世界遺産リスト（略称：危機遺産リスト）（55件）	緊急に保護する必要がある無形文化遺産のリスト（76件）	－
基金	世界遺産基金	無形文化遺産保護基金	世界の記憶基金
事務局	ユネスコ世界遺産センター	ユネスコ文化局無形遺産課	ユネスコ情報・コミュニケーション局知識社会部ユニバーサルアクセス・保存課
指針	オペレーショナル・ガイドラインズ（世界遺産条約履行の為の作業指針）	オペレーショナル・ディレクティブス（無形文化遺産保護条約履行の為の運用指示書）	ジェネラル・ガイドラインズ（記録遺産保護の為の一般指針）
日本の窓口	外務省、文化庁文化資源活用課環境省、林野庁	外務省、文化庁文化資源活用課	文部科学省日本ユネスコ国内委員会

世 界 遺 産	世界無形文化遺産	世界の記憶
代表例 <自然遺産> ○ キリマンジャロ国立公園 (タンザニア) ○ グレート・バリア・リーフ (オーストラリア) ○ グランド・キャニオン国立公園 (米国) ○ ガラパゴス諸島 (エクアドル) <文化遺産> ● アンコール (カンボジア) ● タージ・マハル (インド) ● 万里の長城 (中国) ● モン・サン・ミッシェルとその湾 (フランス) ● ローマの歴史地区 (イタリア・ヴァチカン) <複合遺産> ◎ チャンアン景観遺産群 (ヴェトナム) ◎ トンガリロ国立公園 (ニュージーランド) ◎ マチュ・ピチュの歴史保護区 (ペルー) 　　　　　　　　　　　　　　　　など	◎ ジャマ・エル・フナ広場の文化的空間 (モロッコ) ◎ ベドウィン族の文化空間 (ヨルダン) ◎ ヨガ (インド) ◎ カンボジアの王家の舞踊 (カンボジア) ◎ ヴェトナムの宮廷音楽、 　ニャー・ニャック (ヴェトナム) ◎ イフガオ族のフドフド詠歌 (フィリピン) ◎ 端午節 (中国) ◎ 江陵端午祭 (カンルンタノジュ) (韓国) ◎ コルドバのパティオ祭り (スペイン) ◎ フランスの美食 (フランス) ◎ ドゥブロヴニクの守護神聖ブレイズの 　祝祭 (クロアチア) 　　　　　　　　　　　　　　　　など	◎ アンネ・フランクの日記 (オランダ) ◎ ゲーテ・シラー資料館のゲーテの 　直筆の文学作品 (ドイツ) ◎ ブラームスの作品集 (オーストリア) ◎ 朝鮮王朝実録 (韓国) ◎ オランダの東インド会社の記録文書 　(インドネシア) ◎ 解放闘争の生々しいアーカイヴ・ 　コレクション (南アフリカ) ◎ エレノア・ルーズベルト文書プロジェクト 　の常設展 (米国) ◎ ヴァスコ・ダ・ガマのインドへの最初の 　航海史1497〜1499年 (ポルトガル) 　　　　　　　　　　　　　　　　など
日本関係 (25件) <自然遺産> ○ 白神山地 ○ 屋久島 ○ 知床 ○ 小笠原諸島 <文化遺産> ● 法隆寺地域の仏教建造物 ● 姫路城 ● 古都京都の文化財 　　(京都市 宇治市 大津市) ● 白川郷・五箇山の合掌造り集落 ● 広島の平和記念碑 (原爆ドーム) ● 厳島神社 ● 古都奈良の文化財 ● 日光の社寺 ● 琉球王国のグスク及び関連遺産群 ● 紀伊山地の霊場と参詣道 ● 石見銀山遺跡とその文化的景観 ● 平泉ー仏国土(浄土)を表す建築・ 　庭園及び考古学的遺跡群ー ● 富士山ー信仰の対象と芸術の源泉 ● 富岡製糸場と絹産業遺産群 ● 明治日本の産業革命遺産 　ー製鉄・製鋼、造船、石炭産業 ● ル・コルビュジエの建築作品 　ー近代化運動への顕著な貢献 ● 「神宿る島」宗像・沖ノ島と関連遺産群 ● 長崎と天草地方の潜伏キリシタン関連 　遺産 ● 百舌鳥・古市古墳群 ○ 奄美大島、徳之島、沖縄島北部 　及び西表島 ● 北海道・北東北の縄文遺跡群	(22件) ◎ 能楽 ◎ 人形浄瑠璃文楽 ◎ 歌舞伎 ◎ 秋保の田植踊 (宮城県) ◎ 題目立 (奈良県) ◎ 大日堂舞楽 (秋田県) ◎ 雅楽 ◎ 早池峰神楽 (岩手県) ◎ 小千谷縮・越後上布ー新潟県魚沼 　地方の麻織物の製造技術 (新潟県) ◎ 奥能登のあえのこと (石川県) ◎ アイヌ古式舞踊 (北海道) ◎ 組踊、伝統的な沖縄の歌劇 (沖縄県) ◎ 結城紬、絹織物の生産技術 　(茨城県、栃木県) ◎ 壬生の花田植、広島県壬生の田植 　の儀式 (広島県) ◎ 佐陀神能、島根県佐太神社の神楽 　(島根県) ◎ 那智の田楽,那智の火祭りで演じられる 　宗教的な民俗芸能 (和歌山県) ◎ 和食；日本人の伝統的な食文化 ◎ 和紙；日本の手漉和紙技術 　(島根県、岐阜県、埼玉県) ◎ 日本の山・鉾・屋台行事 　(青森県、埼玉県、京都府など18府県33件) ◎ 来訪神：仮面・仮装の神々 　(秋田県など8県10件) ◎ 伝統建築工匠の技木造建造物を 　受け継ぐための伝統技術 ◎ 風流踊 (神奈川県など24都府県41件)	(8件) ◎ 山本作兵衛コレクション 　<所蔵機関>田川市石炭・歴史博物館 　　福岡県立大学附属研究所 (福岡県田川市) ◎ 慶長遣欧使節関係資料 　(スペインとの共同登録) 　<所蔵機関>仙台市博物館 (仙台市) ◎ 御堂関白記：藤原道長の自筆日記 　<所蔵機関>公益財団法人陽明文庫 　　　　　　　(京都市右京区) ◎ 東寺百合文書 　<所蔵機関>京都府立総合資料館 　　　　　　　(京都市左京区) ◎ 舞鶴への生還ー1946〜1953シベリア 　抑留等日本人の本国への引き揚げの記録 　<所蔵機関>舞鶴引揚記念館 　　　　　　　(京都府舞鶴市) ◎ 上野三碑 (こうずけさんぴ) 　<所蔵機関>高崎市 ◎ 朝鮮通信使に関する記録 17〜19世紀 　の日韓間の平和構築と文化交流の歴史 　(韓国との共同登録) 　<所蔵機関>東京国立博物館、長崎県立 　　対馬歴史民俗資料館、日光東照宮など ◎ 智証大師円珍関係文書典籍 　ー 日本・中国のパスポート 　<所蔵機関>宗教法人園城寺(滋賀県大津市) 　　　　　　　東京国立博物館
※佐渡島(さど)の金山	※伝統的酒造り	

「世界の記憶」概要

「世界の記憶」地域別・国別

最初の世界周航（1519年から1522年まで）
（First Voyage of Circumnavigation （1519-1522））
2023年選定　ポルトガル／スペイン
＜所蔵機関＞トルレ・ド・トンボ国立公文書館（リスボン）

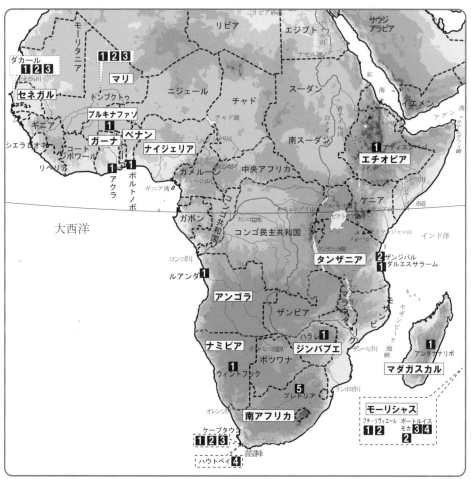

セネガル共和国
Republic of Senegal

首都　ダカール　主要言語　フランス語
「世界の記憶」の数　3　（世界遺産の数　7　世界無形文化遺産の数　3　）2023年7月現在

1 『フランス領西アフリカ』（AOF）の記録史料
　（Fonds of the "Afrique occidentale francaise"（AOF））
　　1997年選定　＜所蔵機関＞セネガル国立公文書館（ダカール）
2 フランス領西アフリカの古葉書集（Collection of old postcards from French West Africa）
　　2015年選定
　＜所蔵機関＞セネガル国立公文書館（ダカール）
　　　　　　　セネガル歴史地理教師協会（ASPHG）（ダカール）
3 ウィリアム・ポンティ学校の記録（William Ponty School Collection of Papers）
　　2015年選定
　＜所蔵機関＞シエイク・アンタ・ディヨップ大学ブラック・アフリカ基礎研究所（ダカール）

マリ共和国
Republic of Mali
首都　バマコ　主要言語　英語、フランス語（公用語）、バンバラ語等
「世界の記憶」の数　3　（世界遺産の数　4　世界無形文化遺産の数　9）　2023年7月現在

❶身体に影響を与える内外の病気の治療に関する書
（Kitāb Shifā al-Asqām al-Āriḍat min al-Ẓahir wa al-Bāṭin min al-Ajsām/ Livre de la guérison des maladies internes et externes affectant le corps）　2017年選定
＜所蔵機関＞ママ・ハイダラ図書館（トンブクトゥ）

❷宗教と身体に関する人間の関心事
（Maṣāliḥ al-Insān al-Mutaʿalliqat bi al-Adyānwa al-Abdān, The human being interests linked to the religions and the body）　2017年選定　マリ／ナイジェリア
＜所蔵機関＞ママ・ハイダラ図書館（トンブクトゥ）

❸信者間の相違に注意を払わぬ人々に対する注意
（Tadkirat al gāfilin ʿanqubhihtilāf al- muʾminin/ Reminder to those who do not pay attention to the harms caused by the divergence between believers）　2017年選定
＜所蔵機関＞アーメド・ババ高等教育・イスラム研究所（トンブクトゥ）

ブルキナファソ　*New*
Burkina Faso
首都　ワガドゥグ　主要言語　フランス語（公用語）、モシ語、ディウラ語、グルマンチェ語、プル（フラニ）語等約60言語
「世界の記憶」の数　1　（世界遺産の数　3　世界無形文化遺産の数　1）　2023年7月現在

❶1957年から1992年までのフランスとブルキナファソにおける国際ATDカールモンド運動のアーカイブ
（Archives of the International Movement ATD Fourth World in France and Burkina Faso from 1957 to 1992）　*New*　2023年選定　ブルキナファソ／フランス
＜所蔵機関＞ジョゼフ・ウレザンスキ・アーカイブ研究センター（JWC）

ガーナ共和国
Republic of Ghana
首都　アクラ　主要言語　英語、各部族語など
「世界の記憶」の数　1　（世界遺産の数　2　世界無形文化遺産の数　0）　2023年7月現在

❶オランダの西インド会社の記録文書（Dutch West India Company（Westindische Compagnie）Archives）
2011年選定
オランダ／ブラジル／ガーナ／ガイアナ／オランダ領アンティル／スリナム／英国／アメリカ合衆国
＜所蔵機関＞ガーナ国立公文書館（アクラ）

ベナン共和国
Republic of Benin
首都　ポルトノボ　主要言語　フランス語
「世界の記憶」の数　1　（世界遺産の数　2　世界無形文化遺産の数　1）　2023年7月現在

❶植民地時代の記録文書（Colonial Archives）
1997年選定
＜所蔵機関＞ベナン国立公文書館（ポルトノボ）

ナイジェリア連邦共和国
Federal Republic of Nigeria
首都　アブジャ　主要言語　英語（公用語），各民族語（ハウサ語、ヨルバ語、イボ語等）
「世界の記憶」の数　1　（世界遺産の数　2　世界無形文化遺産の数　5）　2023年7月現在

❶宗教と身体に関する人間の関心事
（Maṣāliḥ al-Insān al-Mutaʿalliqat bi al-Adyānwa al-Abdān, The human being interests linked to the religions and the body）
2017年選定　マリ／ナイジェリア　＜所蔵機関＞ママ・ハイダラ図書館（マリ／トンブクトゥ）

地域別・国別

エチオピア連邦民主共和国
Federal Democratic Republic of Ethiopia
首都　アディスアベバ　主要言語　アムハラ語、英語、その他
「世界の記憶」の数　1　（世界遺産の数　9　世界無形文化遺産の数　4）2023年7月現在

1 エチオピア国立公文書館図書館の至宝（Treasures from National Archives and Library Organizations）
1997年選定
＜所蔵機関＞エチオピア国立公文書館図書館（アディスアベバ）

タンザニア連合共和国
United Republic of Tanzania
首都　ダルエスサラーム　主要言語　スワヒリ語、英語、現地語
「世界の記憶」の数　2　（世界遺産の数　7　世界無形文化遺産の数　0）2023年7月現在

1 タンザニア国立公文書館のドイツの記録（German Records of the National Archives）
1997年選定
＜所蔵機関＞タンザニア国立公文書館（TNA）（ダルエスサラーム）
2 アラビア語の文書と書籍のコレクション（Collection of Arabic Manuscripts and Books）
2003年選定
＜所蔵機関＞ザンジバル国立公文書館（ザンジバル）

ジンバブエ共和国
Republic of Zimbabwe
首都　ハラレ　主要言語　英語、ショナ語
「世界の記憶」の数　1　（世界遺産の数　5　世界無形文化遺産の数　2）2023年7月現在

1 ネハンダとカグヴィの2人の霊媒師の裁判の記録（1897年4月）、彼らの処刑に至る国家対ネハンダとカグヴィの判例
（Nehanda and Kaguvi mediums' judgement dockets（April 1897）. Case between State versus Nehanda and Kaguvi spirit mediums leading to their execution.）
2015年選定
＜所蔵機関＞ジンバブエ国立文書館（ハラレ）

アンゴラ共和国
Republic of Angola
首都　ルアンダ　主要言語　ポルトガル語、ウンブンドゥ語など
「世界の記憶」の数　1　（世界遺産の数　1　世界無形文化遺産の数　0）2023年7月現在

1 デンボスのアーカイヴス／ンデンブ族のアーカイヴス
（Arquivos dos Dembos / Ndembu Archives）
2011年選定　アンゴラ／ポルトガル
＜所蔵機関＞アンゴラ国立公文書館（ルアンダ）

ナミビア共和国
Republic of Namibia
首都　ウィントフック　主要言語　英語、アフリカーンス、ドイツ語、その他部族語
「世界の記憶」の数　1　（世界遺産の数　2　世界無形文化遺産の数　2）2023年7月現在

1 ヘンドリック・ヴィトブーイ＊のレター誌
（Letter Journals of Hendrick Witbooi）
2005年選定　＊（1830～1905年）　ナマ族首長
＜所蔵機関＞ナミビア国立公文書館（ウィントフック）

地域別・国別

マダガスカル共和国
Republic of Madagascar
首都　アンタナナリボ　主要言語　フランス語
「世界の記憶」の数　1　　（世界遺産の数　3　世界無形文化遺産の数　2） 2023年7月現在

1 マダガスカル王室の公文書（1824～1897年）（Royal Archives（1824-1897））
　2009年選定
　＜所蔵機関＞マダガスカル国立公文書館（アンタナナリボ）

モーリシャス共和国
Republic of Mauritius
首都　ポート・ルイス　主要言語　クレオール語、英語、フランス語
「世界の記憶」の数　4　　（世界遺産の数　2　世界無形文化遺産の数　4） 2023年7月現在

1 フランスがモーリシャスを占領していた時代の記録文書
　（Records of the French Occupation of Mauritius）1997年選定
　＜所蔵機関＞モーリシャス国立公文書館（プチ・リヴィエール）
2 年季契約移民の記録（The Records of Indentured Immigration）
　2015年選定
　＜所蔵機関＞モーリシャス国立公文書館（プチ・リヴィエール）
　　　　　　　モーリシャス国立図書館（ポート・ルイス）、マハトマ・ガンディー研究所（モカ）
3 モーリシャスの使徒、福者ジャック・デジレ・ラヴァル神父に関するアーカイブ・コレクション
　（The archival collections on the Bienheureux Père Jacques Désiré Laval - The Apostle of Mauritius）*New*
　2023年選定　＜所蔵機関＞モーリシャス国立公文書館（NAD）（ポート・ルイス）
4 モーリシャスの奴隷貿易と奴隷制度の記録（1721年から1892年まで）
　（The Slave Trade and Slavery Records in Mauritius （1721-1892））　*New*　2023年選定
　＜所蔵機関＞モーリシャス国立公文書館（NAD）（ポート・ルイス）

南アフリカ共和国
Republic of South Africa
首都　プレトリア　主要言語　英語、アフリカーンス語
「世界の記憶」の数　5　　（世界遺産の数　10　世界無形文化遺産の数　0） 2023年7月現在

1 ブリーク＊・コレクション（The Bleek Collection）
　1997年選定　＊W.H.I.ブリーク（1827～1875年）
　　　　　　　　　カラハリ砂漠に居住する狩猟採集民族であるサン族（ブッシュマン）の研究者
　＜所蔵機関＞ケープタウン大学図書館（ケープタウン）、南アフリカ図書館（ケープタウン）
2 オランダの東インド会社の記録文書（Archives of the Dutch East India Company）
　2003年選定
　＜所蔵機関＞南アフリカ国立公文書館（ケープタウン）
　　　　　　　オランダ／インド／インドネシア／スリランカ／南アフリカ
3 刑事裁判所判決No. 253/1963（国家対ネルソン・マンデラ＊ほか）
　（Criminal Court Case No. 253/1963（State Versus N Mandela and Others））
　2007年選定　＊1918～2013年　南アフリカ共和国の政治家、弁護士。反アパルトヘイトの闘士。
　＜所蔵機関＞南アフリカ国立公文書館（ケープタウン）
4 解放闘争の生々しいアーカイヴ・コレクション
　（Liberation Struggle Living Archive Collection）
　2007年選定　＜所蔵機関＞ドクサ・プロダクション（ハウトベイ）
5 1991～1992年の民主南アフリカ会議のアーカイヴスと1993年の複数政党制への移行協議の
　プロセスのアーカイヴス
　（Archives of the CODESA (Convention For A Democratic South Africa) 1991 - 1992 and Archives of the
　Multi-Party Negotiating Process 1993）
　2013年選定
　＜所蔵機関＞民主南アフリカ会議（CODESA）（プレトリア）

地域別・国別

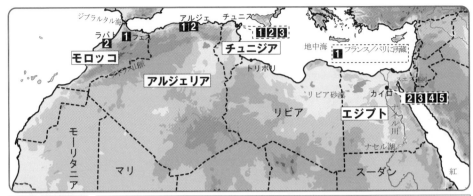

モロッコ王国
Kingdom of Morocco
首都　ラバト　主要言語　アラビア語、フランス語
「世界の記憶」の数　2　（世界遺産の数　9　世界無形文化遺産の数　12 ）2023年7月現在

1 イバルの書（Kitab al-ibar, wa diwan al-mobtadae wa al-khabar）
　　2011年選定
　　＜所蔵機関＞カラウィン図書館（フェス）
2 アル・ザフラウィシュール写本（Manuscript of al- Zahrāwīsur）
　　2017年選定
　　＜所蔵機関＞モロッコ王国国立図書館（ラバト）

チュニジア共和国
Republic of Tunisia
首都　チュニス　主要言語　アラビア語、フランス語
「世界の記憶」の数　3　（世界遺産の数　8　世界無形文化遺産の数　6 ）2023年7月現在

1 チュニスでの18世紀～19世紀における略奪船の活動と国際関係
　（Privateering and the international relations of the Regency of Tunis in the 18th and 19th centuries）
　　2011年選定
　　＜所蔵機関＞チュニジア国立公文書館（チュニス）
2 チュニジアの1841～1846年の奴隷制度の廃止（The Abolition of Slavery in Tunisia 1841-1846）
　　2017年選定
　　＜所蔵機関＞チュニジア国立公文書館（チュニス）
3 ロドルフ・デルランジェ男爵のアーカイブにある音楽の所蔵品（1910年から1932年まで）
　（The Music holdings in Baron Rodolphe d'Erlanger's archives （1910-1932）） *New*
　　2023年選定　＜所蔵機関＞エネジュマ・エッザーラ博物館（チュニス）

アルジェリア民主人民共和国
Peaple's Democratic Republic of Algeria
首都　アルジェ　主要言語　アラビア語(国語、公用語)、ベルベル語(国語)、フランス語
「世界の記憶」の数　2　（世界遺産の数　7　世界無形文化遺産の数　10 ）2023年7月現在

1 アル・ムスタムラムとアル・タクミラ書（Al–Mustamlah Min Kitab Al–Takmila）
　　2017年選定　＜所蔵機関＞アルジェリア国立図書館（アルジェ）
2 非同盟運動第1回首脳会議のアーカイブ
　（First Summit Meeting of the Non-Aligned Movement Archives） *New*
　　アルジェリア／エジプト／インド／インドネシア／セルビア
　　2023年選定　＜所蔵機関＞アルジェリア国立図書館（アルジェ）

地域別・国別

エジプト・アラブ共和国
Arab Republic of Egypt

首都　カイロ　主要言語　アラビア語

「世界の記憶」の数　5　（世界遺産の数　7　世界無形文化遺産の数　7　）2023年7月現在

1 スエズ運河の記録（Memory of the Suez Canal）
1997年選定
＜所蔵機関＞エジプト大使館（フランス／パリ）

2 スルタンと王子の善行録（Deeds of Sultans and Princes）
2005年選定
＜所蔵機関＞エジプト国立公文書館（カイロ）

3 ペルシャ語の文書（Persian Illustrated and Illuminated Manuscripts）
2007年選定
＜所蔵機関＞エジプト国立図書館・公文書館（カイロ）

4 エジプト国立図書館のマムルーク朝＊のコーランの文書集
（The National Library of Egypt's Collection of Mamluk Qur'an Manuscripts）
2013年選定
＊エジプトを中心に、シリア、ヒジャーズまでを支配したスンナ派のイスラム王朝(1250〜1517年)
＜所蔵機関＞エジプト国立図書館（カイロ）

5 非同盟運動第1回首脳会議のアーカイブ
（First Summit Meeting of the Non-Aligned Movement Archives）　*New*
エジプト／アルジェリア／インド／インドネシア／セルビア
2023年選定　　＜所蔵機関＞エジプト国立図書館／エジプト国立文書館（カイロ）

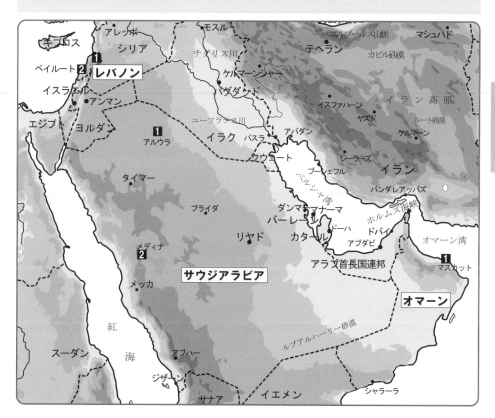

地域別・国別

レバノン共和国
Republic of Lebanon

首都　ベイルート　主要言語　アラビア語

「世界の記憶」の数　2　（世界遺産の数　6　世界無形文化遺産の数　2 ）2023年7月現在

1 レバノン山のナハル・エル・カルブの記念碑

（Commemorative stela of Nahr el-Kalb, Mount Lebanon）　2005年選定

＜所蔵機関＞ズーク・ムスビフ市、ドバイエ市

2 フェニキア文字（The Phoenician Alphabet）

2005年選定　＜所蔵機関＞ベイルート国立博物館（ベイルート）

サウジアラビア王国
Kingdom of Saudi Arabia

首都　リヤド　主要言語　アラビア語

「世界の記憶」の数　2（世界遺産の数　6　世界無形文化遺産の数　11）2023年7月現在

1 イスラム初期（クーフィー）の碑文（Earliest Islamic（Kufic）inscription）

2003年選定

＜所在地＞サウジアラビアの北西、アル・ウラの近隣

2 石に刻まれたアラビアの年代記：イクマ山（Arabian Chronicles in Stone: Jabal Ikmah）　*New*

2023年選定

＜所在地＞ アル・ウラー渓谷（メディナ州ヘグラ）

オマーン国
Sultanate of Oman

首都　マスカット　主要言語　アラビア語（公用語）、英語

「世界の記憶」の数　1　（世界遺産の数　5　世界無形文化遺産の数　13）2023年7月現在

1 海洋科学による航海技術　海洋科学のルールの情報を含む海洋ガイド

（Made Al Asrar Fi Elm Al Behar）

2017年選定

＜所蔵機関＞遺産・文化省（マスカット）

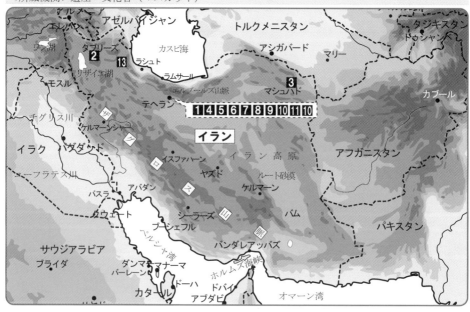

地域別・国別

イラン・イスラム共和国
Islamic Republic of Iran
首都　テヘラン　主要言語　ペルシア語

「世界の記憶」の数　13（世界遺産の数　26　世界無形文化遺産の数　21）2023年7月現在

1 バヤサンゴールのシャーナーメ（バヤサンゴール王子の王書）
（"Bayasanghori Shahnameh"（Prince Bayasanghor's Book of the Kings））
2007年選定
＜所蔵機関＞ゴレスタン宮殿（テヘラン）

2 ラシードゥッディーンのラシード区ワクフ文書補遺文書作成指示書
（The Deed For Endowment: Rab' I-Rashidi（Rab I-Rashidi Endowment）13th Century manuscript）
2007年選定
＜所蔵機関＞タブリーズ中央図書館（タブリーズ）

3 サファヴィー朝時代のアースターネ・クドゥス・ラザヴィーにおける行政文書
（Administrative Documents of Astan-e Quds Razavi in the Safavid Era）
2009年選定
＜所蔵機関＞アースターネ・クドゥス・ラザヴィー図書館（マシュハド）

4 占星術教程の書（Al-Tafhim li Awa'il Sana'at al-Tanjim）
2011年選定
＜所蔵機関＞イスラーム諮問会議図書館、博物館、資料館（テヘラン）

5 ニザーミー＊の長篇叙事詩パンジュ・ガンジュ（五宝）
（Collection of Nezami's Panj Ganj）
2011年選定　＊ニザーミー・ギャンジェヴィー（1141〜1209年）　ペルシャ人の詩人
＜所蔵機関＞イラン国立博物館（テヘラン）、テヘラン大学中央図書館（テヘラン）

6 カジャール朝時代（1193〜1344年太陰暦／1779〜1926年グレゴリオ暦）のイランの地図集
（A Collection of selected maps of Iran in the Qajar Era（1193 - 1344 Lunar Calendar / 1779-1926 Gregorian Calendar））　2013年選定
＜所蔵機関＞外交史文書センター（CNDHD）（テヘラン）

7 ダキラーイ・カラズムシャヒ＊（Dhakhira-yi Kharazmshahi）
2013年選定
＊1110年に、エスマイル・ジョルジャニー（1042〜1137年）によって、ペルシャ語で書かれた最初の医書
＜所蔵機関＞セパハサーラール図書館（シャヒド・モタハリ学校）（テヘラン）

8 諸道と諸国の書（Al-Masaalik Wa Al-Mamaalik）
2015年選定
イラン／ドイツ
＜所蔵機関＞イラン国立博物館（テヘラン）

9 サァディーの詩集（Kulliyyāt-i Saʻdi）
2015年選定
＜所蔵機関＞イラン国立図書館・公文書館（テヘラン）

10 集史（Jāmeʻ al-Tavarikh）
2017年選定
＜所蔵機関＞ゴレスターン宮殿図書館（テヘラン）

11 マウラーナーのクリヤット（マウラーナー全集）
（Mawlana's Kulliyat (The Complete Works of Mawlana)　*New*
イラン／ブルガリア／ドイツ／タジキスタン／トルコ／ウズベキスタン
2023年選定　＜所蔵機関＞イラン国立図書館（テヘラン）

12 ガージャール朝におけるイランの国際関係に関する文書群（1807年から1925年まで）
（Documents on Iran's International Relations Under the Qajar Rule（1807-1925））　*New*
2023年選定
＜所蔵機関＞イラン国立図書館・公文書館／外交史文書センター（CNDHD）（テヘラン）

13 アルダビールのシャイフ・サフィー・アッディーン廟の文書群（952年から1926年まで）
（Documents of the Shaykh Safī-al-Dīn Ardabīlī Shrine（952 to 1926 CE）　*New*
2023年選定　＜所蔵機関＞ジャナッサラ図書館（アルダビール）

地域別・国別

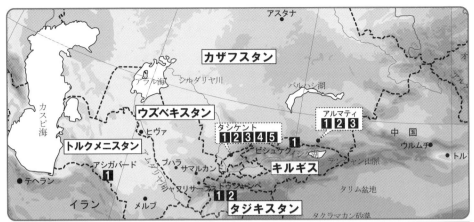

地域別・国別

タジキスタン共和国
Republic of Tajikistan
首都　ドゥシャンベ　主要言語　タジク語
「世界の記憶」の数　2　（世界遺産の数　2　世界無形文化遺産の数　7）2023年7月現在

1 ウバイド・ザコニ＊の「クリヤート」とハーフェズ・シェロズィーの「ガザリト」(14世紀)
（The manuscript of Ubayd Zakoni's "Kulliyat" and Hafez Sherozi's "Gazalliyt"（XIV century））
2003年選定　＜所蔵機関＞タジキスタン科学アカデミー書物遺産研究所（ドゥシャンベ）
2 マウラーナーのクリヤット（マウラーナー全集）
（Mawlana's Kulliyat (The Complete Works of Mawlana)）　*New*
2023年選定　＜所蔵機関＞タジキスタン国立図書館（ドゥシャンベ）
タジキスタン／ブルガリア／ドイツ／イラン／トルコ／ウズベキスタン

カザフスタン共和国
Republic of Kazakhstan
首都　アスタナ　主要言語　カザフ語、ロシア語
「世界の記憶」の数　3　（世界遺産の数　5　世界無形文化遺産の数　13）2023年7月現在

1 コジャ・アフメド・ヤサウィの写本集（Collection of the manuscripts of Khoja Ahmed Yasawi）
2003年選定　＜所蔵機関＞カザフスタン国立図書館（アルマティ）
2 国際的な反核運動組織「ネバダ・セミパラチンスク」の視聴覚ドキュメント
（Audiovisual documents of the International antinuclear movement "Nevada-Semipalatinsk"）
2005年選定＜所蔵機関＞カザフスタン国立文書館、カザフスタン国立映画アーカイヴ（アルマティ）
3 アラル海の記録（Aral Sea Archival Fonds）
2011年選定　＜所蔵機関＞カザフスタン国立文書館（アルマティ）

トルクメニスタン　*New*
Turkmenistan
首都　アシガバット　主要言語　公用語はトルクメン語　ロシア語も広く通用
「世界の記憶」の数　1　（世界遺産の数　3　世界無形文化遺産の数　8）2023年7月現在

1 マフトゥムグル・フラーギの写本集（Collection of Manuscripts of Magtymguly Fragi）　*New*
2023年選定　＜所蔵機関＞トルクメニスタン国家文化センター（アシガバット）

キルギス共和国　*New*
Kyrgyz Republic
首都　ビシュケク　主要言語　キルギス語が国語。（ロシア語は公用語）
「世界の記憶」の数　1　（世界遺産の数　3　世界無形文化遺産の数　13）2023年7月現在

1 語り手、サグンバイ・オロズバコフによるキルギスの叙事詩『マナス』の写本
（Manuscript of the Kyrgyz epic "Manas" by the narrator Sagymbay Orozbakov）　*New*
　2023年選定　＜所蔵機関＞キルギス国立科学アカデミー（ビシュケク）

ウズベキスタン共和国
Republic of Uzbekistan
首都　タシケント　主要言語　ウズベク語、ロシア語
「世界の記憶」の数　5　（世界遺産の数　5　世界無形文化遺産の数　12）2023年7月現在

1 オスマンのムシャフとして知られるコーラン　（Holy Koran Mushaf of Othman）
　1997年選定　＜所蔵機関＞ウズベキスタン・イスラム委員会（タシケント）
2 アル・ビールーニー＊の東方研究の調査報告書コレクション
（The Collection of the Al-Biruni Institute of Oriental Studies）
　1997年選定　＊973～1048年　学者　＜所蔵機関＞科学アカデミー（タシケント）
3 ヒヴァ・ハン国の公文書のアーカイヴス　（Archives of the Chancellery of Khiva Khans）
　2017年選定　＜所蔵機関＞ウズベキスタン国立公文書館（タシケント）
4 マウラーナーのクリヤット（マウラーナー全集）
（Mawlana's Kulliyat (The Complete Works of Mawlana)）　*New*
　2023年選定　＜所蔵機関＞ウズベキスタン国立図書館（タシケント）
　ウズベキスタン／イラン／ブルガリア／ドイツ／タジキスタン／トルコ／
5 ブハラ首長国のクシュベギの官庁　（The Qushbegi Chancellery of the Bukhara Emirate）　*New*
　2023年選定　＜所蔵機関＞ウズベキスタン中央公文書館（タシケント）

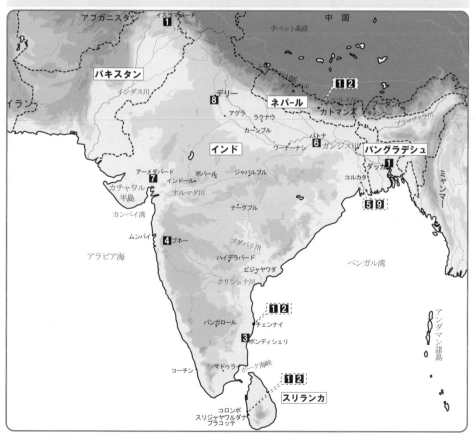

地域別・国別

パキスタン・イスラム共和国
Islamic Republic of Pakistan

首都　イスラマバード　主要言語　ウルドゥ語、英語

「世界の記憶」の数　1　（世界遺産の数　6　世界無形文化遺産の数　3）2023年7月現在

1 ジンナー・ペーパーズ（クァイダ・イ・アザム）

（Jinnah Papers（Quaid-I-Azam））

1999年選定

＜所蔵機関＞パキスタン国立公文書館（イスラマバード）

ネパール連邦民主共和国
Federal Democratic Republic of Nepal

首都　カトマンズ　主要言語　ネパール語

「世界の記憶」の数　2　（世界遺産の数　4　世界無形文化遺産の数　0）2023年7月現在

1 ニスヴァサッタットヴァサムヒタ＊の文書（Nisvasattatvasamhita manuscript）

2013年選定　＊タントラ教の文書

＜所蔵機関＞ネパール国立公文書館（カトマンズ）

2 ススルタムヒタ（サホッタルタントラ）の文書（Susrutamhita（Sahottartantra）manuscript）

2013年選定

＜所蔵機関＞ケサール図書館（カトマンズ）

バングラデシュ人民共和国
Peaple's Republic of Bangladesh

首都　ダッカ　主要言語　ベンガル語（国語）

「世界の記憶」の数　1　（世界遺産の数　3　世界無形文化遺産の数　4）　2023年7月現在

1 バンガバンドゥ・シェイク・ムジブル・ラフマンの3月7日の歴史的な演説

（The Historic 7th March Speech of Bangabandhu Sheikh Mujibur Rahman）

2017年選定

＜所蔵機関＞バングラデシュ国営放送局Bangladesh Film Archive（ダッカ）

スリランカ民主社会主義共和国
Democratic Socialist Republic of Sri Lanka

首都　スリジャヤワルダナプラコッテ　主要言語　シンハラ語、タミール語、英語

「世界の記憶」の数　3　（世界遺産の数　8　世界無形文化遺産の数　2）2023年7月現在

1 オランダの東インド会社の記録文書

（Archives of the Dutch East India Company）

2003年選定

＜所蔵機関＞スリランカ国立公文書館（コロンボ）

オランダ／インド／インドネシア／スリランカ／南アフリカ

2 インド洋津波アーカイヴス（The Indian Ocean Tsunami Archives）

2017年選定

インドネシア／スリランカ

＜所蔵機関＞スリ・ランカ国立公文書館（コロンボ）

3 マハーワンサ、スリランカの大年代記（紀元前6世紀から1815年までを網羅）

（Mahavamsa, the Great Chronicle of Sri Lanka (covering the period 6th century BCE to 1815 CE)）　*New*

2023年選定　＜所蔵機関＞ペラデニヤ大学図書館（キャンディ）

地域別・国別

インド
India
首都　ニューデリー　主要言語　ヒンディー語、英語
「世界の記憶」の数　11（世界遺産の数　40　世界無形文化遺産の数　14）2023年7月現在

1アジア研究学院のタミール医学の文書（The I.A.S. Tamil Medical Manuscript Collection）
　1997年選定　＜所蔵機関＞アジア研究学院（タミル・ナードゥ）

2オランダの東インド会社の記録文書（Archives of the Dutch East India Company）
　2003年選定
＜所蔵機関＞タミル・ナードゥ公文書館（チェンナイ）
　オランダ／インド／インドネシア／スリランカ／南アフリカ

3ポンディシェリのシヴァ文書（Saiva Manuscript in Pondicherry）
　2005年選定　＜所蔵機関＞ポンディシェリ研究所（ポンディシェリ）

4リグヴェーダ（Rigveda）
　2007年選定　＜所蔵機関＞バンダルカル東洋研究所（プネー）

5ヴィマラプラバー
　（laghukalacakratantrarajatika（Vimalaprabha））
　2011年選定　＜所蔵機関＞アジア協会（コルカタ）

6ティムール＊の歴史（Tarikh-E-Khandan-E-Timuriyah）
　2011年選定　＊1336～1405年　ティムール帝国の創始者
＜所蔵機関＞ホダー・バフシュ東洋公立図書館（ビハール州パトナ）

7シャーンティナータ寺院のチャリトラ（Shantinatha Charitra）
　2013年選定
＜所蔵機関＞インド学研究所（アーメダバード）

8ギルギット法華経写本（Gilgit Manuscrpit）
　2017年選定
＜所蔵機関＞インド国立公文書館（ニューデリー）

9マイトレヤイ・バル・アカラナ（Maitreyayvarakarana）
　2017年選定
＜所蔵機関＞ベンガル・アジア協会（コルカタ）

10非同盟運動第1回首脳会議のアーカイブ
　（First Summit Meeting of the Non-Aligned Movement Archives）　*New*
　インド／アルジェリア／エジプト／インドネシア／セルビア
　2023年選定　＜所蔵機関＞インド国立図書館（ニューデリー）

11アビナバグプタ（940年から1015年まで）の作品の写本集
　（Abhinavagupta（940-1015 CE）: Collection of Manuscripts of his works）　*New*
　2023年選定　＜所蔵機関＞タミル・ナードゥ州政府東洋写本図書館（GOML）（チェンナイ）

地域別・国別

インドネシア共和国
Republic of Indonesia

首都　ジャカルタ　主要言語　インドネシア語
「世界の記憶」の数　11　（世界遺産の数　9　世界無形文化遺産の数　12）2023年7月現在

❶オランダの東インド会社の記録文書（Archives of the Dutch East India Company）
　2003年選定　オランダ／インド／インドネシア／スリランカ／南アフリカ
　＜所蔵機関等＞インドネシア国立公文書館（ジャカルタ）

❷叙事詩ラ・ガリゴ（La Galigo）
　2011年選定　インドネシア／オランダ
　＜所蔵機関＞ラ・ガリゴ博物館（南スラウェシ州マカッサル）

**❸ババッド・ディポネゴロ、或はジャワの貴族でインドネシア国家の英雄でイスラム主義者である
ディポネゴロ皇太子（1785〜1855年）の自叙年代記**
　（Babad Diponegoro or Autobiographical Chronicle of Prince Diponegoro (1785-1855) A Javanese
　nobleman, Indonesian national hero and pan-Islamist）
　2013年選定　インドネシア／オランダ
　＜所蔵機関＞インドネシア国立図書館（ジャカルタ）

❹ナガラ・クレタガマ、或は国の概容（1365年）
　（Nagara kratagama or Description of the Country (1365 AD)）
　2013年選定　＜所蔵機関＞インドネシア国立図書館（ジャカルタ）

❺アジア・アフリカ会議＊のアーカイヴス（Asian-African Conference Archives）
　2015年選定　＊1955年4月18日〜24日にインドネシアのバンドンで開催された会議
　＜所蔵機関＞インドネシア国立公文書館（ジャカルタ）

❻ボロブドールの保全のアーカイヴス（Borobudur Conservation Archives）
　2017年選定
　＜所蔵機関＞インドネシア共和国国家公文書保管所（ジャカルタ）

❼インド洋津波アーカイヴス（The Indian Ocean Tsunami Archives）
　2017年選定
　インドネシア／スリランカ
　＜所蔵機関＞インドネシア国立公文書館（ジャカルタ）、アチェ州（バンダ・アチェ）

❽パンジ物語手稿（Panji Tales Manuscripts）
　2017年選定
　カンボジア／インドネシア／オランダ／マレーシア／英国
　＜所蔵機関＞インドネシア国立図書館（ジャカルタ）

❾非同盟運動第1回首脳会議のアーカイブ
　（First Summit Meeting of the Non-Aligned Movement Archives）　*New*
　インドネシア／アルジェリア／エジプト／インド／セルビア
　2023年選定　＜所蔵機関＞インドネシア国立アーカイブ（ジャカルタ）

❿1960年9月30日のスカルノの演説『世界を新しく築くために』
　（Sukarno's Speech: 'To Build the World Anew' September 30, 1960）　*New*
　2023年選定
　＜所蔵機関＞国家公文書保管所（ジャカルタ）

⓫ヒカヤット・アチェ、15世紀から17世紀までのインドネシアのアチェの生活に関する3つの写本
　（The Hikayat Aceh - Three manuscripts on life in Aceh, Indonesia, in the 15th-17th century）　*New*
　オランダ／インドネシア
　2023年選定　＜所蔵機関＞ライデン大学図書館（オランダ・ライデン）

東ティモール民主共和国
The Democratic Republic of Timor-Leste

首都　ディリ　主要言語　テトゥン語、ポルトガル語、インドネシア語、英語その他
「世界の記憶」の数　1　（世界遺産の数　0　世界無形文化遺産の数　0）2023年7月現在

❶一国家の誕生：転換点（On the Birth of a Nation: Turning points）
　2013年選定
　＜所蔵機関＞東ティモール 国立大学ティモール民族抵抗博物館アーカイヴ（ディリ）

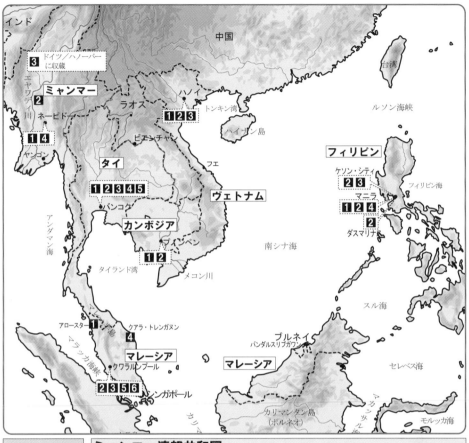

ミャンマー連邦共和国
Republic of the Union of Myanmar

首都　ネーピドー　主要言語　ミャンマー語

「世界の記憶」の数　4　（世界遺産の数　2　世界無形文化遺産の数　0　）2023年7月現在

1 マハ・ラウカマラゼイン或はクドードォ寺院の碑文が刻まれた仏塔群
（Maha Lawkamarazein or Kuthodaw Inscription Shrines）
　2013年選定　＊729の石版に刻まれた石碑で、ミンドン王によって集められた経典の原典。
＜所蔵機関＞ミャンマー国立博物館・図書館（ネーピードー）

2 ミャゼーディーの4言語の石碑（Myazedi Quadrilingual Stone Inscription）
　2015年選定
＜所蔵機関＞ミャンマー国立博物館考古学部門（ナイ　ピ　タウ）、
　　　　　　バガン考古学博物館（バガン）、ミャゼディ・パゴダ（バガン）

3 英国王ジョージ2世＊へのビルマ王アラウンパヤー＊＊の黄金の手紙
（The Golden Letter of the Burmese King Alaungphaya to King George II of Great Britain）
　2015年選定　＊1683〜1760年　＊＊1714〜1760年
　ドイツ／英国／ミャンマー
＜所蔵機関＞ゴットフリート・ヴィルヘルム・ライプニッツ図書館（ドイツ／ハノーバー）

4 バインナウン王鐘銘文（King Bayinnaung Bell Inscription）
　2017年選定　＊1516〜1581年　タウングー王朝の王の1人
＜所蔵機関＞ミャンマー国立博物館（ネピドー）

タイ王国
Kingdom of Thailand
首都　バンコク　主要言語　タイ語、英語
「世界の記憶」の数　6　（世界遺産の数　6　世界無形文化遺産の数　3）2023年7月現在

1 スコータイ王朝のラーム・カムヘーン王＊の碑文　（The King Ram Khamhaeng Inscription）
　2003年選定　＊1275～1317年　スコータイ王朝の第3代国王
　＜所蔵機関＞タイ国立博物館（バンコク）

2 シャム王朝のチュラロンコーン国王＊（在位1868～1910年）の国家変革の記録資料
　（Archival Documents of King Chulalongkorn's Transformation of Siam（1868-1910））
　2009年選定　＊1853～1910年　チャクリー王朝の第5代シャム国王のラーマ5世
　＜所蔵機関＞タイ国立図書館（バンコク）、タイ国立公文書館（バンコク）

3 ワット・ポーの碑文書（Epigraphic Archives of Wat Pho）
　2011年選定　＜所蔵機関＞ワット・ポー（バンコク）

4 「サイアム・ソサエティ評議会＊の議事録集」研究分野の国際協力と芸術・科学分野の知識普及
　の100年の記録
　（"The Minute Books of the Council of the Siam Society", 100 years of recording international cooperation in
　research and the dissemination of knowledge in the arts and sciences）
　2013年選定　＊サイアム・ソサエティとは、歴史や芸術や文化などに関する研究を促進する
　　　　　　　　タイ国王後援の非営利団体
　＜所蔵機関＞タイ国王後援のサイアム・ソサエティ（バンコク）

5 王室の写真ガラス板ネガとオリジナル・プリント集
　（The Royal Photographic Glass Plate Negatives and Original Prints Collection）
　2017年選定　＜所蔵機関＞タイ国立公文書館（バンコク）

6 プラタート・パノム年代記のヤシの葉写本の国家コレクション
　（National Collection of Palm-Leaf Manuscripts of Phra That Phanom Chronicle）　*New*
　2023年選定　＜所蔵機関＞プラ・タート・パノム寺院（タートパノム郡）

カンボジア王国
Kingdom of Cambodia
首都　プノンペン　主要言語　カンボジア語（クメール語）
「世界の記憶」の数　2　（世界遺産の数　3　世界無形文化遺産の数　6）2023年7月現在

1 トゥール・スレン虐殺博物館のアーカイヴス（Tuol Sleng Genocide Museum Archives）
　2009年選定　＜所蔵機関＞トゥール・スレン虐殺博物館（プノンペン）

2 パンジ物語手稿（Panji Tales Manuscripts）
　2017年選定　カンボジア／インドネシア／オランダ／マレーシア／英国
　＜所蔵機関＞カンボジア国立図書館（プノンペン）

ヴェトナム社会主義共和国
Socialist Republic of Viet Nam
首都　ハノイ　主要言語　ヴェトナム語
「世界の記憶」の数　3　（世界遺産の数　8　世界無形文化遺産の数　15）2023年7月現在

1 グエン朝の版木（Woodblocks of Nguyen Dynasty）　2009年選定
　＜所蔵機関＞ヴェトナム国家記録管理・公文書館局（ハノイ）

2 黎朝・莫朝時代の科挙の記録石碑（1442～1779年）
　（Stone Stele Records of Royal Examinations of the Le and Mac Dynasties（1442-1779））
　2011年選定
　＜所蔵機関＞文廟（ハノイ）

3 グエン朝（1802～1945年）の帝国アーカイヴス
　（Imperial Archives of Nguyen Dynasty（1802-1945））
　2017年選定
　＜所蔵機関＞ヴェトナム国立アーカイヴス・センター（ハノイ）

地域別・国別

マレーシア
Malaysia

首都　クアラルンプール　主要言語　マレー語、英語

「世界の記憶」の数　6　（世界遺産の数　4　世界無形文化遺産の数　6）2023年7月現在

1ケダー州のスルタン（1882～1943年）の文書
（Correspondence of the late Sultan of Kedah（1882-1943））
　2001年選定
　＜所蔵機関＞マレーシア国立公文書館（アロースター）

2ハン・トゥア物語（Hikayat Hang Tuah）
　2001年選定
　＜所蔵機関＞マレーシア国立図書館（クアラルンプール）

3スジャラ・ムラユ（マレー年代記）（Sejarah Melayu（The Malay Annals））
　2001年選定
　＜所蔵機関等＞言語文学研究所（クアラルンプール）

4トレンガヌ碑文石（Batu Bersurat Terengganu（Inscribed Stone of Terengganu））
　2009年選定
　＜所蔵機関等＞トレンガヌ州立博物館（クアラ・トレンガヌ）

5パンジ物語手稿（Panji Tales Manuscripts）
　2017年選定
　カンボジア／インドネシア／オランダ／マレーシア／英国
　＜所蔵機関＞マレーシア国立図書館（クアラルンプール）

6ミサ・ムラユMSS 6（Misa Melayu MSS 6）　*New*
　2023年選定
　＜所蔵機関等＞マレーシア国立図書館（クアラルンプール）

フィリピン共和国
Republic of the Philippines

首都　マニラ　主要言語　フィリピノ語、英語

「世界の記憶」の数　4　（世界遺産の数　6　世界無形文化遺産の数　5）2023年7月現在

1フィリピンの古文書文字（ハヌノウ、ブイッド、タグバンワ、パラワン）
（Philippine Paleographs（Hanunoo, Buid, Tagbanua and Pala'wan））
　1999年選定
　＜所蔵機関＞フィリピン国立博物館（マニラ）

2フィリピンの人民の力革命のラジオ放送
（Radio Broadcast of the Philippine People Power Revolution）
　2003年選定
　＜所蔵機関＞ラジオ・ベリタス・アジア（ケソン・シティ）、ラジャ放送ネットワーク（マニラ）、
　　　　　　　オルリイ・プンザラン・アーカイヴス（ダスマリナス）

3ホセ・マセダ＊のコレクション（Jose Maceda Collection）
　2007年選定　＊1917～2004年　フィリピンの作曲家、民族音楽学者
　＜所蔵機関＞U. P. 民族音楽学センター（ケソン・シティ）

4マニュエル・ケソン大統領＊の文書（Presidential Papers of Manuel L. Quezon）
　2011年選定　＊1878～1944年　フィリピンの独立準備政府初代大統領
　＜所蔵機関＞フィリピン国立図書館（マニラ）

地域別・国別

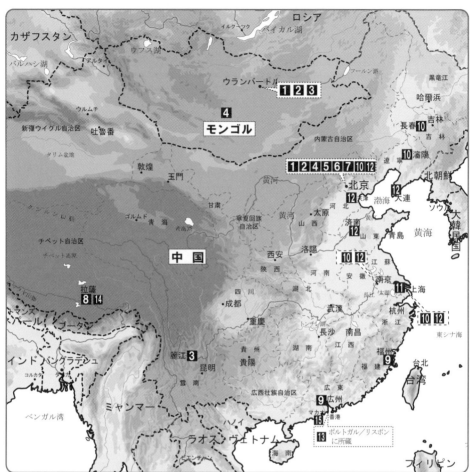

地域別・国別

モンゴル国
Mongolia

首都　ウランバートル　主要言語　モンゴル語

「世界の記憶」の数　4　（世界遺産の数　5　世界無形文化遺産の数　15）2023年7月現在

1 黄金史綱（アルタン・トブチ）（1651年）　（Lu.“Altan Tobchi” : Golden History written in 1651）
　2011年選定
　＜所蔵機関＞モンゴル国立図書館（ウランバートル）

2 モンゴル・タンジュールの石碑（Stone Stele Monument for Mongolian Tanjur）
　2011年選定／2017年選定名変更　　＜所蔵機関＞モンゴル国立図書館（ウランバートル）

3 ９つの宝石で書かれたカンジュール（Kanjur written with 9 precious stones）
　2013年選定　＊金、銀、珊瑚、真珠、トルコ石、ラピスラズリ、鋼、真珠母貝などの9つの宝石で、
　　　　　　　　黒紙に書かれた25523頁に及ぶ経典。
＜所蔵機関＞モンゴル国立図書館（ウランバートル）

4 ハルハ王子、ツォグトゥ・クン・タイジの石碑
　（Stone Inscriptions of Tsogtu Khung-Taiji, Prince of Khalkha）　*New*
　2023年選定
　＜所蔵機関＞オトゴン山麓（バヤン・ウンドゥル県）

中華人民共和国
People's Republic of China

首都　ペキン（北京）　　**主要言語**　中国語

「世界の記憶」の数　15　（世界遺産の数　56　世界無形文化遺産の数　43）2023年7月現在

1 伝統音楽の録音保存資料（Traditional Music Sound Archives）

　1997年選定　＜所蔵機関＞中国美術学院（北京）

2 清の内閣大学士の記録−中国における西洋文化の浸透

（Records of the Qing's Grand Secretariat - 'Infiltration of Western Culture in China）

　1999年選定　＜所蔵機関＞中国故宮博物館（北京）

3 麗江のナシ族の東巴古籍（Ancient Naxi Dongba Literature Manuscripts）

　2003年選定　＜所蔵機関＞麗江納西（ナシ）族自治県東巴研究所（麗江市ダヤン）

4 清の官吏登用試験合格者掲示（Golden Lists of the Qing Dynasty Imperial Examination）

　2005年選定

＜所蔵機関＞中国国家档案局（北京）

5 清朝祥式雷の記録文書（Qing Dynasty Yangshi Lei Archives）

　2007年選定

＜所蔵機関＞中国国家図書館、中国第一歴史档案館、中国故宮博物館（北京）

6 本草綱目（Ben Cao Gang Mu（Compendium of Materia Medica））

　2011年選定　＜所蔵機関＞中国中医科学院図書館（北京）

7 黄帝＊内経（Huang Di Nei Jing（Yellow Emperor's Inner Canon））

　2011年選定　＊紀元前2510〜2448年　中国古代伝説上の帝王で、三皇五帝の一人。

＜所蔵機関＞中国国家図書館（北京）

8 中国の元朝のチベットの公式記録集1304〜1367年

（Official Records of Tibet from the Yuan Dynasty China, 1304-1367）

　2013年選定　＜所蔵機関＞中国西藏自治区档案館（ラサ）

9 華僑からの通信文と送金書類

（Qiaopi and Yinxin Correspondence and Remittance Documents from Overseas Chinese）

　2013年選定　＜所蔵機関＞広東省アーカイヴス（広東省）、福建省アーカイヴス（福州）

10 南京大虐殺の記録（Documents of Nanjing Massacre）

　2015年選定

＜所蔵機関＞中国国家档案局中央档案館(資料館)(北京)、中国第二歴史档案館(資料館)(南京)、
　遼寧省档案館(資料館)(瀋陽)、吉林省档案館(資料館)(長春)、上海市档案館(資料館)(上海)、
　南京市档案館(資料館)(南京)、南京大虐殺記念館(南京)

11 近現代の蘇州シルクのアーカイヴス

（The Archives of Suzhou Silk from Modern and Contemporary Times）

　2017年選定　＜所蔵機関＞蘇州工商档案局（蘇州）

12 中国の甲骨文字碑文（Chinese Oracle-Bone Inscriptions）

　2017年選定

＜所蔵機関＞中国国家档案局(北京)、清華大学図書館(北京)、南京博物院(南京)、中国社会科学院歴
　史研究所(北京)、山東省博物館(済南)、故宮博物院(北京)、上海博物館(上海)、天津博物館(天津)、
　旅順博物館(大連)、中国国家図書館(北京)、中国社会科学院考古研究所(北京)、北京大学(北京)

13 清王朝時代(1693〜1886年)のマカオの公式記録

（Official Records of Macao During the Qing Dynasty (1693-1886)）

　2017年選定

＜所蔵機関＞リスボン大学トーレ・ド・トンボ国立公文書館　（ポルトガル・リスボン）

14 チベット医学の四部医典

（The four treatises of Tibetan Medicine）　*New*

　2023年選定　＜所蔵機関＞メンツィーカン・チベット伝統医学院(ラサ)

15 マカオの功徳林寺のアーカイブと写本（1645から1980年まで）

（Archives and Manuscripts of Macau Kong Tac Lam Temple (1645–1980)）　*New*

　2023年選定　＜所蔵機関＞功徳林寺(マカオ・中区)

地域別・国別

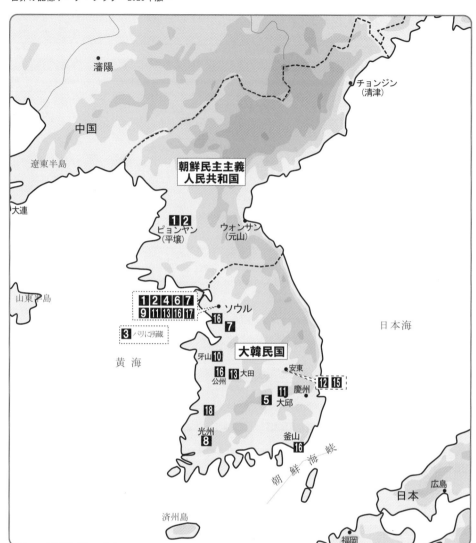

	朝鮮民主主義人民共和国（北朝鮮）
★	**Democratic Peaple's Republic of Korea** 首都　ピョンヤン（平壌）　主要言語　朝鮮語 「世界の記憶」の数　2　（世界遺産の数　2　世界無形文化遺産の数　4　）2023年7月現在

1 武芸図譜通志
　（Comprehensive Illustrated Manual of Martial arts）
　　2017年選定
　　＜所蔵機関＞人民大学習堂（ピョンヤン）

2 渾天全図
　（Hon Chon Jon Do　（Complete illustration of the Astronomical Chart）） *New*
　　2023年選定

大韓民国
Republic of Korea

首都　ソウル　主要言語　朝鮮語
「世界の記憶」の数　18　（世界遺産の数　15　世界無形文化遺産の数　22）2023年7月現在

1 朝鮮王朝実録（The Annals of the Choson Dynasty）
　1997年選定
　＜所蔵機関＞ソウル国立大学奎章閣（ソウル）
2 訓民正音（The Hunmin Chongum Manuscript）
　1997年選定
　＜所蔵機関＞澗松美術館（ソウル）
3 直指心体要節（Baegun hwasang chorok buljo jikji simche yojeol（vol.II）, the second volume of
　"Anthology of Great Buddhist Priests' Zen Teachings"）
　2001年選定
　＜所蔵機関＞フランス国立図書館（フランス／パリ）
4 承政院日記（Seungjeongwon Ilgi, the Diaries of the Royal Secretariat）
　2001年選定
　＜所蔵機関＞ソウル国立大学奎章閣（ソウル）
5 高麗大蔵経板と諸経板
　（Printing woodblocks of the Tripitaka Koreana and miscellaneous Buddhist scriptures）
　2007年選定
　＜所蔵機関＞海印寺（慶尚南道）
6 朝鮮王朝儀軌（Uigwe: The Royal Protocols of the Joseon Dynasty）
　2007年選定
　＜所蔵機関＞ソウル国立大学奎章閣（ソウル）
7 東医宝鑑（Donguibogam: Principles and Practice of Eastern Medicine）
　2009年選定
　＜所蔵機関＞韓国国立図書館（ソウル）、韓国学院（京畿道）
8 韓国光州民主化運動の記録
　（Human Rights Documentary Heritage 1980 Archives for the May 18th Democratic Uprising against
　Military Regime, in Gwangju, Korea）
　2011年選定
　＜所蔵機関＞光州日報（光州広域市）
9 日省録（Ilseongnok: Records of Daily Reflections）
　2011年選定
　＜所蔵機関＞ソウル国立大学奎章閣（ソウル）
10 乱中日記：李舜臣＊の戦記
　（Nanjung Ilgi: War Diary of Admiral Yi Sun-sin）
　2013年選定　＊1545〜1598年　朝鮮・李朝の武将
　＜所蔵機関＞顕忠祠（忠清南道牙山市）
11 セマウル運動のアーカイヴス
　（Archives of Saemaul Undong（New Community Movement））
　2013年選定
　＜所蔵機関＞大韓民国国家記録院（ソウル）、韓国セマウル運動中央会（慶尚北道 漆谷郡 倭館邑）
12 儒教冊版（Confucian Printing Woodblocks）
　2015年選定
　＜所蔵機関＞韓国国学振興院木版研究所（安東）
13 韓国放送公社(KBS)の特別生放送番組「離散家族を探しています」のアーカイヴス
　（The Archives of the KBS Special Live Broadcast "Finding Dispersed Families"）
　2015年選定
　＜所蔵機関＞韓国放送公社(KBS)（ソウル）、
　　　　　　　韓国国立公文書館（大田広域市）、
　　　　　　　韓国ギャラップ社（ソウル）
14 朝鮮王室の御宝と御冊
　（Royal Seal and Investiture Book Collection of the Joseon Dynasty）
　2017年選定
　＜所蔵機関＞韓国国立古宮博物館（ソウル）

⓯国債報償運動のアーカイヴス（Archives of the National Debt Redemption Movement）
　2017年選定
　＜所蔵機関＞韓国国学振興院（安東市）

⓰朝鮮通信使に関する記録：17世紀～19世紀の日韓の平和構築と文化交流の歴史
　（Documents on Joseon Tongsinsa/Chosen Tsushinshi: The History of Peace Building and Cultural Exchanges
　between Korea and Japan from the 17th to 19th Century）　2017年選定　韓国／日本
　＜所蔵機関＞ソウル大学校奎章閣韓国学研究院（ソウル）、国立中央図書館（ソウル）、
　　大韓民国国史編纂委員会（京畿道果川）、高麗大学校図書館（ソウル）、
　　忠清南道歴史文化研究院（忠清南道公州）、国立中央博物館（ソウル）、釜山博物館（釜山）、
　　国立古宮博物館（ソウル）、国立海洋博物館（釜山）

⓱４・１９革命のアーカイヴス（Archives of the April 19 Revolution）　*New*
　2023年選定
　＜所蔵機関＞韓国国立中央図書館／韓国国立現代史料館（ソウル）

⓲東学農民革命のアーカイヴス（Archives of the Donghak Peasant Revolution）　*New*
　2023年選定
　＜所蔵機関＞韓国東学農民革命記念館（全羅北道井邑市）

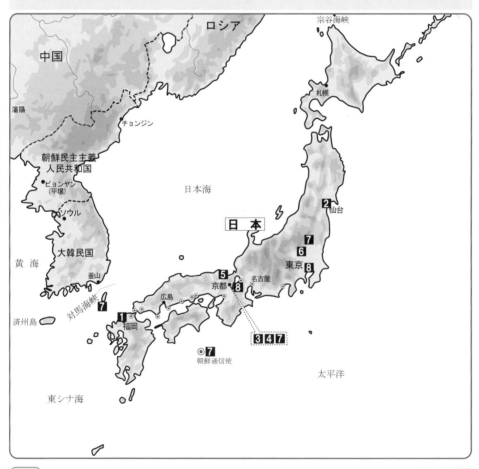

地域別・国別

日本
Japan

首都　東京　主要言語　日本語

「世界の記憶」の数　8　（世界遺産の数　25　世界無形文化遺産の数　22 ）2023年7月現在

1 山本作兵衛＊コレクション（Sakubei Yamamoto Collection）
2011年選定　＊1892～1984年　日本の炭鉱記録画家（福岡県飯塚市出身）
＜所蔵機関＞田川市石炭・歴史博物館（福岡県田川市）、福岡県立大学附属研究所（福岡県田川市）

2 慶長遣欧使節関係資料（Materials Related to the Keicho-era Mission to Europe Japan and Spain）
2013年選定　日本／スペイン
＜所蔵機関＞仙台市博物館（宮城県仙台市）

3 御堂関白記：藤原道長＊の自筆日記
（Midokanpakuki: the original handwritten diary of Fujiwara no Michinaga）
2013年選定　＊966～1027年　平安中期の政治家。藤原氏全盛期の最頂点にたった人物。
＜所蔵機関＞公益財団法人陽明文庫（京都市右京区）

4 東寺百合文書（Archives of Tōji temple contained in one-hundred boxes）
2015年選定
＜所蔵機関＞京都府立総合資料館（京都市左京区）

5 舞鶴への生還　1945～1956シベリア抑留等日本人の本国への引き揚げの記録
（Return to Maizuru Port-Documents Related to the Internment and Repatriation Experiences of Japanese
(1945-1956)）
2015年選定
＜所蔵機関＞舞鶴引揚記念館（京都府舞鶴市）

6 上野三碑＊（Three Cherished Stelae of Ancient Kozuke）
2017年選定　＊群馬県高崎市にある3つの石碑（多胡碑、金井沢碑、山上碑）
＜所蔵機関＞高崎市（群馬県高崎市）

7 朝鮮通信使に関する記録：17世紀～19世紀の日韓の平和構築と文化交流の歴史
（Documents on Joseon Tongsinsa/Chosen Tsushinshi: The History of Peace Building and Cultural Exchanges
between Korea and Japan from the 17th to 19th Century）
2017年選定　日本／韓国
＜所蔵機関＞京都大学総合博物館(京都府京都市)、東京国立博物館(東京都台東区)、
山口県立山口博物館(山口県山口市)、山口県文書館(山口県山口市)、
福岡県立図書館(福岡県福岡市)、名古屋市蓬左文庫(愛知県名古屋市)、
福岡県立育徳館高校錦陵同窓会(福岡県みやこ町)、みやこ町歴史民俗資料(福岡県みやこ町)、
近江八幡市(旧伴伝兵衛家土蔵)(滋賀県近江八幡市)、
大阪歴史博物館(大阪府大阪市)、〈公財〉高麗美術館(京都府京都市)、
下関市立長府博物館(山口県下関市)、赤間神宮(山口県下関市)、
長崎県立対馬歴史民俗資料館(長崎県対馬市)、
〈公財〉蘭島文化財団(松濤園)(広島県呉市)、超専寺(山口県熊毛郡上関町)、
滋賀県立琵琶湖文化館(滋賀県大津市)、泉涌寺(京都府京都市)、
芳洲会(滋賀県長浜市)、高月観音の里歴史民俗資料館(滋賀県長浜市)、
福禅寺(広島県福山市)、福山市鞆の浦歴史民俗資料館(広島県福山市)、
本蓮寺(岡山県瀬戸内市)、岡山県立博物館(岡山県岡山市)、
本願寺八幡別院(滋賀県近江八幡市)、清見寺(静岡県静岡市)、
慈照院(京都府京都市)、
輪王寺(日光山輪王山宝物殿)(栃木県日光市)、
東照宮(日光東照宮宝物館)(栃木県日光市)

8 円珍関係文書典籍－日本・中国の文化交流史－
（The Monk Enchin Archives: A History of Japan-China Cultural Exchange）　*New*
2023年選定
＜所蔵機関＞宗教法人園城寺（滋賀県大津市）、
　　　　　独立行政法人国立文化財機構東京国立博物館（東京都台東区）

地域別・国別

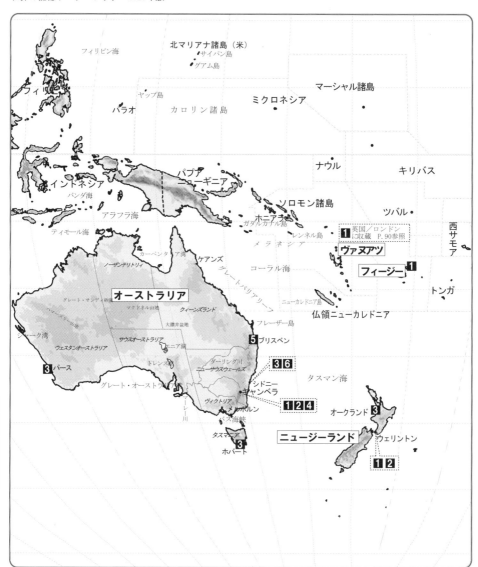

1 英国／ロンドン（に収蔵 P.90参照）

フィジー共和国
Republic of Fuji

首都　スバ　主要言語　英語、フィジー語、ヒンディー語
「世界の記憶」の数　1　（世界遺産の数　1　世界無形文化遺産の数　0）　2023年7月現在

1インド系契約労働者の記録（Records of the Indian Indentured Labourers）
　2011年選定／2017年選定*（＊2017年セントヴィンセント及びグレナディーン諸島を追加）
　フィジー／ガイアナ／スリナム／トリニダード・トバゴ／セントヴィンセント・グレナディーン
　<所蔵機関>フィジー国立公文書館（スバ）

ヴァヌアツ共和国
Republic of Vanuatu
首都　ポートビラ　主要言語　ビシュラマ語、英語、仏語
「世界の記憶」の数　1　　（世界遺産の数　1　世界無形文化遺産の数　1 ）2023年7月現在

1アーサー・バーナード・ディーコン（1903～27年）＊のコレクション文書 90-98
（Arthur Bernard Deacon（1903-27）collection MS 90-98）
　2013年選定
　ヴァヌアツ／英国　＊人類学者
　＜所蔵機関＞英国王立人類学協会（ロンドン）

オーストラリア連邦
Commonwealth of Australia
首都　キャンベラ　主要言語　英語
「世界の記憶」の数　6　　（世界遺産の数　20　世界無形文化遺産の数　0 ）2023年7月現在

1ジェームス・クック＊のエンデバー号の日誌（The Endeavour Journal of James Cook）
　2001年選定　＊1728～1779年　イギリスの探検家・軍人。
　＜所蔵機関＞オーストラリア国立図書館（キャンベラ）
2マボ判決の文書（The Mabo Case Manuscripts）
　2001年選定
　＜所蔵機関＞オーストラリア国立図書館（キャンベラ）
3オーストラリアの囚人記録集（The Convict Records of Australia）
　2007年選定
　＜所蔵機関＞ニューサウスウェールズ州記録局（キングスウッド）
　　　　　　　タスマニア州アーカイヴス事務所（ホバート）
　　　　　　　西オーストラリア州記録事務所（パース）
4ケリー・ギャング物語（1906年）＊（The Story of the Kelly Gang（1906））
　2007年選定　＊世界初の長篇映画
　＜所蔵機関＞オーストラリア国立映画音楽アーカイヴ（キャンベラ）
5クイーンズランド労働党のマニフェスト（1892年9月9日付）
　（Manifesto of the Queensland Labour Party to the people of Queensland（dated 9 September 1892））
　2009年選定
　＜所蔵機関＞クイーンズランド州立図書館（ブリスベン）
6シドニー港の大型ガラス乾板ネガ
　（Giant Glass Plate Negatives of Sydney Harbour）
　2017年選定
　＜所蔵機関＞ニューサウスウェールズ州立図書館（シドニー）

ニュージーランド
New Zealand
首都　ウェリントン　主要言語　英語、マオリ語
「世界の記憶」の数　3　　（世界遺産の数　3　世界無形文化遺産の数　0 ）2023年7月現在

11983年の女性参政権の請願書（The 1893 Women's Suffrage Petition）
　1997年選定
　＜所蔵機関＞ニュージーランド国立公文書館（ウェリントン）
2ワイタンギ条約（The Treaty of Waitangi）
　1997年選定
　＜所蔵機関＞ニュージーランド国立公文書館（ウェリントン）
3エドモンド・ヒラリー卿＊の記録（Sir Edmund Hillary Archive）
　2015年選定　＊1919～2008年　ニュージーランド出身の登山家、冒険家、養蜂家。
　＜所蔵機関＞オークランド博物館（オークランド）

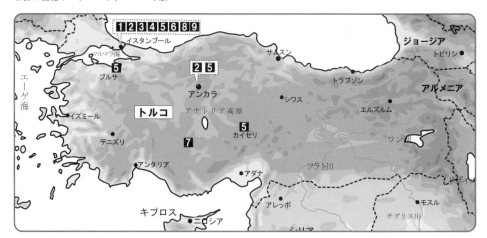

トルコ共和国
Republic of Turkey

首都　アンカラ　主要言語　トルコ語
「世界の記憶」の数　9　（世界遺産の数　19　世界無形文化遺産の数　25）2023年7月現在

1 カンディリ観測所と地震調査研究所の文書
（Kandilli Observatory and Earthquake Research Institute Manuscripts）
2001年選定　＜所蔵機関＞ボアジチ大学（イスタンブール）

2 ボガズキョイにおけるヒッタイト時代の楔形文字タブレット
（The Hittite cuneiform tablets from Bogazkoy）
2001年選定
＜所蔵機関＞イスタンブール考古学博物館（イスタンブール）、アナトリア文明博物館（アンカラ）

3 スレイマン寺院文書図書館におけるイブン・シーナ＊の業績
（The works of Ibn Sina in the Suleymaniye Manuscript Library）
2003年選定　＊980〜1038年　イスラムの代表的な哲学者、医学者、科学者
＜所蔵機関＞スレイマン寺院文書図書館（イスタンブール）

4 トプカプ宮殿博物館図書館とスレイマニェ図書館に所蔵されているエヴリヤ・チェレビの「旅行記」
（Evliya Celebi's "Book of Travels" in the Topkapi Palace Museum Library and the Suleymaniye Manuscript Library）　2013年選定
＜所蔵機関＞トプカプ宮殿博物館図書館（イスタンブール）、スレイマニェ図書館（イスタンブール）

5 キュルテペ遺跡の古アッシリア商人のアーカイヴス
（The Old Assyrian Merchant Archives of Kültepe）
2015年選定
＜所蔵機関＞イスタンブール考古学博物館（イスタンブール）、アナトリア文明博物館（アンカラ）、
　　　　　ブルサ博物館（ブルサ）、カイセリ博物館（カイセリ）

6 テュルク諸語集成 （Compendium of the Turkic Dialects）
2017年選定　＜所蔵機関＞ミッレト図書館（イスタンブール）

7 マウラーナーのクリヤット（マウラーナー全集）
（Mawlana's Kulliyat (The Complete Works of Mawlana)　*New*
2023年選定　＜所蔵機関＞メヴラーナ博物館（コンヤ）
トルコ／ドイツ／ブルガリア／タジキスタン／イラン／ウズベキスタン

8 ユルドゥズ宮殿の写真コレクション
（Yildiz Palace Photography Collection）　*New*
2023年選定　＜所蔵機関＞イスタンブール大学図書館（イスタンブール）

9 キャーティプ・チェレビーのコレクション：世界の鏡と書誌総覧
（The Collection of Kâtip Çelebi: Cihânnümâ and Kashf al-Zunun）　*New*
2023年選定　＜所蔵機関＞トプカプ宮殿図書館（イスタンブール）

イスラエル国 State of Israel　※ユネスコを**2018**年**12**月**31**日に脱退。
首都　エルサレム　※※日本を含め国際的には認められていない。
主要言語　ヘブライ語、アラビア語
「世界の記憶」の数　5　（世界遺産の数　9　世界無形文化遺産の数　0）2023年7月現在

1 エルサレムのヤド・ヴァシェムの証言集、1954～2004年
　（Pages of Testimony Collection, Yad Vashem Jerusalem, 1954-2004)
　2013年選定
　＜所蔵機関＞ヤド・ヴァシェム－ロコースト殉教者英雄記念局（エルサレム）
2 ロスチャイルド文書（Rothschild Miscellany）
　2013年選定
　＜所蔵機関＞イスラエル博物館（エルサレム）
3 アレッポ写本（Aleppo Codex）
　2015年選定
　＜所蔵機関＞ベン・ツヴィ研究所（エルサレム）
4 アイザック・ニュートン卿 ＊ の科学と数学の論文集　←アイザック・ニュートンの神学の論文集
　（The Scientific and Mathematical Papers of Sir Isaac Newton)　←（Isaac Newton's Theological Papers)
　　2015年選定／2017年選定＊（＊2017年、英国を追加）
　＊1643～1727年　英国の数学者、物理学者、天文学者
　イスラエル／英国
　＜所蔵機関＞イスラエル国立図書館（エルサレム）
5 イスラエルの民話アーカイヴス（Israel Folktale Archives）
　2017年選定
　＜所蔵機関＞ハイファ大学ヘブライ語・比較文学学部（ハイファ）

ギリシャ共和国
Hellenic Republic
首都　アテネ　主要言語　ギリシャ語
「世界の記憶」の数　2　（世界遺産の数　18　世界無形文化遺産の数　10）2023年7月現在

1 デルヴァニ・パピルス：ヨーロッパ最古の「書物」
　（The Derveni Papyrus: The oldest 'book' of Europe)
　2015年選定　＜所蔵機関＞テッサロニキ考古学博物館（テッサロニキ）
2 ドードーナの神託の鉛板
　（The lead tablets of the Dodona Oracle)　***New***
　2023年選定　＜所蔵機関＞イオアニナ考古学博物館（イオアニナ）

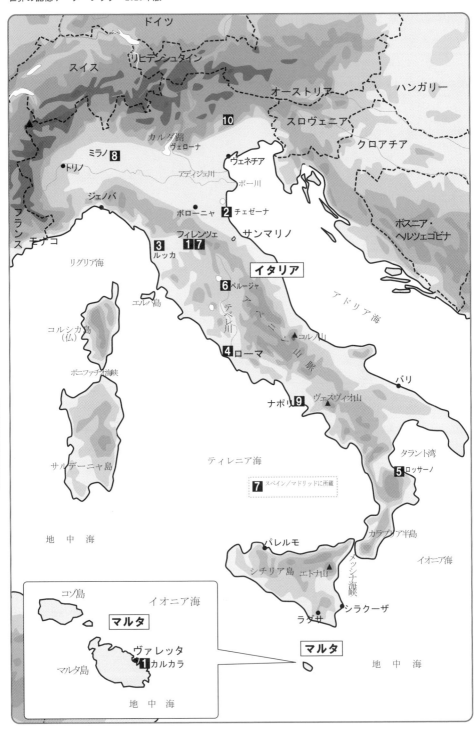

ドイツ

スイス

リヒテンシュタイン

オーストリア

ハンガリー

10

スロヴェニア

クロアチア

ガルダ湖
ヴェローナ

ミラノ 8

トリノ

ヴェネチア

アディジェ川

ポー川

ジェノバ

ボローニャ 2 チェゼーナ

サンマリノ

ボスニア・
ヘルツェゴビナ

フランス

モナコ

リグリア海

3 ルッカ

フィレンツェ
1 7

イタリア

6 ペルージャ

アドリア海

エルバ島

テベレ川

コルシカ島
(仏)

ア

ペ

ニ

ン

山

脈

コルノ山

ボニファチオ海峡

4 ローマ

バリ

ナポリ 9 ヴェスヴィオ山

サルデーニャ島

ティレニア海

タラント湾

5 ロッサーノ

7 スペイン／マドリッドに所蔵

地 中 海

カラブリア半島

イオニア海

パレルモ

シチリア島 エトナ山

メッシナ海峡

ラグサ

シラクーザ

地域別・国別

コゾ島

イオニア海

マルタ

ヴァレッタ
1 カルカラ

マルタ島

マルタ

地 中 海

地 中 海

イタリア共和国
Republic of Italy
首都　ローマ　主要言語　イタリア語
「世界の記憶」の数　10（世界遺産の数　58　世界無形文化遺産の数　17）2023年7月現在

1コルヴィナ文庫のコレクション（The Bibliotheca Corviniana Collection）
　　2005年選定
　　オーストリア／ベルギー／フランス／ドイツ／ハンガリー／イタリア
＜所蔵機関＞ラウレンツィアーナ図書館（フィレンツェ）

2マラテスタ・ノヴェッロ図書館（The Malatesta Novello Library）
　　2005年選定
＜所蔵機関＞マラテスタ図書館（チェゼーナ）

3ルッカの歴史的教区の記録文書（Lucca's Historical Diocesan Archives）
　　2011年選定
＜所蔵機関＞ルッカ国立文書館（トスカーナ州ルッカ県ルッカ）

4イスティトゥート・ルーチェのニュース映画と写真
　（Newsreels and photographs of Istituto Nazionale L.U.C.E.）
　　2013年選定
＜所蔵機関＞ルーチェ歴史アーカイヴ（ローマ）

5ロッサーノ福音書＊（Codex purpureus Rossanensis）
　　2015年選定　＊6世紀に制作された挿絵入り福音書写本
＜所蔵機関＞ロッサーノ大聖堂（カラブリア州ロッサーノ）

6バルバネラ暦書のコレクション（Collection of Barbanera Almanacs）
　　2015年選定
＜所蔵機関＞バルバネラ財団1762（ウンブリア州ペルージャ）

7フレイ・ベルナルディーノ・デ・サアグン(1499～1590年)の作品
　（The work of Fray Bernardino de Sahagún(1499-1590)）
　　2015年選定　メキシコ／イタリア
＜所蔵機関＞マドリッド王立図書館（スペイン／マドリッド）
　　　　　　　ロレンツォ・メディチ図書館（フィレンツェ）

8アントーニョ・カルロス・ゴメス（Antonio Carlos Gomes）
　　2017年選定　　ブラジル／イタリア
＜所蔵機関＞スカラ座博物館-スカラ座（ミラノ）

9古代ナポリ公立銀行のアポディサリオ基金（1573から1809年まで）
　（Apodissary fund of the ancient Neapolitan public banks　(1573-1809)）　*New*
　　2023年選定
＜所蔵機関＞ナポリ銀行財団（ナポリ）

10バイオントダム災害に関する刑事訴訟（Criminal Proceedings of the Vajont dam disaster）　*New*
2023年選定　＜所蔵機関＞ベッルーノ裁判所（ベッルーノ）

マルタ共和国
Republic of Malta
首都　ヴァレッタ　主要言語　マルタ語、英語
「世界の記憶」の数　1　　（世界遺産の数　3　世界無形文化遺産の数　2）2023年7月現在

1カモッショ地図（Camocio Maps）
　　2017年選定
＜所蔵機関＞ヘリテージ・マルタ（カルカラ）

地域別・国別

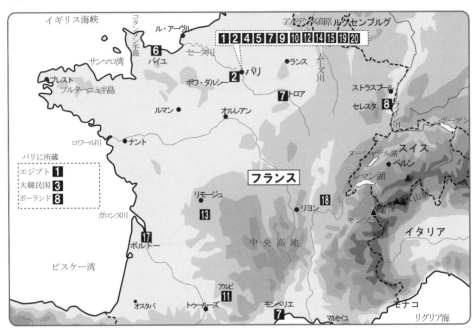

地域別・国別

フランス共和国
French Republic

首都　パリ　主要言語　フランス語

「世界の記憶」の数　20（世界遺産の数　49　世界無形文化遺産の数　26）2023年7月現在

1 人間と市民の権利の宣言（1789年　1791年）
（Original Declaration of the Rights of Man and of the Citizen（1789　1791））
　2003年選定　＜所蔵機関＞フランス国立図書館（パリ）

2 十進法システムの紹介（1790～1837年）
（Introduction of the decimal metric system, 1790-1837）
　2005年選定　＜所蔵機関＞フランス国立歴史アーカイヴス・センター（パリ）

3 リュミエール兄弟＊の映画（Lumiere Films）
　2005年選定　＊フランス映画の発明者で、映画の父と呼ばれる。
＜所蔵機関＞フランス映画アーカイヴス（イヴリーヌ県ボワ・ダルシー）

4 1940年6月18日のド・ゴール将軍＊の呼びかけ（The Appeal of 18 June 1940）
　2005年選定　＊1890～1970年　フランスの軍人、政治家、大統領
　フランス／英国　＜所蔵機関＞レジスタンス解放博物館（パリ）

5 コルヴィナ文庫のコレクション（The Bibliotheca Corviniana Collection）　2005年選定
　オーストリア／ベルギー／フランス／ドイツ／ハンガリー／イタリア
＜所蔵機関＞フランス国立図書館（パリ）

6 バイユのタペストリー（Bayeux Tapestry）
　2007年選定　＜所蔵機関＞征服王ウィリアム・センター（バイユ）

7 ピエール・ヴィレー＊時代のクレルヴォー・シトー修道院図書
　（Library of the Cistercian Abbey of Clairvaux at the time of Pierre de Virey（1472））
　2009年選定　＊1879～1933年　盲目のモンテーニュ研究家『モンテーニュのエセーの典拠と進化』
＜所蔵機関＞トロワ・メディアテック図書館（トロワ）、モンペリエ大学図書館（モンペリエ）
　　　　　　フランス国立図書館（パリ）

8 ベアトゥス・レナヌス＊の図書（Beatus Rhenanus Library）
　2011年選定　＊1485～1547年　人文主義者、古典学者
＜所蔵機関＞ヒューマニスト図書館（セレスタ）

9 フランソワ1世統治時代のパリのシャトレのバナー選定（フランス国立公文書館）
　（Banniere Rsgister at Chatelet, Paris,during the reign of Francois I（National Archives Y9, France））
　2011年選定　＜所蔵機関＞フランス国立公文書館（パリ）

10 ルイ・パスツール＊のアーカイヴ（Louis Pasteur's Archive）
　2015年選定

<所蔵機関>科学アカデミー(パリ)、フランス国立文書館(パリ)、フランス国立図書館(パリ)

11 アルビの世界地図（The Mappa mundi of Albi）
2015年選定
<所蔵機関>ピエール・アマルリック図書館（アルビ）

12 エミール・レイノー＊の動画ショー（The moving picture shows of Émile Reynaud）
2015年選定 ＊1844～1918年 フランスの理科教師であり発明家。
フランス／チェコ ＜所蔵機関＞フランス国立工芸院（CNAM）（パリ）
シネマテーク・フランセーズ -映画博物館（パリ）

13 ペール・カストール＊・アーカイヴス（Archives of Père Castor）
2017年選定
＊ポール・フォシェ（1898～1967年 フランスの出版人）によって創刊された絵本アルバム
＜所蔵機関＞オート゠ビエンヌ県ブリアンス・スッド（ピエール・ビュフィエール）

14 カール大帝宮廷学校の装飾写本（The illuminated manuscripts of Charlemagne's Court School）*New*
フランス／オーストリア／ドイツ／ルーマニア／英国
2023年選定 ＜所蔵機関＞フランス国立図書館（パリ）

15 物理学および化学に関する国際ソルベー会議のアーカイブ（1910年から1962年まで）
（Archives of the International Solvay Conferences on Physics and Chemistry（1910-1962））*New*
フランス／ベルギー
2023年選定 ＜所蔵機関＞PSL研究大学（パリ文理研究大学）（PSL）（パリ）

16 アンジェの黙示録のタペストリー（Apocalypse Tapestry of Angers）*New*
2023年選定 ＜所蔵機関＞タペストリー博物館（アンジェ）

17 ボルドー本：モンテーニュのエセーの著者加筆訂正本（1588年から1592年まで）
（Bordeaux Copy: Montaigne's Essays annotated（1588-1592）by the author））*New*
2023年選定 ＜所蔵機関＞ボルドー市立図書館（ボルドー）

18 1957年から1992年までのフランスとブルキナファソにおける国際ATDカールモンド運動のアーカイブ
（Archives of the International Movement ATD Fourth World in France and
Burkina Faso from 1957 to 1992）*New* フランス／ブルキナファソ
2023年選定
＜所蔵機関＞ジョゼフ・ウレザンスキ・アーカイブ研究センター（JWC）（バイエ・アン・フランス）

19 クロード・ランズマンによる『SHOAH ショア』の35mmネガ復元版、そして200時間に及ぶショアの歴史に関する目撃証言の音声アーカイブ
（"Shoah", by Claude Lanzmann, restored 35 mm negative;
Audio Archive Witnesses to the History of Shoah, 200 hours）*New* フランス／ドイツ
2023年選定 ＜所蔵機関＞ショア財団（パリ）

20 旧フランス植民地（1666年から1880年まで）**での奴隷化された人々の識別選定**
（Registers identifying enslaved persons in the former French colonies（1666-1880））*New*
フランス／ハイチ
2023年選定
＜所蔵機関＞フランス財団、フランス国立海外文書館、フランス国立図書館（パリ）

スペイン
Spain
首都 マドリッド 主要言語 スペイン語、カタルーニャ語
「世界の記憶」の数 13（世界遺産の数 49 世界無形文化遺産の数 23）2023年7月現在

1 トルデシリャス条約（Treaty of Tordesillas）
2007年選定 スペイン／ポルトガル
＜所蔵機関＞インディアス総合古文書館（セヴィリア）

2 サンタ・フェの降伏文書（Santa Fe Capitulations）
2009年選定 ＜所蔵機関＞スペイン文化省アラゴン王アーカイヴ（マドリッド）

3 ラメンサ組合の自由（1448年）（Llibre del Sindicat Remenca（1448））
2013年選定 ＜所蔵機関＞ジローナ市アーカイヴ（ジローナ）

4 慶長遣欧使節関係資料（Materials Related to the Keicho-era Mission to Europe Japan and Spain）
2013年選定 日本／スペイン
＜所蔵機関＞シマンカス総合文書館（シマンカス）、インディアス総合古文書館（セヴィリア）

5 1188年のレオンの法令-ヨーロッパの議会システムの最古の記録
（The Decreta of Leon of 1188 - The oldest documentary manifestation of the European parliamentary system）
2013年選定 ＜所蔵機関＞オウレンセ大聖堂のアーカイヴ（オウレンセ）、スペイン国立図書館
（マドリッド）、セヴィリア・コロンブス記念図書館（セヴィリア）

6 新世界の現地語からスペイン語に翻訳された語彙
（Indigenous language vocabulary from the New World translated into Spanish）
2015年選定

地域別・国別

＜所蔵機関＞インディアス総合古文書館（セヴィリア）

7 イベリアの伝統の中で描かれた黙示録注釈（リエバーナのベアタス）の手稿
（The Manuscripts of the Commentary to the Apocalypse (Beatus of Liébana) in the Iberian Tradition）
2015年選定　ポルトガル／スペイン
＜所蔵機関＞王立サン・ロレンソ・デ・エル・エスコリアル修道院図書館（マドリッド）、王立歴史アカデミー（マドリッド）、スペイン国立歴史公文書館（マドリッド）、スペイン国立図書館（マドリッド）、コロナ・デ・アラゴン公文書館（バルセロナ）、レアル・チャンシレリア・デ・バリャドリッド公文書館（バリャドリッド）、スペイン国立考古学博物館（マドリッド）

8 サンティアゴ・ラモン・イ・カハル＊とスペインの神経解剖学学校のアーカイヴス
（Archives of Santiago Ramon Y Cajal and the Spanish Neurohistological School）
2017年選定　＊1852～1934年　スペインの神経解剖学者
＜所蔵機関＞カハル研究所（マドリッド）、リオ・オルテガ・アーカイヴ（バリャドリッド）、フェルナンド・デ・カストロ・アーカイヴ（マドリッド）、ペドロ・ラモン・イ・カハル・アーカイヴ（バルセロナ）、ロレンテ・デ・ノ・アーカイヴ（マドリッド）

9 サンティアゴ・デ・コンポステーラ大聖堂のカリクストゥス写本と聖ヤコブの書の他の中世のコピー：ヨーロッパにおけるヤコブの伝統のイベリア半島の起源
（The Codex Calixtinus of Santiago de Compostela Cathedral and other medieval copies of the Liber Sancti Jacobi: The Iberian origins of the Jacobian tradition in Europe）
2017年選定　スペイン／ポルトガル
＜所蔵機関＞スペイン国立図書館（マドリッド）、サラマンカ大学図書館（サラマンカ）
アラゴン連合王国公文書館（バルセロナ）

10 シマンカス総合古文書館（The General Archive of Simancas）
2017年選定　＜所蔵機関＞シマンカス総合古文書館（バリャドリッド県シマンカス）

11 最初の世界周航（1519年から1522年まで）
（First Voyage of Circumnavigation（1519-1522））　スペイン／ポルトガル
2023年選定　＜所蔵機関＞インディアス総合古文書館（セビリア）　*New*

12 1800年から1820年までの天然痘ワクチンの王立慈善遠征
（Royal Philanthropic Expedition of the Smallpox Vaccine, 1800-1820）　*New*

地域別・国別

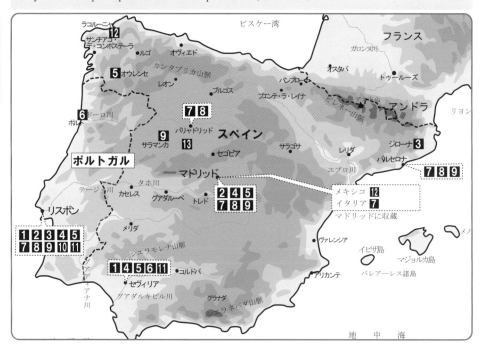

2023年選定　＜所蔵機関＞ア・コルーニャ人間科学館（ドムス）（ラ・コルーニャ）

⓭シモン・ルイスのアーカイブ（スペインのメディナ・デル・カンポ）
（Simón Ruiz Archive（Medina del Campo, Spain）） *New*
　2023年選定　＜所蔵機関＞フェリア博物館（メディナ・デル・カンポ）

ポルトガル共和国
Portuguese Republic
首都　リスボン　主要言語　ポルトガル語
「世界の記憶」の数　11（世界遺産の数　17　世界無形文化遺産の数　10） 2023年7月現在

---

❶ペロ・ヴァス・デ・カミーニャ＊の書簡（Letter from Pero Vaz de Caminha）
　2005年選定　＊1450～1500年　カブラルと共にブラジルを発見
＜所蔵機関＞ポルトガル国立公文書館（リスボン）

❷コルポ・クロノロジコ（ポルトガル人の発見に関する文書集）
（Corpo Cronologico（Collection of Manuscripts on the Portuguese Discoveries））
　2007年選定
＜所蔵機関＞ポルトガル国立公文書館（リスボン）

❸トルデシリャス条約（Treaty of Tordesillas）
　2007年選定　スペイン／ポルトガル
＜所蔵機関＞ポルトガル国立博物館（リスボン）

❹1922年の最初の南大西洋横断飛行の記録（First flight across the South Atlantic Ocean in 1922）
　2011年選定
＜所蔵機関＞海洋歴史公文書館（リスボン）

❺デンボスのアーカイヴス／ンデンブ族のアーカイヴス
（Arquivos dos Dembos / Ndembu Archives）
　2011年選定　アンゴラ／ポルトガル
＜所蔵機関＞熱帯科学調査研究所（リスボン）

❻ヴァスコ・ダ・ガマ＊のインドへの最初の航海史1497～1499年
（Journal of the first voyage of Vasco da Gama to India, 1497-1499）
　2013年選定　＊1469頃～1524年　ポルトガルの航海者・探検家
＜所蔵機関＞ポルト市（ポルト）、ポルト市立図書館（ポルト）

❼イベリアの伝統の中で描かれた黙示録注釈（リエバーナのベアタス）の手稿
（The Manuscripts of the Commentary to the Apocalypse (Beatus of Liébana) in the Iberian Tradition）
　2015年選定　ポルトガル／スペイン
＜所蔵機関＞ポルトガル国立博物館（リスボン）、ポルトガル国立公文書館（リスボン）

❽サンティアゴ・デ・コンポステーラ大聖堂のカリクストゥス写本と聖ヤコブの書の他の中世のコピー：ヨーロッパにおけるヤコブの伝統のイベリア半島の起源
（The Codex Calixtinus of Santiago de Compostela Cathedral and other medieval copies of the Liber Sancti Jacobi: The Iberian origins of the Jacobian tradition in Europe）
　2017年選定　ポルトガル／スペイン
＜所蔵機関＞ポルトガル国立図書館（リスボン）

❾清王朝時代のマカオの公式記録（1693～1886年）
（Official Records of Macao During the Qing Dynasty (1693-1886)）
　2017年選定　ポルトガル／中国
＜所蔵機関＞リスボン大学トーレ・ド・トンボ国立公文書館　（リスボン）

❿1939～1940年にボルドー領事のアリスティデス・ソウザ・メンデス＊によって発給されたヴィザの選定簿
（Register Books of visas granted by Portuguese Consul in Bordeaux, Aristides Sousa Mendes (1939-1940)）
　2017年選定　＊1885～1954年　ポルトガルの外交官
＜所蔵機関＞ポルトガル外務省外交研究所（リスボン）

⓫最初の世界周航（1519年から1522年まで）（First Voyage of Circumnavigation （1519-1522））
　New　2023年選定　ポルトガル／スペイン
＜所蔵機関＞トルレ・ド・トンボ国立公文書館（リスボン）

地域別・国別

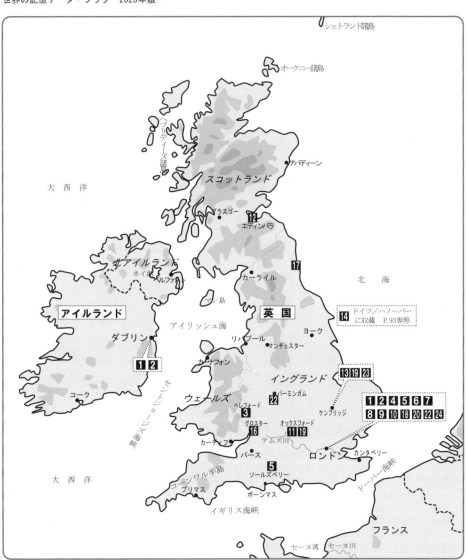

シェトランド諸島
オークニー諸島
大　西　洋
ヘブリディーズ諸島
スコットランド
アバディーン
グラスゴー
エディンバラ 12
北アイルランド
ネイ湖
ベルファスト
カーライル 17
北　海
14 ドイツ／ハノーバー に収蔵 P.93参照
アイルランド
ダブリン
アイリッシュ海
マン島
リバプール
ヨーク
マンチェスター
英　国
1 2
カーナフォン
イングランド
13 19 23
コーク
ウェールズ
バーミンガム 22
ケンブリッジ
1 2 4 5 6 7
8 9 10 18 20 22 24
ヘレフォード 3
セント・ジョージ海峡
グロスター
オックスフォード
カーディフ 16
11 19
テムズ川
バース
ロンドン
カンタベリー
大　西　洋
5
ソールズベリー
ドーバー海峡
コーンワル半島
ボーンマス
プリマス
イギリス海峡
フランス
セーヌ湾　セーヌ川

アイルランド
Ireland

首都　ダブリン　主要言語　アイルランド語、英語
「世界の記憶」の数　2　（世界遺産の数　2　世界無形文化遺産の数　4）2023年7月現在

1ケルズの書（Book of Kells）
　2011年選定
　＜所蔵機関＞ダブリン大学トリニティ・カレッジ（ダブリン）
2アイルランド民俗学委員会コレクション 1935～1970年
　（The Irish Folklore Commission Collection 1935-1970）
　2017年選定
　＜所蔵機関＞ユニバーシティ・カレッジ・ダブリン（ダブリン）

グレートブリテンおよび北アイルランド連合王国（英国）
United Kingdom of Great Britain and Northern Ireland

首都　ロンドン　主要言語　英語

「世界の記憶」の数　24　（世界遺産の数　33　世界無形文化遺産の数　0）2023年7月現在

1 1940年6月18日のド・ゴール将軍の呼びかけ（The Appeal of 18 June 1940）
　2005年選定　フランス／英国
　＜所蔵機関＞英国国立視聴覚研究所、BBCサウンド・アーカイヴス（ロンドン）

2 ソンムの戦い（The Battle of the Somme）
　2005年選定
　＜所蔵機関＞英国王立戦争博物館（ロンドン）

3 ヘレフォード・マッパ・ムンディ（Hereford Mappa Mundi）
　2007年選定
　＜所蔵機関＞ヘレフォード大聖堂（ヘレフォードシャー州ヘレフォード）

4 英国カリブ領の奴隷の登記簿1817～1834年
　（Registry of Slaves of the British Caribbean 1817-1834）　2009年選定
　英国／バハマ／ベリーズ／ドミニカ／ジャマイカ／セント・キッツ／トリニダード・トバゴ
　＜所蔵機関＞英国王立公文書館（ロンドン）

5 1215年に調印されたマグナ・カルタ（Magna Carta, issued in 1215）
　2009年選定
　＜所蔵機関＞大英図書館（ロンドン）、ソールズベリー大聖堂（ソールズベリー）

6 オランダの西インド会社の記録文書
　（Dutch West India Company（Westindische Compagnie）Archives）
　2011年選定　オランダ／ブラジル／ガーナ／ガイアナ／オランダ領アンティル／スリナム／
　英国／アメリカ合衆国
　＜所蔵機関＞英国王立公文書館（ロンドン）

7 大英図書館の歴史的・民族学的記録（1898～1951年）
　（Historic Ethnographic Recordings（1898～1951）at the British Library）
　2011年選定　＜所蔵機関＞大英図書館（ロンドン）

8 シルバー・メン：パナマ運河における西インド諸島労働者の記録
　（Silver Men: West Indian Labourers at the Panama Canal）　2011年選定
　バルバドス／ジャマイカ／パナマ／セント・ルシア／英国／アメリカ合衆国
　＜所蔵機関＞英国王立公文書館（ロンドン）

9 会員申請証明書類（Candidates Circulars）
　（Membership Application Certificates（Candidates Circulars））
　2013年選定　＜所蔵機関＞土木技術者協会（ロンドン）

10 アーサー・バーナード・ディーコン（1903～27年）＊のコレクション文書 90-98
　（Arthur Bernard Deacon（1903-27）collection MS 90-98）
　2013年選定　ヴァヌアツ／英国　　＊人類学者
　＜所蔵機関＞英国王立人類学協会（ロンドン）

11 ショタ・ルスタヴェリ＊の長編叙事詩「豹皮の騎士」の原稿集
　（Manuscript Collection of Shota Rustaveli's Poem "Knight in the Panther's Skin"）
　2013年選定　＊1172～1216年　ジョージアの詩人
　ジョージア／英国
　＜所蔵機関＞オックスフォード大学（オックスフォード）

12 陸軍元帥ダグラス・ヘイグ卿の第一次世界大戦（1914～1919年）の戦中日記
　（Autograph First World War Diary of Field Marshal Sir Douglas Haig, 1914-1919.）
　2015年選定　＊1861～1928年　英国の軍人で、第一次世界大戦で英国海外派遣軍を率いた。
　＜所蔵機関＞スコットランド国立図書館（エディンバラ）

13 チャーチル＊の書類（The Churchill Papers）
　2015年選定　＊ウィンストン・レナード・スペンサー・チャーチル（1874～1965年）
　　　　　　　英国の政治家、軍人、作家
　＜所蔵機関＞チャーチル・アーカイヴ・センター（ケンブリッジ）

地域別・国別

⓮英国王ジョージ2世＊へのビルマ王アラウンパヤー＊＊の黄金の手紙
(The Golden Letter of the Burmese King Alaungphaya to King George II of Great Britain)
　2015年選定　　＊1683〜1760年　　＊＊1714〜1760年
　ドイツ／英国／ミャンマー
　＜所蔵機関＞ゴットフリート・ヴィルヘルム・ライプニッツ図書館（ドイツ／ハノーバー）

⓯西インド委員会コレクション（The West India Committee collection）
　2016年選定
　アンティグア・バーブーダ／ジャマイカ／英国／アンギラ／モンセラット
　＜所蔵機関＞西インド委員会（ロンドン）

⓰バルバドス発祥のアフリカの歌、或は、詠唱（An African Song or Chant from Barbados）
　2017年選定
　バルバドス／英国
　＜所蔵機関＞グロスターシャー・アーカイヴス（グロスター）

⓱ガートルード・ベル＊・アーカイヴ（The Gertrude Bell Archive）
　2017年選定　　＊1868〜1926年　イギリスの女性情報員、考古学者、登山家
　＜所蔵機関＞ニューカッスル大学ロビンソン図書館（ニューカッスル・アポン・タイン）
　ニューカッスル大学人文社会学部歴史・古典・考古学校（ニューカッスル・アポン・タイン）

⓲タサール・イヴァン・アレクサンダル皇帝＊の福音書（Gospels of Tsar Ivan Alexander）
　2017年選定　　＊?〜1371年　第二次ブルガリア帝国の皇帝
　ブルガリア／英国
　＜所蔵機関＞大英図書館（ロンドン）

⓳ルートヴィヒ・ヴィトゲンシュタイン＊の哲学遺産
(Philosophical Nachlass of Ludwig Wittgenstein)
　2017年選定　　＊1889〜1951年　哲学者
　オーストリア／カナダ／オランダ／英国
　＜所蔵機関＞トリニティカレッジ図書館（ケンブリッジ）
　　　　　　　オックスフォード大学ボドリアン図書館（オックスフォード）

⓴オーウェル＊の作品（The Orwell Papers）
　2017年選定　　＊ジョージ・オーウェル（1903年〜1950年）作家、ジャーナリスト。
　＜所蔵機関＞ユニヴァーシティ・カレッジ・ロンドン（ロンドン）

㉑パンジ物語手稿（Panji Tales Manuscripts）
　2017年選定
　カンボジア／インドネシア／オランダ／マレーシア／英国

㉒「シェイクスピアの文書類」、ウイリアム・シェイクスピア＊の生涯の文書の足跡
(The 'Shakespeare Documents', a documentary trail of the life of William Shakespeare)
　2017年選定　　＊1564〜1616年　劇作家、詩人
　＜所蔵機関＞シェイクスピア・バースプレイス・トラスト（ウォリックシャー州ストラトフォード・アポン・エイヴォン）、英国国立公文書館（サリー州）、ウォリックシャー州公文書・考古学サービス（ウォリックシャー州）、紋章院（ロンドン）、大英図書館（ロンドン）、ロンドン市公文書館（ロンドン）

㉓アイザック・ニュートン卿＊の科学と数学の論文集
(The Scientific and Mathematical Papers of Sir Isaac Newton)
　2015年選定／2017年選定 (注)　(注)2017年、英国を追加
　＊1643〜1727年　イギリスの数学者、物理学者、天文学者
　イスラエル／英国
　＜所蔵機関＞ケンブリッジ大学図書館（ケンブリッジ）

㉔カール大帝宮廷学校の装飾写本
(The illuminated manuscripts of Charlemagne's Court School)　*New*
　2023年選定　英国／オーストリア／フランス／ドイツ／ルーマニア
　＜所蔵機関＞大英図書館（ロンドン）

地域別・国別

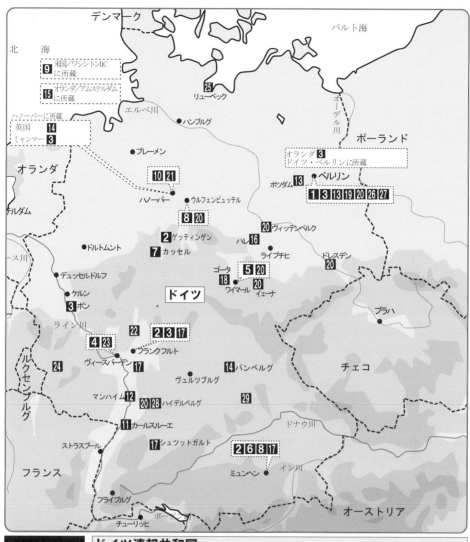

ドイツ連邦共和国
Federal Republic of Germany
首都　ベルリン　主要言語　ドイツ語
「世界の記憶」の数　29（世界遺産の数　51　世界無形文化遺産の数　7 ）2023年7月現在

1 ベルリン録音資料館の世界伝統音楽の初期のシリンダー録音
（Early cylinder recordings of the world's musical traditions（1893-1952）in the Berlin Phonogramm-Archiv）
1999年選定
＜所蔵機関＞国立ベルリン民族学博物館（ベルリン）

2 グーテンベルク＊の42行聖書
（42-line Gutenberg Bible, printed on vellum, and its contemporary documentary back ground）
2001年選定　＊1394/99〜1468年　ドイツの活字印刷の発明者。
＜所蔵機関＞フランクフルト大学図書館（フランクフルト）、ババリアン州立図書館（ミュンヘン）
ニーダーザクセン州立大学図書館（ゲッティンゲン）

3 ルードヴィッヒ・ヴァン・ベートーヴェン＊の交響曲第9番ニ短調作品125
（Ludwig van Beethoven: Symphony no 9, d minor, op. 125）
2001年選定　＊1770～1827年　作曲家
＜所蔵機関＞ベルリン国立図書館（ベルリン）、ベートーヴェン博物館（ボン）
ドイツ放送アーカイヴ（フランクフルト）

4 メトロポリス［2001年の復元版］
（"METROPOLIS" -Sicherungsstuck Nr. 1: Negative of the restored and reconstructed version 2001）
2001年選定　＜所蔵機関＞フリードリッヒ・ヴィルヘルム・ムルナウ財団（ヴィースバーデン）

5 ゲーテ・シラー資料館のゲーテ＊の直筆の文学作品
（The literary estate of Goethe in the Goethe and Schiller Archives）
2001年選定　＊1749～1832年　ドイツの詩人、文学者、政治家
＜所蔵機関＞ワイマール古典期財団／ゲーテ・シラー資料館（GSA）（ワイマール）

6 ライヒエナウ修道院（コンスタンス湖）で生み出されたオットー朝からの彩飾文書
（Illuminated manuscripts from the Ottonian period produced in the monastery of Reichenau
（Lake Constance））　2003年選定　＜所蔵機関＞バイエルン州立図書館（ミュンヘン）

7 子供と家庭のための童話
（Kinder- und Hausmärchen（Contes pour les enfants et les parents））
2005年選定　＜所蔵機関＞グリム兄弟博物館（カッセル）

8 コルヴィナ文庫のコレクション（The Bibliotheca Corviniana Collection）
2005年選定　オーストリア／ベルギー／フランス／ドイツ／ハンガリー／イタリア
＜所蔵機関＞ヘルツォーク・アウグスト図書館（ウルフェンビュッテル）
バイエルン州立図書館（ミュンヘン）

9 プトレマイオスの慣例に習いアメリゴ・ヴェスプッチ＊の探検を組み入れた世界地図
（Universalis cosmographia secundum Ptholomaei traditionem et Americi Vespucii aliorumque Lustrationes）
2005年選定　＊1454～1512年　アメリカを探検したイタリアの探検家にして商人
アメリカ合衆国／ドイツ　＜所蔵機関＞米国議会図書館（米国／ワシントンD.C.）

10 ゴットフリート・ヴィルヘルム・ライプニッツ図書館のコレクションの中でのゴットフリート・ヴィルヘルム・ライプニッツ＊の往復書簡
（Letters from and to Gottfried Wilhelm Leibniz within the collection of manuscript papers of Gottfried Wilhelm Leibniz）　2007年選定　＊1646～1716年　ドイツの哲学者、数学者。
＜所蔵機関＞ニーダー・ザクセン州立図書館－ゴットフリート・ヴィルヘルム・ライプニッツ
図書館（ハノーバー）

11 中世ヨーロッパの英雄叙事詩ニーベルング＊の歌
（Song of the Nibelungs, a heroic poem from mediaeval Europe）
2009年選定　＊「霧の国の人」を意味し、北欧神話で言うところの「冥界」を意味する。
＜所蔵機関＞カールスルーエ・バディッシェ州立図書館（カールスルーエ）

12 1886年のベンツ＊の特許選定証（Benz Patent of 1886）
2011年選定　＊カール・ベンツ（1844～1929年）　技術者
＜所蔵機関＞技術博物館（マンハイム）

13 ベルリンの壁の建設と崩壊、及び「2プラス4条約」（1990年）に関連する文書
（Construction and Fall of the Berlin Wall and the Two-Plus-Four-Treaty of 1990）
2011年選定
＜所蔵機関＞ドイツ・ラジオアーカイヴ（ポツダム・バベルスベルク）
ラジオ・ベルリン－ブランデンブルク（ベルリン）

14 ロルシュ薬局方（バンベルク州立図書館薬学文書棚）
（Lorsch Pharmacopoeia（The Bamberg State Library, Msc.Med.1））
2013年選定　＜所蔵機関＞バンベルク国立図書館（バンベルク）

15 共産党宣言の草稿とカール・マルクスの資本論の個人の注釈原稿
（Manifest der Kommunistischen Partei, draft manuscript page and Das Kapital. Erster Band, Karl Marx's personal annotated copy）　2013年選定　オランダ／ドイツ
＜所蔵機関＞社会史国際研究所（IISH）（オランダ・アムステルダム）

16 ネブラの天文盤＊（Nebra Sky Disc）
2013年選定

＊ザーレラン地方の街で発見された直径約32cm、青銅製で約3600年前に作られた人類最古の天文盤。
<所蔵機関>ザクセン・アンハルト州（ハレ）

17「金印勅書」-7つのすべての原本とオーストリア国立図書館所蔵の「ヴェンツェル王＊の豪華な手書き文書の写本」
（The "Golden Bull" – All seven originals and the "King Wenceslaus' luxury manuscript copy" of the Österreichische Nationalbibliothek）
2013年選定　＊1361～1419年　神聖ローマ皇帝カール4世(1316～1378年)の息子でボヘミヤ王
オーストリア／ドイツ
<所蔵機関>ダルムシュタット工科大学図書館（ダルムシュタット）、
バイエルン州立公文書館（ミュンヘン）、バーデン・ヴュルテンベルク州立公文書館
（シュトゥットガルト）、フランクフルト歴史研究所（フランクフルト）など

18諸道と諸国の書（Al-Masaalik Wa Al-Mamaalik）
2015年選定　イラン／ドイツ　<所蔵機関>エアフルト大学ゴータ研究図書館（ゴータ）

19ヨハン・セバスティアン・バッハ＊のミサ曲ロ短調の自筆譜
（Autograph of h-Moll-Messe (Mass in B minor) by Johann Sebastian Bach）
2015年選定　＊1685年～1750年　18世紀のドイツで活躍した作曲家・音楽家。バロック音楽の
重要な作曲家の一人で、鍵盤楽器の演奏家としても高名。
<所蔵機関>ベルリン国立図書館（ベルリン）

20マルティン・ルター＊によって創始された宗教改革の発展の草創期を代表する記録
（Documents representing the beginning and the early development of the Reformation initiated by Martin Luther）　2015年選定　＊1483～1546年　宗教改革の創始者
<所蔵機関>ルターハウス（ヴィッテンベルク）、アウグスト公図書館（ヴォルフェンビュッテル）、
ドレスデン大学図書館（ドレスデン）、ベルリン州立図書館（ベルリン）、
アンナ・アマリア図書館（ワイマール）、ハイデルベルク大学図書館（ハイデルベルク）、
ヴォルムス市立図書館（ヴォルムス）、イェーナ大学中央図書館(イェーナ)

21英国王ジョージ2世＊へのビルマ王アラウンパヤー＊＊の黄金の手紙
（The Golden Letter of the Burmese King Alaungphaya to King George II of Great Britain）
2015年選定　＊1683～1760年　＊＊1714～1760年　ドイツ／英国／ミャンマー
<所蔵機関>ゴットフリート・ヴィルヘルム・ライプニッツ図書館（ドイツ／ハノーバー）

22アントニヌス勅令（Constitutio Antoniniana）
2017年選定　<所蔵機関>ユストゥス・リービッヒ大学ギーセン大学図書館（ギーセン）

23フランクフルト・アウシュヴィッツ裁判（Frankfurt Auschwitz Trial）
2017年選定　＊1963年12月20日から1965年8月10日までフランクフルトで行われた裁判
<所蔵機関>ヘッセン州中央文書館（ヴィースバーデン）

24カール大帝宮廷学校の装飾写本
（The illuminated manuscripts of Charlemagne's Court School）　*New*
2023年選定　ドイツ／ルーマニア／オーストリア／英国／フランス
<所蔵機関>トリーア市立図書館（トリーア）

25ハンザ同盟の歴史に関する文書（Documents on the history of the Hanse）　*New*
2023年選定　ドイツ／ラトヴィア／エストニア／デンマーク／ベルギー／ポーランド
<所蔵機関>ハンザ同盟博物館（リューベック）

26マウラーナーのクリヤット（マウラーナー全集）
（Mawlana's Kulliyat (The Complete Works of Mawlana)　*New*
2023年選定　<所蔵機関>ベルリン国立図書館（ベルリン）
ドイツ／ブルガリア／タジキスタン／イラン／トルコ／ウズベキスタン

27クロード・ランズマンによる『SHOAH ショア』の35mmネガ復元版、そして200時間に及ぶショア
の歴史に関する目撃証言の音声アーカイブ
（"Shoah", by Claude Lanzmann, restored 35 mm negative;
Audio Archive Witnesses to the History of Shoah, 200 hours）　*New*　ドイツ／フランス
2023年選定　<所蔵機関>ベルリン・ユダヤ博物館（ベルリン）

28マネッセ写本（ハイデルベルク大学図書館所蔵、コディケス・パラティニ・ゲルマニキ第848号）
（Codex Manesse（Heidelberg University Library,Cod. Pal. germ. 848））　*New*
2023年選定　<所蔵機関>ハイデルベルク大学図書館（ハイデルベルク）

29ベハイムの地球儀（Behaim Globe）　*New*
2023年選定　<所蔵機関>ゲルマン国立博物館（ニュルンベルク）

地域別・国別

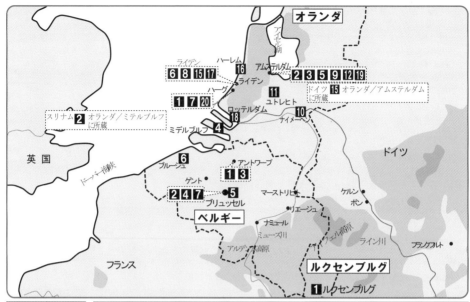

オランダ王国
Kingdom of the Netherlands

首都　アムステルダム　主要言語　オランダ語、フルースラント語
「世界の記憶」の数　20（世界遺産の数　10　世界無形文化遺産の数　3）2023年7月現在

1オランダの東インド会社の記録文書（Archives of the Dutch East India Company）
　2003年選定
　オランダ／インド／インドネシア／スリランカ／南アフリカ
　＜所蔵機関＞オランダ国立公文書館（ハーグ）
2エッツ・ハイム図書館-モンテシノス図書館（Library Ets Haim - Livraria Montezinos）
　2003年選定
　＜所蔵機関＞エッツ・ハイム図書館（アムステルダム）
3アンネ・フランク＊の日記（Diaries of Anne Frank）
　2009年選定　＊1929～1945年　ナチスの迫害を受けたオランダのユダヤ系少女。
　＜所蔵機関＞オランダ戦争資料研究所（アムステルダム）、アンネ・フランク・センター（ベルリン）
4ミデルブルフ貿易会社（MCC）についての記録文書
　（Archive Middelburgsche Commercie Compagnie（MCC））
　2011年選定　オランダ／キュラソー／スリナム
　＜所蔵機関＞ゼーウス公文書館（ゼーラント州ミデルブルフ）
5ド・スメ＊のコレクション（Desmet Collection）
　2011年選定
＊ピエール・ジャン・ド・スメ（1801～1873年）　ロマン・カソリック教会の聖職者、イエズス会
　＜所蔵機関＞オランダ・アイ映画協会（アムステルダム）
6叙事詩ラ・ガリゴ（La Galigo）
　2011年選定　インドネシア／オランダ
　＜所蔵機関＞ライデン大学図書館（ライデン）
7オランダの西インド会社の記録文書
　（Dutch West India Company（Westindische Compagnie）Archives）
　2011年選定
　オランダ／ブラジル／ガーナ／ガイアナ／オランダ領アンティル／スリナム／英国／米国
　＜所蔵機関＞オランダ国立公文書館（ハーグ）

⑧ババッド・ディポネゴロ、或はジャワの貴族でインドネシア国家の英雄でイスラム主義者である
ディポネゴロ皇太子（1785〜1855年）の自叙年代記
（Babad Diponegoro or Autobiographical Chronicle of Prince Diponegoro（1785-1855）A Javanese noble-
man, Indonesian national hero and pan-Islamist）
2013年選定　インドネシア／オランダ
＜所蔵機関＞オランダ王立言語地理民族学研究所図書館（ライデン）

⑨共産党宣言の草稿とカール・マルクスの資本論の個人の注釈原稿
（Manifest der Kommunistischen Partei, draft manuscript page and Das Kapital. Erster Band, Karl Marx's
personal annotated copy）
2013年選定　オランダ／ドイツ　＜所蔵機関＞社会史国際研究所（IISH）（アムステルダム）

⑩言語アーカイヴでの世界の言語の多様性の選択データ集
（Selected data collections of the world's language diversity at the Language Archive）
2015年選定
＜所蔵機関＞マックス・プランク学術振興協会マックス・プランク心理言語学研究所言語アーカイヴ
（ナイメーヘン）

⑪ユトレヒト詩篇（Utrecht Psalter）
2015年選定　＜所蔵機関＞ユトレヒト大学図書館（ユトレヒト）

⑫アレッタH. ジェイコブス＊の論文（Aletta H. Jacobs Papers）
2017年選定　＊1854〜1929年　医師
オランダ／アメリカ合衆国
＜所蔵機関＞アトリア、ジェンダー平等・女性史研究所（アムステルダム）

⑬アムステルダム公証人の1578〜1915年のアーカイヴ
（The Archive of the Amsterdam Notaries 1578-1915）
2017年選定
＜所蔵機関＞アムステルダム市アーカイヴス（アムステルダム）

⑭ヴェステルボルクの映画フィルム（Westerbork films）
2017年選定　＜所蔵機関＞オランダ視聴覚研究所（ヒルフェルスム）

⑮パンジ物語手稿（Panji Tales Manuscripts）
2017年選定
カンボジア／インドネシア／オランダ／マレーシア／英国
＜所蔵機関＞ライデン大学図書館（ライデン）

⑯ルートヴィヒ・ヴィトゲンシュタイン＊の哲学遺産
（Philosophical Nachlass of Ludwig Wittgenstein）
2017年選定　＊1889〜1951年　哲学者
オーストリア／カナダ／オランダ／英国
＜所蔵機関＞北オランダアーカイヴ（ハーレム）

⑰ヒカヤット・アチェ、15世紀から17世紀までのインドネシアのアチェの生活に関する3つの写本
（The　Hikayat Aceh - Three manuscripts on life in Aceh, Indonesia, in the 15th-17th century）　*New*
オランダ／インドネシア
2023年選定　＜所蔵機関＞ライデン大学図書館（ライデン）

⑱ロッテルダムのエラスムス・コレクション
（Erasmus Collection Rotterdam）　*New*
2023年選定　＜所蔵機関＞ロッテルダム図書館（ロッテルダム）

⑲DDS：デ・ディヒタレ・スタット/ザ・デジタル・シティ
（DDS: De Digitale Stad / The Digital City）　*New*
2023年選定　＜所蔵機関＞アムステルダム・ミュージアム（アムステルダム）

⑳オランダ領カリブ海地域の奴隷化された人々とその子孫の記録遺産（1816年から1969年まで）
（Documentary heritage of the enslaved people of the Dutch Caribbean
and their descendants（1816-1969）　*New*
オランダ（キュラソー／シント・マールテン／スリナム共和国）
2023年選定　＜所蔵機関＞オランダ国立公文書館（ハーグ）

地域別・国別

ベルギー王国
Kingdom of Belgium

首都　ブリュッセル　**主要言語**　オランダ語、フランス語、ドイツ語
「世界の記憶」の数　7（世界遺産の数　15　世界無形文化遺産の数　16）2023年7月現在

1 プランタン印刷所のビジネス・アーカイヴス
（Business Archives of the Officina Plantiniana）
2001年選定　＜所蔵機関＞プランタン・モレトゥス印刷博物館（アントワープ）

2 コルヴィナ文庫のコレクション（The Bibliotheca Corviniana Collection）　2005年選定
オーストリア／ベルギー／フランス／ドイツ／ハンガリー／イタリア
＜所蔵機関＞ベルギー王立図書館（ブリュッセル）

3 アントワープの破産したブーデルスカーメルのアーカイヴス
（Archives Insolvente Boedelskamer Antwerpen）
2009年選定　＜所蔵機関＞アントワープ市公文書館（アントワープ）

4 万能書誌庫（Universal Bibliographic Repertory）
2013年選定　＜所蔵機関＞国際書誌協会（IIB）（ブリュッセル）

5 ルーヴェン大学のアーカイヴス（1425～1797年）：世界的な重要性のある大学遺産
（The Archives of the University of Leuven（1425-1797）: University Heritage of Global Significance）
2013年選定
＜所蔵機関＞ベルギー国立公文書館（ルーヴェン）
　　　　　　ルーヴェン・カトリック大学アーカイヴス・美術コレクション（ルーヴェン）

6 ハンザ同盟の歴史に関する文書
（Documents on the history of the Hanse）　*New*
2023年選定　ベルギー／デンマーク／エストニア／ドイツ／ラトヴィア／ポーランド
＜所蔵機関＞ブルージュ公文書館（ブルージュ）

7 物理学および化学に関する国際ソルベー会議のアーカイブ（1910年から1962年まで）
（Archives of the International Solvay Conferences on Physics and Chemistry（1910-1962））　*New*
2023年選定　ベルギー／フランス
＜所蔵機関＞ブリュッセル自由大学（ブリュッセル）

ルクセンブルク大公国
Grand Duchy of Luxembourg

首都　ルクセンブルク　**主要言語**　ルクセンブルク語、フランス語、ドイツ語
「世界の記憶」の数　1　（世界遺産の数　1　世界無形文化遺産の数　2）2023年7月現在

1 ファミリー・オブ・マン（Family of Man）
2003年選定
＜所蔵機関＞ルクセンブルク国立視聴覚センター（ルクセンブルク）

スイス連邦
Swiss Confederation
首都　ベルン　主要言語　ドイツ語、フランス語、イタリア語
「世界の記憶」の数　6　（世界遺産の数　13　世界無形文化遺産の数　8　）2023年7月現在

1 ジャン・ジャック・ルソー＊、ジュネーヴとヌーシャテルのコレクション
（Jean-Jacques Rousseau, Geneva and Neuchatel Collections）
2011年選定　＊1712～1778年　フランスの哲学者・啓蒙思想家
＜所蔵機関＞ジャン・ジャック・ルソー協会（ジュネーヴ）

2 モントルー・ジャズ・フェスティバル：クロード・ノブス＊の遺産
（The Montreux Jazz Festival: Claude Nob's Legacy）
2013年選定　＊1936～2013年　モントルー・ジャズ・フェスティバル創始者
＜所蔵機関＞モントルー・ジャズ・フェスティバル財団（モントルー）

3 ボドメールの蔵書コレクション(1916～1971年)　（Bibliotheca Bodmeriana(1916-1971)）
2015年選定
＜所蔵機関＞ボドメール博物館（ジュネーヴ）、マルタン・ボドメール財団（ジュネーヴ）

4 ザンクト・ガレンの修道院アーカイブスと修道院図書館に所蔵されている前ザンクト・ガレン修道院の記録遺産
（Documentary heritage of the former Abbey of Saint Gall in the Abbey Archives and the Abbey Library of Saint Gall）　2017年選定
＜所蔵機関＞修道院アーカイヴス（ザンクト・ガレン）、修道院図書館（ザンクト・ガレン）

5 国際連合先住民族による1982～2015の宣言集
（Statements made by Indigenous Peoples at the United Nations 1982 to 2015）
2017年選定　＜所蔵機関＞先住民族文書・調査・情報センター（ジュネーヴ）

6 ハイジとヨハンナ・シュピリのアーカイブ　（Heidi- and Johanna Spyri Archives）　*New*
2023年選定　＜所蔵機関＞ハイジ資料館（チューリヒ）

オーストリア共和国
Republic of Austria
首都　ウィーン　主要言語　ドイツ語
「世界の記憶」の数　16　（世界遺産の数　12　世界無形文化遺産の数　10）2023年7月現在

1 ウィーン会議の最終文書　（Final document of the Congress of Vienna）
1997年選定　＜所蔵機関＞オーストリア国立文書館（ウィーン）

2 ウィーンのディオスコリデス＊の挿絵　（Vienna Dioscurides）
1997年選定
＊ペダニウス・ディオスコリデス(40年頃～90年)　古代ギリシャの医者、薬学者、植物学者
＜所蔵機関＞オーストリア国立図書館（ウィーン）

3 ウィーン音声資料館の歴史コレクション　（1899～1950年）
（The Historical Collections（1899 -1950）of the Vienna Phonogrammarchiv）　1999年選定
＜所蔵機関＞ウィーン音声資料館（ウィーン）

4 エァッツヘァツォーク・ライナー＊のパピルス古文書　（Papyrus Erzherzog Rainer）
2001年選定　＊1827～1913年　＜所蔵機関＞オーストリア国立図書館（ウィーン）

5 ウィーン図書館のシューベルト＊のコレクション
（The Vienna City Library Schubert Collection）
2001年選定　＊フランツ・シューベルト（1797～1828年）　作曲家
＜所蔵機関＞ウィーン市立図書館（ウィーン）

6 オーストリア国立図書館所蔵のファン・デル・ヘム氏蒐集のアトラス・ブラウ
（The Atlas Blaeu-Van der Hem of the Austrian National Library）
2003年選定　＜所蔵機関＞オーストリア国立図書館（ウィーン）

7 ブラームス＊の作品集　（Brahms Collection）
2005年選定　＊1833～1897年　ドイツの作曲家

<所蔵機関>楽友協会（ウィーン）

⑧ゴシック建築の図面集（Collection of Gothic Architectural Drawings）
2005年選定
<所蔵機関>ウィーン美術アカデミー（ウィーン）

⑨コルヴィナ文庫のコレクション（The Bibliotheca Corviniana Collection）
2005年選定
オーストリア／ベルギー／フランス／ドイツ／ハンガリー／イタリア
<所蔵機関>オーストリア国立図書館（ウィーン）

⑩タブーラ・ペウティンゲリアーナ（Tabula Peutingeriana）
2007年選定　＜所蔵機関＞オーストリア国立図書館（ウィーン）

⑪アーノルド・シェーンベルク＊の遺産（Arnold Schoenberg Estate）
2011年選定　＊1874～1951年　作曲家
<所蔵機関>アーノルド・シェーンベルク・センター（ウィーン）

⑫オーストリア国立図書館の「マインツ聖詩篇」
（Mainz Psalter at the Austrian National Library）　2011年選定
<所蔵機関>オーストリア国立図書館（ウィーン）

⑬「金印勅書」－7つのすべての原本とオーストリア国立図書館所蔵の「ヴェンツェル王＊の豪華な手書き文書の写本」
（The "Golden Bull" – All seven originals and the "King Wenceslaus' luxury manuscript copy" of the Österreichische Nationalbibliothek）
2013年選定　＊1361～1419年　神聖ローマ皇帝カール4世(1316～1378年)の息子でボヘミヤ王
オーストリア／ドイツ
<所蔵機関>オーストリア国立図書館（ウィーン）

⑭オーストリア鉄道の歴史博物館のセンメリング鉄道の記録
（The Documents on the Semmering Railway from the Imperial & Royal Historical Museum of Austrian Railways）　2017年選定　＜所蔵機関＞ウィーン技術博物館（ウィーン）

⑮ルートヴィヒ・ヴィトゲンシュタイン＊の哲学遺産
（Philosophical Nachlass of Ludwig Wittgenstein）
2017年選定　＊1889～1951年　哲学者
オーストリア／カナダ／オランダ／英国　＜所蔵機関＞オーストリア国立図書館（ウィーン）

⑯カール大帝宮廷学校の装飾写本
（Illuminated manuscripts of Charlemagne's Court School）　***New***
2023年選定　オーストリア／英国／フランス／ドイツ／ルーマニア
<所蔵機関>オーストリア国立図書館（ウィーン）

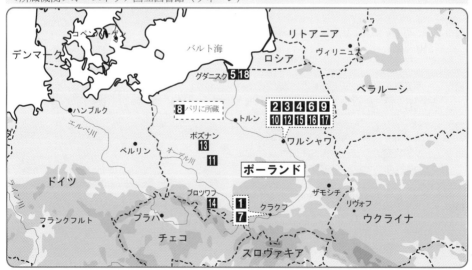

地域別・国別

ポーランド共和国
Republic of Poland

首都 ワルシャワ 主要言語 ポーランド語
「世界の記憶」の数 18 （世界遺産の数 17 世界無形文化遺産の数 5）2023年7月現在

1 ニコラウス・コペルニクス＊の傑作"天球の回転についての6巻"
（Nicolaus Copernicus' masterpiece "De revolutionibus libri sex"）
1999年選定 ＊1473～1543年 ポーランドの天文学者。
＜所蔵機関＞ヤギェロニアン大学（クラクフ）

2 フレデリック・ショパン＊の名曲（The Masterpieces of Fryderyk Chopin）
1999年選定 ＊1810～1849年 前期ロマン派音楽を代表する作曲家
＜所蔵機関＞フレデリック・ショパン協会（ワルシャワ）

3 ワルシャワ・ゲットーのアーカイヴス（エマヌエル・リンゲルブルム＊のアーカイヴス）
（Warsaw Ghetto Archives（Emanuel Ringelblum Archives））
1999年選定 ＊1900～1944年 歴史家、抵抗運動の指導者
＜所蔵機関＞ユダヤ歴史研究所（ワルシャワ）

4 1573年1月28日のワルシャワ連盟協約：宗教的寛容の保証
（The Confederation of Warsaw of 28th of January 1573: Religious tolerance guaranteed）
2003年選定
＜所蔵機関＞ポーランド中央歴史記録アーカイヴス（ワルシャワ）

5 1980年8月のグダニスクの二十一箇条要求：大規模な社会運動で労働組合の連帯が誕生
（Twenty-One Demands, Gdansk, August 1980. The birth of the SOLIDARITY trades union : a massive social movement）
2003年選定
＜所蔵機関＞ポーランド海事博物館（グダニスク）

6 スプラスリエンシスの文書（スプラスルの文書−月別聖人伝、3月）
（Codex Suprasliensis - Mineia cetia, Mart（The Suprasl Codex- Menology, March））
2007年選定 ポーランド／ロシア連邦／スロヴェニア
＜所蔵機関＞ワルシャワ国立図書館（ワルシャワ）

7 国民教育委員会のアーカイヴス
（National Education Commission Archives）
2007年選定
＜所蔵機関＞ポーランド芸術科学アカデミー（クラクフ）

8 パリ・ポーランド歴史文芸協会のアーカイヴス（1946～2000年）
（Archives of the Literary Institute in Paris（1946-2000）（Association Institut Litteraire 'Kultura'）
2009年選定
＜所蔵機関＞パリ・ポーランド歴史文芸協会（フランス／パリ）

9 ラズヴィウ年代記とネスヴィジ図書館のコレクション
（Radzwills' Archives and Niasvizh（Nieśwież）Library Collection）
2009年選定
ベラルーシ／フィンランド／リトアニア／ポーランド／ロシア連邦／ウクライナ
＜所蔵機関＞ポーランド中央歴史記録アーカイヴス（ワルシャワ）

10 ワルシャワ再建局の記録文書（Archive of Warsaw Reconstruction Office）
2011年選定
＜所蔵機関＞ポーランド国立公文書館（ワルシャワ）

11 ポーランド歴史文学協会／パリのポーランド図書館／アダム・ミツキェヴィチ＊博物館の19世紀のコレクション
（Collections of the 19th century of the Polish Historical and Literary Society / Polish Library in Paris / Adam Mickiewicz Museum）
2013年選定 ＊アダム・ベルナルト・ミツキェヴィチ（1798年～1855年）
ポーランドを代表する国民的ロマン派詩人であり、政治活動家。
＜所蔵機関＞ポーランド歴史文学協会（パリ）、ポーランド図書館（パリ）
アダム・ミツキェヴィチ博物館（ヴィエルコポルスカ県ジャロチン郡ジェルクフ市）

地域別・国別

⑫15世紀中期から18世紀後期にポーランド王国とオスマン帝国の間で締結された平和条約集
（アフドナーメ）
（Peace treaties (ahdnames) concluded from the mid-15th century to late-18th century between the Kingdom (or Republic) of Poland and the Ottoman Empire）
2013年選定
＜所蔵機関＞ポーランド中央歴史記録アーカイヴス（ワルシャワ）

⑬ブレスト合同の資料と図書（Files and library of the Unity of the Brethren）
2015年選定
＜所蔵機関＞ポズナン国立公文書館（ポズナン）

⑭ヘンリクフ＊の書（The Book of Henryków）
2015年選定　＊ポーランド南西部ドルヌィ・シロンスク県ゾンプコヴィツェ郡にある村
＜所蔵機関＞ヴロツワフ大司教区博物館（ヴロツワフ）

⑮1920年のワルシャワの戦いのポーランド・ラジオ・インテリジェンス文の記録
（Documents of Polish radio intelligence from the period of the Battle of Warsaw in 1920）
2017年選定
＜所蔵機関＞ポーランド軍事アーカイヴス（ワルシャワ）

⑯ユルゲン・シュトロープ＊の報告書（Jürgen Stroop's Report）
2017年選定　＊1895〜1952年　ナチス・ドイツ親衛隊の将軍
＜所蔵機関＞国家記銘院（ワルシャワ）

⑰ルブリン合同法の記録（The Act of the Union of Lublin document）
2017年選定
ポーランド／リトアニア／ウクライナ／ベラルーシ／ラトヴィア
＜所蔵機関＞ポーランド中央歴史記録アーカイヴス（ワルシャワ）

⑱ハンザ同盟の歴史に関する文書（Documents on the history of the Hanse）　*New*
2023年選定　ポーランド／ベルギー／デンマーク／エストニア／ドイツ／ラトヴィア
＜所蔵機関＞グダニスク歴史博物館（グダニスク）

チェコ共和国
Czech Republic

首都　*プラハ*　主要言語　チェコ語

「世界の記憶」の数　10　（世界遺産の数　16　世界無形文化遺産の数　9　）2023年7月現在

1 中世のチェコ改革の文書のコレクション
（Collection of medieval manuscripts of the Czech Reformation）
2007年選定
＜所蔵機関＞チェコ国立図書館（プラハ）

2 ロシア人、ウクライナ人、ベラルーシ人の移民誌 1918～1945年
（Collection of Russian, Ukrainian and Belorussian émigré periodicals 1918-1945）
2007年選定
＜所蔵機関＞チェコ国立図書館（プラハ）

3 カレル大学の526の論文（1637～1754年）
（Collection of 526 prints of university theses from 1637-1754）
2011年選定
＜所蔵機関＞チェコ国立図書館（プラハ）

4 発禁図書：1948～1989年のチェコ・スロヴァキア・サミズダート＊の定期刊行物のコレクション
（Libri Prohibiti: Collection of periodicals of Czech and Slovak Samizdat in the years 1948-1989）
2013年選定　＊サミズダートは、発禁となった書物を手製で複製し、読者から読者へと流通させる
という、東側諸国の各地で行われたソ連の反体制派活動の主要な方式。
＜所蔵機関＞発禁本図書館（プラハ）

5 エミール・レイノー＊の動画ショー
（The moving picture shows of Émile Reynaud）
2015年選定　＊1844～1918年　フランスの理科教師であり発明家。
＜所蔵機関＞プラハ国立技術博物館（プラハ）

6 レオシュ・ヤナーチェク＊のアーカイヴス
（Archives of Leoš Janáček）
2017年選定　＊1854～1928年　モラヴィア出身の作曲家
＜所蔵機関＞モラヴィア博物館音楽史部（ブルノ）

7 カモッショ地図（Camocio Maps）
2017年選定
＜所蔵機関＞カレル大学科学部（プラハ）

8 キンジュヴァルト・ダゲレオタイプ －
現代視覚メディアの誕生
（The Kynzvart Daguerreotype – The Birth of Modern
Visual Media）
2017年選定
＜所蔵機関＞チェコ国家遺産研究所（プラハ）

9 モールのコレクション
（Moll's collection）　*New*
2023年選定　＜所蔵機関＞モラヴィア図書館（ブルノ）

10 アントニン・ドヴォルザークのアーカイブ
（The Archives of Antonín Dvořák）　*New*
2023年選定　＜所蔵機関＞ドヴォルザーク博物館（プラハ）

地域別・国別

スロヴァキア共和国
Slovak Republic
首都　ブラチスラバ　主要言語　スロヴァキア語
「世界の記憶」の数　3　（世界遺産の数　8　世界無形文化遺産の数　9）2023年7月現在

1 ベシャギッチ＊のイスラムの文書集（Basagic Collection of Islamic Manuscripts）
　1997年選定　＊サフヴェト・ベシャギッチ（1870〜1934年）　作家、ボスニア・ルネッサンスの父
　＜所蔵機関＞ブラチスラヴァ大学図書館（ブラチスラヴァ）
2 ブラチスラヴァ・チャプターハウス図書館からの彩飾文書
　（Illuminated Codices from the Library of the Bratislava Chapter House）
　1997年選定
　＜所蔵機関＞ブラチスラヴァ・チャプターハウス図書館（ブラチスラヴァ）
3 バンスカー・シュティアヴニッツアの鉱山地図
　（Mining maps and plans of the Main Chamber - Count Office in Banska Stiavnica）
　2007年選定
　＜所蔵機関＞スロヴァキア内務省鉱山アーカイヴス（バンスカー・シュティアヴニッツア）

スロヴェニア共和国
Republic of Slovenia
首都　リュブリャナ　主要言語　スロヴァニア語
「世界の記憶」の数　1　（世界遺産の数　5　世界無形文化遺産の数　6）2023年7月現在

1 スプラスリエンシスの文書（スプラスルの文書−月別聖人伝、3月）
　（Codex Suprasliensis - Mineia cetia, Mart（The Suprasl Codex- Menology, March））
　2007年選定
　ポーランド／ロシア連邦／スロヴェニア
　＜所蔵機関＞スロヴェニア国立大学図書館（リュブリャナ）

ハンガリー共和国
Republic of Hungary
首都　ブダペスト　主要言語　ハンガリー語
「世界の記憶」の数　7　（世界遺産の数　8　世界無形文化遺産の数　8）2023年7月現在

1 カルマン・ティハニィ＊の1926年の特許申請のラジオスコープ
　（Kalman Tihanyi's 1926 Patent Application Radioskop）
　2001年選定　＊1897〜1947年　物理学者、電気技師、発明家
　＜所蔵機関＞ハンガリー国立公文書館（ブダペスト）
2 コルヴィナ文庫のコレクション（The Bibliotheca Corviniana Collection）
　2005年選定
　オーストリア／ベルギー／フランス／ドイツ／ハンガリー／イタリア
　＜所蔵機関＞ハンガリー国立セーチェーニ図書館（ブダペスト）
3 ハンガリー王国地図（Tabula Hungariae）
　2007年選定
　ハンガリー／クロアチア
　＜所蔵機関＞ハンガリー国立セーチェーニ図書館（ブダペスト）
4 ハンガリー科学アカデミー図書館のチョーマ＊のアーカイヴ
　（Csoma Archive of the Library of the Hungarian Academy of Sciences）
　2009年選定　＊チョーマ・ド・ケーレス（1784〜1842年）ヨーロッパ最初のチベット学者
　＜所蔵機関＞ハンガリー科学アカデミー図書館（ブダペスト）
5 ヤーノシュ・ボーヤイ＊：空間論
　（Janos Bolyai: Appendix, scientiam spatii absolute veram exhibens. Maros-Vasarhelyini, 1832）
　2009年選定　＊1802〜1860年　ハンガリーの数学者で、非ユークリッド幾何学の創始者。
　＜所蔵機関＞ハンガリー科学アカデミー図書館（ブダペスト）

地域別・国別

6 センメルヴェイス＊の発見（Semmelweis' discovery）
　2013年選定　＊センメルヴェイス・イグナーツ・フュレプ（1818〜1865年）
　　　　　　　ハンガリー人の医師。院内感染予防の父。
　＜所蔵機関＞センメルヴェイス博物館、図書館、医学史アーカイヴス（ブダペスト）

7 ローランド・エトヴェシェ＊の作品の2つの最も顕著な結果に関連した3つの書類
　（Three documents related to the two most outstanding results of the work of Roland Eötvös）
　2015年選定　＊1848〜1919年　ハンガリーの物理学者。
　＜所蔵機関＞ハンガリー科学アカデミー図書館・情報センター（ブダペスト）

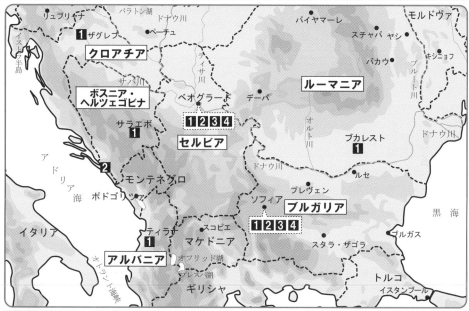

クロアチア共和国
Republic of Croatia
首都　サグレブ　主要言語　クロアチア語
「世界の記憶」の数　2　（世界遺産の数　10　世界無形文化遺産の数　21）2023 年7月現在

1 ハンガリー王国地図（Tabula Hungariae）
　2007年選定　ハンガリー／クロアチア
　＜所蔵機関＞クロアチア国立図書館（ザグレブ）

2 ドゥブロヴニク共和国のアーカイブ（1022年から1808年まで）
　（Archives of the Republic of Dubrovnik（1022-1808））　*New*
　2023年選定　＜所蔵機関＞クロアチア国立文書館（ドゥブロヴニク）

ボスニア・ヘルツェゴヴィナ
Bosnia and Herzegovina
首都　サラエヴォ　主要言語　ボスニア語、セルビア語、クロアチア語
「世界の記憶」の数　1　（世界遺産の数　4　世界無形文化遺産の数　5）2023年7月現在

1 サラエヴォ・ハッガーダー装飾写本（The Sarajevo Haggadah manuscript）
　2017年選定
　＜所蔵機関＞ボスニア・ヘルツェゴヴィナ国立博物館（サラエヴォ）

セルビア共和国
Republic of Serbia
首都　ベオグラード　主要言語　セルビア語、ハンガリー語
「世界の記憶」の数　4　（世界遺産の数　5　世界無形文化遺産の数　5）2023年7月現在

1 ニコラ・テスラ＊のアーカイヴ（Nikola Tesla's Archive）
　2003年選定　＊1856～1943年　電気技師・発明家　＜所蔵機関＞ニコラ・テスラ博物館（ベオグラード）

2 1180年からのミロスラヴの福音の記録（Miroslav Gospel - Manuscript from 1180）
　2005年選定　＜所蔵機関＞セルビア国立博物館（ベオグラード）

3 1914年7月28日のサラエボ事件に起因したオーストリア・ハンガリーの宣戦布告の電報
　（Telegram of Austria-Hungary`s declaration of war on Serbia on 28th July 1914）
　2015年選定　＜所蔵機関＞セルビア国立公文書館（ベオグラード）

4 非同盟運動第1回首脳会議のアーカイブ
　（First Summit Meeting of the Non-Aligned Movement Archives）　*New*
　2023年選定　セルビア／アルジェリア／エジプト／インド／インドネシア
　＜所蔵機関＞セルビア外務省外交史料館／ベオグラード市立図書館（ベオグラード）

ルーマニア
Romania
首都　ブカレスト　主要言語　ルーマニア語（公用語）、ハンガリー語
「世界の記憶」の数　1　（世界遺産の数　9　世界無形文化遺産の数　9）2023年7月現在

1 カール大帝宮廷学校の装飾写本
　（Illuminated manuscripts of Charlemagne's Court School）　*New*
　2023年選定　ルーマニア／ドイツ／オーストリア／英国／フランス
　＜所蔵機関＞ルーマニア国立図書館（ブカレスト）

ブルガリア共和国
Republic of Bulgaria
首都　ソフィア　主要言語　ブルガリア語
「世界の記憶」の数　4　（世界遺産の数　10　世界無形文化遺産の数　8）2023年7月現在

1 「エニナの使徒行伝」11世紀ブルガリアのキリル文字文書
　（Enina Apostolos, Old Bulgarian Cyrillic manuscript（fragment）of the 11th century）
　2011年選定
　＜所蔵機関＞聖キリル・メトディー国立図書館（ソフィア）

2 ボリルのシノディコン、或は、ボリル王のシノディコン
　（Boril's Synodicon or Synodicon of King Boril）
　2017年選定
　＜所蔵機関＞聖キリル・メトディー国立図書館（ソフィア）

3 タサール・イヴァン・アレクサンダル皇帝＊の福音書（Gospels of Tsar Ivan Alexander）
　2017年選定　＊?～1371年　第二次ブルガリア帝国の皇帝
　ブルガリア／英国　＜所蔵機関＞聖キリル・メトディー国立図書館（ソフィア）

4 マウラーナーのクリヤット（マウラーナー全集）
　（Mawlana's Kulliyat (The Complete Works of Mawlana)）　*New*
　2023年選定　＜所蔵機関＞ブルガリア科学アカデミー図書館
　ブルガリア／タジキスタン／ドイツ／イラン／トルコ／ウズベキスタン

アルバニア共和国
Republic of Albania
首都　ティラナ　主要言語　アルバニア語
「世界の記憶」の数　1　（世界遺産の数　4　世界無形文化遺産の数　2）2023年7月現在

1 パピルスの文書（Codex Purpureus Beratinus）
　2005年選定
　＜所蔵機関＞アルバニア国立公文書館（ティラナ）

地域別・国別

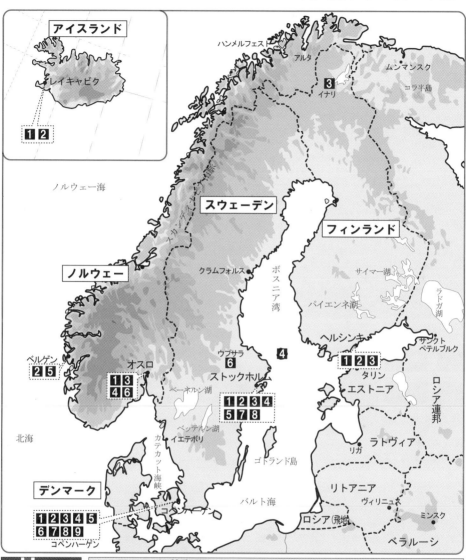

アイスランド
レイキャビク
1 2

ノルウェー海

ハンメルフェスト
アルタ
3
イナリ
ムンマンスク
コラ半島

スウェーデン

フィンランド

ノルウェー

クラムフォルス
ボスニア湾
サイマー湖
ラドガ湖
パイエンネ湖

ヘルシンキ
サンクトペテルブルク

ベルゲン
2 5

オスロ
1 3
4 6

ウプサラ
ストックホルム
ベーネルン湖
ベッテルン湖
イエテボリ

4

1 2 3 4
5 7 8

1 2 3
タリン
エストニア

ロシア連邦

北海

カテガット海峡
ゴトランド島
バルト海

ラトヴィア
リガ

リトアニア
ヴィリニュス

ミンスク

デンマーク
1 2 3 4 5
6 7 8 9
コペンハーゲン

ロシア（飛地）

ベラルーシ

地域別・国別

アイスランド共和国
Republic of Iceland

首都　レイキャビク　主要言語　アイスランド語、英語
「世界の記憶」の数　2　（世界遺産の数 3　世界無形文化遺産の数 1 ）2023年7月現在

1 アルニ・マグヌソン＊の文書集（The Arnamagnæan Manuscript Collection）
　2009年選定　＊1663～1730年　アイスランドの学者、文書収集家。
　デンマーク／アイスランド
　＜所蔵機関＞アイスランド大学（レイキャビク）
2 アイスランドの1703年の人口センサス（1703 Census of Iceland）
　2013年選定
　＜所蔵機関＞アイスランド国立公文書館（レイキャビク）

ノルウェー王国
Kingdom of Norway

首都　オスロ　主要言語　ノルウェー語
「世界の記憶」の数　6　（世界遺産の数　8　世界無形文化遺産の数　4）2023年7月現在

1ヘンリック・イプセン＊：人形の家（Henrik Ibsen: A Doll's House）
　2001年選定　＊1828～1906年　劇作家、詩人、舞台監督　『人形の家』など
＜所蔵機関＞ノルウェー国立図書館（オスロ）

2ベルゲンのハンセン病＊のアーカイヴ（The Leprosy Archives of Bergen）
　2001年選定　＊アルマウェル・ハンセン（1841～1912年）らい菌を発見したノルウェーの医者
＜所蔵機関＞ベルゲン市立公文書館、ノルウェー国立公文書館ベルゲン支部、
　　　　　　ノルウェー医学出生選定所、聖ヨルゲン病院（ベルゲン）

3ロアール・アムンセン＊の南極探検（1910～1912年）
　（Roald Amundsen's South Pole Expedition（1910-1912））
　2005年選定　＊1872～1928年　極地探検家
＜所蔵機関＞ノルウェー国立映画協会（オスロ）、ノルウェー国立図書館（モ・イ・ラナ）

4トール・ヘイエルダール＊の史料（Thor Heyerdahl Archives）
　2011年選定　＊1914～2002年　人類学者、海洋生物学者、探検家
＜所蔵機関＞コンチキ号博物館（オスロ）

5ソフォス・トロムホルト＊のコレクション（Sophus Tromholt Collection）
　2013年選定　＊1851～1896年　デンマークの教師、天体物理学者
＜所蔵機関＞ベルゲン大学図書館（ベルゲン）

61915年のベルジアン少年法（The Castbergian Child Laws of 1915）
　2017年選定
＜所蔵機関＞ストーティング・アーカイヴス（オスロ）

地域別・国別

スウェーデン王国
Kingdom of Sweden

首都　ストックホルム　主要言語　スウェーデン語
「世界の記憶」の数　8　（世界遺産の数　15　世界無形文化遺産の数　2）2023年7月現在

1アストリッド・リンドグレーン＊・アーカイヴス（Astrid Lindgren Archives）
　2005年選定　＊1907～2002年　児童文学作家
＜所蔵機関＞スウェーデン王立図書館（ストックホルム）

2エマヌエル・スウェーデンボリ＊のコレクション（Emanuel Swedenborg Collection）
　2005年選定　＊1688～1772年　科学者、政治家、神秘主義思想家
＜所蔵機関＞科学史センター（ストックホルム）

3イングマール・ベルイマン＊の記録文書（Ingmar Bergman Archives）
　2007年選定　＊1918～2007年　映画監督、脚本家
＜所蔵機関＞スウェーデン映画研究所（ストックホルム）

4アルフレッド・ノーベル＊家族の記録文書（The Alfred Nobel Family Archives）
　2007年選定　＊1833～1896年　スウェーデンの化学技術者・事業家
＜所蔵機関＞スウェーデン国立公文書館（ストックホルム）

5ストックホルム都市計画委員会の記録文書（Stockholm City Planning Committee Archives）
　2011年選定　＜所蔵機関＞ストックホルム市公文書館（ストックホルム）

6アルジェンテウス文書（銀泥文書）（Codex Argenteus - the'Silver Bible'）
　2011年選定　＜所蔵機関＞ウプサラ大学図書館（ウプサラ）

7ダグ・ハマーショルド＊のコレクション（Dag Hammarskjöld Collection）
　2017年選定　＊1905～1961年、外交官
＜所蔵機関＞スウェーデン国立図書館（ストックホルム）

81766年のスウェーデンの報道の自由に関する条例：情報の自由な伝達を保障する世界初の法律
　（The Swedish Freedom of the Press Ordinance of 1766: The world's first legislation
　guaranteeing free communication of information）**New**
　2023年選定　＜所蔵機関＞スウェーデン国立図書館／スウェーデン国立公文書館（ストックホルム）

フィンランド共和国
Republic of Finland
首都　ヘルシンキ　主要言語　フィンランド語
「世界の記憶」の数　4　（世界遺産の数　7　世界無形文化遺産の数　3）2023年7月現在

❶アドルフ・エリック・ノルデンショルド＊のコレクション（The A.E. Nordenskiold Collection）
　1997年選定　＊1832～1901年　鉱山学者、探検家
　＜所蔵機関＞フィンランド国立図書館（ヘルシンキ）

❷ラズウィルのアーカイヴスとネスヴィジ図書館のコレクション
　（Radzwills' Archives and Niasvizh（Nieśwież）Library Collection）
　2009年選定　ベラルーシ／フィンランド／リトアニア／ポーランド／ロシア連邦／ウクライナ
　＜所蔵機関＞フィンランド国立図書館（ヘルシンキ）

❸スエンニェルのスコルト・サーミの村のアーカイヴ
　（Archive of the Skolt Sámi village of Suonjel Suenjel）
　2015年選定　＜所蔵機関＞フィンランド国立公文書館（ヘルシンキ）、サーミ・アーカイヴ（イナリ）

❹オーランド諸島に保管されている1913年から1949年までの世界貿易における最後の
　ウィンドジャマー時代を伝えるグスタフ・エリクソン海運会社のアーカイブ
　（Gustaf Erikson Shipping Company archives in the Åland Islands from the era of the last Windjammers
　in global trade 1913-1949）　*New*
　2023年選定　＜所蔵機関＞オーランド海事博物館、オーランド自治州文書館（マリエハムン）

デンマーク王国
Kingdom of Denmark
首都　コペンハーゲン　主要言語　デンマーク語
「世界の記憶」の数　9　（世界遺産の数　10　世界無形文化遺産の数　2）2023年7月現在

❶デンマークの海外貿易会社の記録文書（Archives of the Danish overseas trading companies）
　1997年選定
　＜所蔵機関＞デンマーク国立公文書館（コペンハーゲン）

❷ハンス・クリスチャン・アンデルセン＊の直筆文書と通信文
　（Manuscripts and correspondence of Hans Christian Andersen）1997年選定
　＊1805～1875年　童話作家、詩人
　＜所蔵機関＞デンマーク王立図書館（コペンハーゲン）

❸リンネ＊のコレクション（The Linne Collection）
　1997年選定　＊カール・フォン・リンネ（1707～1778年）　『植物の婚礼序説』、『自然の体系』
　＜所蔵機関＞デンマーク国立科学・医学図書館（コペンハーゲン）

❹セーレン・キルケゴール＊の手稿（The Søren Kierkegaard Archives）
　1997年選定　＊1813～1855年　哲学者、実存主義の創始者
　＜所蔵機関＞デンマーク王立図書館（コペンハーゲン）

❺新しい記録と良き統治（El Primer Nueva Coronica y Buen Gobierno）
　2007年選定　＜所蔵機関＞デンマーク王立図書館（コペンハーゲン）

❻サウンド海峡通行料の記録（Sound Toll Registers）
　2007年選定　＜所蔵機関＞デンマーク国立公文書館（コペンハーゲン）

❼アルニ・マグヌソン＊の文書集（The Arnamagnean Manuscript Collection）
　2009年選定　＊1663～1730年　アイスランドの学者、文書収集家
　デンマーク／アイスランド
　＜所蔵機関＞コペンハーゲン大学（コペンハーゲン）

❽ハンブルク聖書
　（MS. GKS 42, vol. I-III, Biblia Latina. Commonly called "the Hamburg Bible," or the Bible of Bertoldus）
　2011年選定　＜所蔵機関＞デンマーク王立図書館（コペンハーゲン）

❾ハンザ同盟の歴史に関する文書（Documents on the history of the Hanse）　*New*
　2023年選定　デンマーク／ベルギー／エストニア／ドイツ／ラトヴィア／ポーランド
　＜所蔵機関＞デンマーク国立図書館、国立公文書館（コペンハーゲン）

地域別・国別

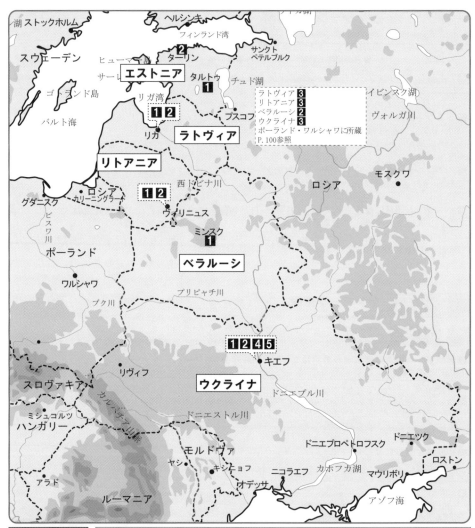

ラトヴィア	3
リトアニア	3
ベラルーシ	3
ウクライナ	3

ポーランド・ワルシャワに所蔵
P.100参照

エストニア共和国
Republic of Estonia

首都　ターリン　主要言語　エストニア語、ロシア語
「世界の記憶」の数　2　（世界遺産の数　2　世界無形文化遺産の数　5　）2023年7月現在

1 バルトの道－自由への行進での三国を繋ぐ人間の鎖
　（The Baltic Way - Human Chain Linking Three States in Their Drive for Freedom）
　2009年選定
　エストニア／ラトヴィア／リトアニア
　＜所蔵機関＞エストニア国立公文書館（タルトゥー）

2 ハンザ同盟の歴史に関する文書
　（Documents on the history of the Hanse）　***New***
　2023年選定　エストニア／デンマーク／ベルギー／ドイツ／ラトヴィア／ポーランド
　　＜所蔵機関＞タリン公文書館（タリン）

ラトヴィア共和国
Republic of Latvia
首都　リガ　主要言語　ラトヴィア語、ロシア語
「世界の記憶」の数　4　（世界遺産の数　2　世界無形文化遺産の数　3）2023年7月現在

❶ダイヌ・スカピス−民謡の戸棚（Dainu Skapis - Cabinet of Folksongs）
2001年選定　＜所蔵機関＞ラトヴィア民俗公文書館（リガ）

❷バルトの道−自由への行進での三国を繋ぐ人間の鎖
（The Baltic Way - Human Chain Linking Three States in Their Drive for Freedom）
2009年選定　エストニア／ラトヴィア／リトアニア
＜所蔵機関＞ラトヴィア人民戦線博物館（リガ）

❸ルブリン合同法の記録（The Act of the Union of Lublin document）
2017年選定　　ポーランド／リトアニア／ウクライナ／ベラルーシ／ラトヴィア
＜所蔵機関＞歴史記録公文書館（ポーランド・ワルシャワ）

❹ハンザ同盟の歴史に関する文書　（Documents on the history of the Hanse）　*New*
2023年選定　ラトヴィア／エストニア／デンマーク／ベルギー／ドイツ／ポーランド
＜所蔵機関＞ラトヴィア国立図書館（リガ）

リトアニア共和国
Republic of Lithuania
首都　ヴィリニュス　主要言語　リトアニア語、ロシア語
「世界の記憶」の数　3　（世界遺産の数　4　世界無形文化遺産の数　3）2023年7月現在

❶ラズヴィウ年代記とネスヴィジ図書館のコレクション
（Radzwills' Archives and Niasvizh（Nieswiez）Library Collection）
2009年選定
ベラルーシ／フィンランド／リトアニア／ポーランド／ロシア連邦／ウクライナ
＜所蔵機関＞リトアニア国立公文書館（ヴィリニュス）

❷バルトの道−自由への行進での三国を繋ぐ人間の鎖
（The Baltic Way - Human Chain Linking Three States in Their Drive for Freedom）
2009年選定
エストニア／ラトヴィア／リトアニア
＜所蔵機関＞リトアニア国立公文書館（ヴィリニュス）

❸ルブリン合同法の記録（The Act of the Union of Lublin document）
2017年選定
ポーランド／リトアニア／ウクライナ／ベラルーシ／ラトヴィア
＜所蔵機関＞歴史記録公文書館（ポーランド・ワルシャワ）

ベラルーシ共和国
Republic of Belarus
首都　ミンスク　主要言語　ベラルーシ語、ロシア語
「世界の記憶」の数　2　（世界遺産の数　4　世界無形文化遺産の数　5）2023年7月現在

❶ラズヴィウ年代記とネスヴィジ図書館のコレクション
（Radzwills' Archives and Niasvizh（Nieswiez）Library Collection）
2009年選定
ベラルーシ／フィンランド／リトアニア／ポーランド／ロシア連邦／ウクライナ
＜所蔵機関＞ベラルーシ国立科学アカデミー中央科学図書館（ミンスク）

❷ルブリン合同法の記録（The Act of the Union of Lublin document）
2017年選定
ポーランド／リトアニア／ウクライナ／ベラルーシ／ラトヴィア
＜所蔵機関＞歴史記録公文書館（ポーランド・ワルシャワ）

地域別・国別

ウクライナ

Ukraine

首都　キエフ　主要言語　ウクライナ語、ロシア語
「世界の記憶」の数　5　（世界遺産の数　7　世界無形文化遺産の数　8）2023年7月現在

1 ユダヤ民族の民俗音楽集（1912～1947年）
（Collection of Jewish Musical Folklore（1912-1947））
2005年選定　＜所蔵機関＞ウクライナ国立ベルナツキー図書館（キエフ）

2 ラズヴィウ年代記とネスヴィジ図書館のコレクション
（Radzwills' Archives and Niasvizh（Nieśwież）Library Collection）
2009年選定
ベラルーシ／フィンランド／リトアニア／ポーランド／ロシア連邦／ウクライナ
＜所蔵機関＞ウクライナ国立中央公文書館（キエフ）

3 ルブリン合同法の記録（The Act of the Union of Lublin document）
2017年選定
ポーランド／リトアニア／ウクライナ／ベラルーシ／ラトヴィア
＜所蔵機関＞歴史記録公文書館（ポーランド・ワルシャワ）

4 チェルノブイリ原子力発電所事故に関連する記録遺産
（Documentary Heritage Related to accident at Chernobyl）
2017年選定　＜所蔵機関＞ウクライナ政府アーカイヴ（キエフ）

5 バビ・ヤールの記録遺産　*New*
（Documentary Heritage of Babyn Yar）　2023年選定
＜所蔵機関＞バビ・ヤール・ホロコースト・メモリアル・センター（キエフ）

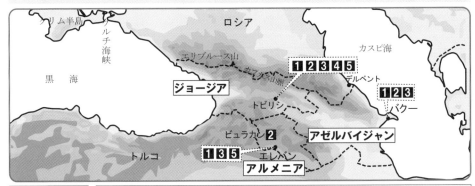

アゼルバイジャン共和国

Azerbaijan Republic

首都　バクー　主要言語　アゼルバイジャン語
「世界の記憶」の数　3　（世界遺産の数　3　世界無形文化遺産の数　19）2023年7月現在

1 中世の医療薬学に関する文書（Medieval manuscripts on medicine and pharmacy）
2005年選定
＜所蔵機関＞アゼルバイジャン国立科学アカデミー（バクー）

2 ムハンマド・フズーリー＊の『ディヴァン』の手稿のコピー
（The copy of the manuscript of Mahammad Fuzuli's "divan"）
2017年選定　＊1483年頃～1556年　オスマン帝国の詩人
＜所蔵機関＞アゼルバイジャン国立科学アカデミー文書研究所（バクー）

3 フールシード・バーヌー・ナータヴァーンの「花の本」、イラスト入りの詩集
（"Flower Book" of Khurshidbanu Natavan – album of illustrated verses）　*New*
2023年選定　＜所蔵機関＞アゼルバイジャン国立図書館（バクー）

ジョージア
Georgia
首都　トビリシ　　主要言語　ジョージア語
「世界の記憶」の数　5　　（世界遺産の数　4　世界無形文化遺産の数　4　）2023年7月現在

1 ジョージアのビザンチンの文献 （Geotgian Byzantine Manuscripts）
　2011年選定
　＜所蔵機関＞ジョージア国立文献センター（トビリシ）
2 「ジョージア王国の概要」とヴァフシュティ・バグラティオニ＊の地理地図
　（"Description of Georgian Kingdom" and the Geographical Atlas of Vakhushti Bagrationi）
　2013年選定　＊ジョージアの歴史家・地理学者
　＜所蔵機関＞ジョージア国立公文書館（トビリシ）
3 ショタ・ルスタヴェリ＊の長編叙事詩「豹皮の騎士」の原稿集
　（Manuscript Collection of Shota Rustaveli's Poem "Knight in the Panther's Skin"）
　2013年選定　＊ジョージアの詩人（1172〜1216年）
　　ジョージア／英国
　＜所蔵機関＞ジョージア文書センター（トビリシ）
4 ジョージア国立公文書館に保存されている最古の手書き文書
　（The Oldest Manuscripts Preserved at the National Archives of Georgia）
　2015年選定
　＜所蔵機関＞ジョージア国立公文書館（トビリシ）
5 四福音書-パリンプセスト （The Tetraevangelion-palimpsest）
　2017年選定
　＜所蔵機関＞ジョージア国立公文書館（トビリシ）

アルメニア共和国
Republic of Armenia
首都　エレバン　　主要言語　アルメニア語
「世界の記憶」の数　4　　（世界遺産の数　3　世界無形文化遺産の数　7）2023年7月現在

1 マテナダラン古文書館の古代文書集
　（Mashtots Matenadaran ancient manuscripts collection）
　1997年選定
　＜所蔵機関＞アルメニア国立マテナダラン古文書館（エレバン）
2 最初のビュラカン天文台の観測記録（FBS或は　マルカリアン銀河の観測記録）
　（First Byurakan Survey （FBS or Markarian survey）　）
　2011年選定
　＜所蔵機関＞ビュラカン天文台（ビュラカン）
3 作曲家アラム・ハチャトゥリアンの原稿と映画音楽のコレクション
　（Collection of note manuscripts and film music of Composer Aram Khachaturian）
　2013年選定
　＜所蔵機関＞アラム・ハチャトゥリアン記念館（エレバン）
　　　　　　　アルメニア国立公文書館（エレバン）
4 作曲家コミタス・ヴァルダペットの作品群
　（Collection of Works of the Composer Komitas Vardapet）　*New*
　2023年選定
　＜所蔵機関＞コミタス博物館（エレバン）

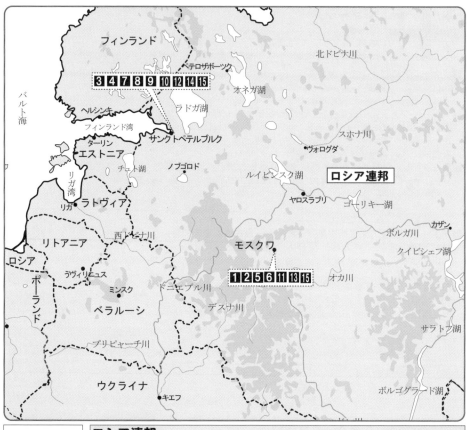

地域別・国別

ロシア連邦
Russian Federation

首都　モスクワ　主要言語　ロシア語

「世界の記憶」の数　15（世界遺産の数　30　世界無形文化遺産の数　2）2023年7月現在

1 1092年の大天使の福音書（Archangel Gospel of 1092）

1997年選定

＜所蔵機関＞ロシア国立図書館（モスクワ）

2 ヒトロヴォの福音書（Khitrovo Gospel）

1997年選定

＜所蔵機関＞ロシア国立図書館（モスクワ）

3 ロシア帝国と18世紀のコレクション

（Maps of the Russian Empire and its collection of the 18th century）

1997年選定

＜所蔵機関＞ロシア国立図書館（サンクトペテルブルク）

4 新聞コレクション（Newspaper collections）

1997年選定

＜所蔵機関＞ロシア国立図書館（サンクトペテルブルク）

5 19世紀末と20世紀初期のロシアのポスター

（Russian posters of the end of the 19th and early 20th centuries）

1997年選定

＜所蔵機関＞ロシア国立図書館（モスクワ）

6 15世紀のキリル文字におけるスラブ語の出版物
（Slavonic publications in Cyrillic script of the 15th century）
1997年選定
＜所蔵機関＞ロシア国立図書館（モスクワ）

7 サンクトペテルブルクのフォノグラム・アーカイヴスの歴史的コレクション（1889～1955年）
（The Historical Collections（1889-1955）of St. Petersburg Phonogram Archives）
2001年選定
＜所蔵機関＞ロシア科学アカデミー（サンクトペテルブルク）

8 スプラスリエンシスの文書（スプラスルの文書-月別聖人伝、3月）
（Codex Suprasliensis - Mineia cetia, Mart（The Suprasl Codex- Menology, March））
2007年選定　ポーランド／ロシア連邦／スロヴェニア
＜所蔵機関＞ロシア国立図書館（サンクトペテルブルク）

9 ラズヴィウ年代記とネスヴィジ図書館のコレクション
（Radzwills' Archives and Niasvizh（Nieśwież）Library Collection）
2009年選定
ベラルーシ／フィンランド／リトアニア／ポーランド／ロシア連邦／ウクライナ
＜所蔵機関＞ロシア科学アカデミー（サンクトペテルブルク）

10 オストロミールの福音書（1056～1057年）（Ostromir Gospel（1056-1057））
2011年選定
＜所蔵機関＞ロシア国立図書館（サンクトペテルブルク）

11 トルストイ＊の個人蔵書、草稿、写真、映像のコレクション
（Tolstoy's Personal Library and Manuscripts, Photo and Film Collection）
2011年選定　＊1828～1910年　ロシア生まれの作家・思想家　代表作『戦争と平和』など
＜所蔵機関＞国立レフ・トルストイ博物館（モスクワ）

12 1377年のラヴレンチー年代記（The Laurentian Chronicle 1377）
2013年選定
＜所蔵機関＞ロシア国立図書館（サンクトペテルブルグ）

13 1649年の会議法典ウロジェニエ（The Sobornoye Ulozheniye of 1649）
2015年選定
＜所蔵機関＞ロシア連邦公文書館（モスクワ）

14 16世紀～18世紀のインドのアルバム、ペルシャのミニチュアそれにペルシャ書道の見本
（Album of Indian and Persian Miniatures from the 16th through the 18th Century and Specimens of Persian Calligraphy）
2017年選定
＜所蔵機関＞ロシア科学アカデミー東洋写本研究所（サンクトペテルブルク）

15 フョードル・ドストエフスキーの手稿とメモ
（Fyodor Dostoevsky: Handwritings and Notes）　*New*
2023年選定
＜所蔵機関＞ロシア国立図書館（サンクトペテルブルグ）／ロシア国立文学博物館（モスクワ）
　　　　　　ドストエフスキー博物館（サンクトペテルブルグ）

地域別・国別

カナダ
Canada

首都　オタワ　主要言語　英語、フランス語、その他

「世界の記憶」の数　9　（世界遺産の数　20　世界無形文化遺産の数　0）2023年7月現在

1ハドソン湾会社の記録　（Hudson's Bay Company Archival records）
　2007年選定
　＜所蔵機関＞マニトバ州公文書館（ウィニペグ）

2ケベック神学校のコレクション　1623〜1800年（17〜19世紀）
　（Quebec Seminary Collection, 1623-1800（17th-19th centuries））
　2007年選定　＜所蔵機関＞文明博物館（ケベック）

31952年にノーマン・マクラレン＊が監督・制作したアニメーション映画「隣人」
　（Neighbours, animated, directed and produced by Norman McLaren in 1952）
　2009年選定　＊1914〜1987年　映画監督　『線と色の即興詩』（1955年）
　＜所蔵機関＞文明博物館（ケベック）

4インスリンの発見と世界的なインパクト　（The Discovery of Insulin and its Worldwide Impact）
　2013年選定
　＜所蔵機関＞トーマス・フィッシャー・レア・ブック図書館（トロント）

5マーシャル・マクルーハン＊：未来のアーカイヴス（Marshall McLuhan: The Archives of the Future）
　2017年選定　　＊1911〜1980年　英文学者、文明批評家
　＜所蔵機関＞カナダ国立図書館・文書館（オタワ）
　　　　　　　トーマス・フィッシャー・レア・ブック図書館（トロント）

6混在の痕跡と諸大陸の記憶－アメリカにおけるフランス人のサウンド
　（Mixed Traces and Memories of the continents - The Sound of the French people of America）
　2017年選定
　＜所蔵機関＞シネマテーク・ケベコワーズ（モントリオール）

7ルートヴィヒ・ヴィトゲンシュタイン＊の哲学遺産
　（Philosophical Nachlass of Ludwig Wittgenstein）
　2017年選定　＊1889〜1951年　哲学者
　カナダ／オーストリア／オランダ／英国
　＜所蔵機関＞マックマスター大学ミルズ・メモリアル図書館　バートランド・ラッセル文書館
　　　　　　（ハミルトン）

8子供の語り：カナダの先住民寄宿学校を通じたカナダ先住民族の子供たちへの強制同化政策
　（The Children Speak: Forced Assimilation of Indigenous Children through Canadian Residential Schools）
　New　2023年選定
　＜所蔵機関＞カナダ国立公文書館（オタワ）

9新世界でのケアの提供：思いやりと献身的な女性であるカナダの聖アウグスチノ修道会の修道女
　（Providing care in the New World: the Augustinian sisters of Canada, women of heart and commitment）
　New　2023年選定
　＜所蔵機関＞Le Monastère des Augustines（モントリオール）

地域別・国別

米国/プリンストンに所蔵
セント・ルシア　[1]
P.116参照

オランダ・アムステルダム
[9]に所蔵　P.96参照

![アメリカ合衆国国旗] **アメリカ合衆国（米国）** ※ユネスコを**2018年12月31日**に脱退
United States of America

首都　ワシントンD.C.　主要言語　英語、その他
「世界の記憶」の数　11（世界遺産の数　24　世界無形文化遺産の数　0）2023年7月現在

[1] プトレマイオスの慣例に習いアメリゴ・ヴェスプッチ*の探検を組み入れた世界地図
(Universalis cosmographia secundum Ptholomaei traditionem et Americi Vespucii aliorumque Lustrationes)
2005年選定　*1454～1512年　アメリカを探検したイタリアの探検家にして商人
アメリカ合衆国／ドイツ
<所蔵機関>米国議会図書館（ワシントンD.C.）

[2] メトロ・ゴールドウィン・メイヤー*によって制作されたオズの魔法使
（ヴィクター・フレミング 1939）
(The Wizard of Oz（Victor Fleming 1939），produced by Metro-Goldwyn-Mayer)
2007年選定　*アメリカの主に映画やテレビ番組の製作・供給を行う巨大マスメディア企業
<所蔵機関>米国ジョージ・イーストマン・ハウス国際写真映画博物館（ニューヨーク）

[3] ジョン・マーシャル*のズール・ホアン・ブッシュマンの映画とビデオ集　1950～2000年
(John Marshall Ju/'hoan Bushman Film and Video Collection, 1950-2000)
2009年選定　*1932～2005年　映像作家、人類学者
<所蔵機関>米国 スミソニアン協会人間学フィルムアーカイヴ（メリーランド州スーツランド）

[4] シルバー・メン：パナマ運河における西インド諸島労働者の記録
(Silver Men: West Indian Labourers at the Panama Canal)
2011年選定　英国／バルバドス／ジャマイカ／パナマ／セントルシア／アメリカ合衆国
<所蔵機関>アメリカ国立公文書館記録管理局（ワシントンD.C.）

[5] オランダの西インド会社の記録文書
(Dutch West India Company（Westindische Compagnie）Archives)
2011年選定　ガーナ／英国／オランダ／アメリカ合衆国／オランダ領アンティル／ブラジル／
ガイアナ／スリナム
<所蔵機関>アメリカ国立公文書館（ニューヨーク）

[6] ランドサット衛星計画の記録：複数スペクトル・スキャナー(MSS)の感知器
(Landsat Program records: Multispectral Scanner（MSS）sensors)
2011年選定
<所蔵機関>アメリカ地質調査所（ヴァージニア州レストン）

地域別・国別

7 エレノア・ルーズベルト＊文書プロジェクトの常設展
（Permanent Collection of the Eleanor Roosevelt Papers Project）
2013年選定　＊1884～1962年　アメリカ合衆国第32代大統領フランクリン・ルーズベルトの夫人、
婦人運動家、文筆家
＜所蔵機関＞エレノア・ルーズベルト文書プロジェクト事務所（ワシントンD.C.）

8 スミソニアン協会フォークライフ・文化遺産センター所蔵のモーゼス・フランセス・アッシュ＊・
コレクション
（Moses and Frances Asch Collection. Center for Folklife and Cultural Heritage, Smithsonian Institution）
2015年選定　＊モーゼス・アッシュ（1905～1986年）米フォークウェイズ創始者
＜所蔵機関＞スミソニアン協会フォークライフ・文化遺産センター・ラルフ・リンツラー・フォーク
ライフ・アーカイヴス・コレクション（ワシントンD.C.）

9 アレッタH.ジェイコブス＊の論文（Aletta H. Jacobs Papers）
2017年選定　＊1854～1929年　医師
オランダ／アメリカ合衆国
＜所蔵機関＞アトリア、ジェンダー平等・女性史研究所（オランダ・アムステルダム）

10 「シェイクスピアの文書類」、ウイリアム・シェイクスピア＊の生涯の文書の足跡
（The 'Shakespeare Documents', a documentary trail of the life of William Shakespeare）
2017年選定　＊1564～1616年　劇作家、詩人
＜所蔵機関＞フォルガー・シェイクスピア図書館（ワシントンD.C.）

11 ヴィラ・オカンポ文書センター（The Villa Ocampo Documentation Center）
2017年選定　アルゼンチン／米国
＜所蔵機関＞ハーバード大学ハーバード図書館（マサチューセッツ州ケンブリッジ）

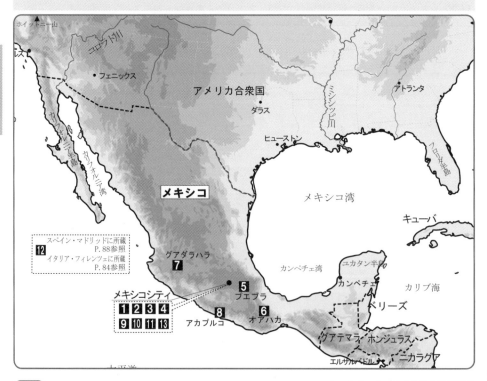

メキシコ合衆国
United Mexican States

首都　メキシコシティ　主要言語　スペイン語

「世界の記憶」の数　13　（世界遺産の数　35　世界無形文化遺産の数　11）2023年7月現在

1 テチャロヤン・デ・クアヒマルパの文書（Codex Techaloyan de Cuajimalpaz）
　　1997年選定
　　＜所蔵機関＞メキシコ国立公文書館（メキシコシティ）

2 オアハカ渓谷の文書（Codices from the Oaxaca Valley）
　　1997年選定
　　＜所蔵機関＞メキシコ国立公文書館（メキシコシティ）

3 メキシコ語の発音記号のコレクション（Collection of Mexican Codices）
　　1997年選定
　　＜所蔵機関＞国立人類学博物館（メキシコシティ）

4 忘れられた人々（Los olvidados）
　　2003年選定
　　＜所蔵機関＞メキシコ国立自治大学（UNAM）フィルム・アーカイヴ（メキシコシティ）

5 パラフォクシアナ図書館（Biblioteca Palafoxiana）
　　2005年選定
　　＜所蔵機関＞パラフォクシアナ図書館（プエブラ）

6 アメリカの植民地音楽：豊富な記録の見本
　　（American Colonial Music: a sample of its documentary richness）
　　2007年選定　ボリヴィア／コロンビア／メキシコ／ペルー
　　＜所蔵機関＞オアハカ管区歴史アーカイヴ（オアハカ）

7 先住民族言語のコレクション（Coleccion de Lenguas Indigenas）
　　2007年選定
　　＜所蔵機関＞グアダラハラ大学（グアダラハラ）

8 メキシコのアシュケナージ（16～20世紀）
　　（Collection of the Center of Documentation and Investigation of the Ashkenazi Community in Mexico
　　(16th to 20th Century)）
　　2009年選定
　　＜所蔵機関＞メキシコ・アシュケナージ社会記録調査センター（アカプルコ）

9 メキシコ国立公文書館所蔵等の『地図・絵画・イラスト』をもとにした16世紀～18世紀の
　　図柄記録（Sixteenth to eighteenth century pictographs from the "Maps, drawings and illustrations"
　　of the National Archives of Mexico）　2011年選定
　　＜所蔵機関＞メキシコ国立公文書館（メキシコシティ）

10 ヴィスカイナス学院の歴史的アーカイヴの古文書：世界史の中での女性の教育と支援
　　（Old fonds of the historical archive at Colegio de Vizcainas: women's education and support in the history
　　of the world）　2013年選定
　　＜所蔵機関＞ヴィスカイナスの聖イグナチオ・デ・ロヨラ学院の歴史アーカイヴ "ホセ・マリア・
　　　　　　　　バサゴイティ・ノリエガ"（メキシコシティ）

11 権利の誕生に関する裁判記録集：1948年の世界人権宣言(UDHR)に対するメキシコの保護請求状の
　　貢献による効果的救済
　　（Judicial files concerning the birth of a right: the effective remedy as a contribution of the Mexican writ of
　　amparo to the Universal Declaration of Human Rights(UDHR) of 1948.）
　　2015年選定
　　＜所蔵機関＞メキシコ最高裁判所（メキシコシティ）

12 フレイ・ベルナルディーノ・デ・サアグン＊（1499～1590年）の作品
　　（The work of Fray Bernardino de Sahagún (1499-1590)）
　　2015年選定　＊1499～1590年　スペイン生まれのフランシスコ派の宣教師
　　メキシコ／イタリア
　　＜所蔵機関＞マドリッド王立図書館（スペイン・マドリッド）
　　　　　　　　ロレンツォ・メディチ図書館（イタリア・フィレンツェ）

地域別・国別

⓭マヌエル・アルバレス・ブラボ＊のネガ、出版物、文書のアーカイヴス
（The Archives of negatives, publications and documents of Manuel Álvarez Bravo）
2017年選定　＊1902～2002年　メキシコの写真家
＜所蔵機関＞マヌエル・アルバレス・ブラボのアーカイヴ（メキシコシティ）

グアテマラ共和国
Republic of Guatemala
首都　グアテマラシティ　主要言語　スペイン語、キチェ語等
「世界の記憶」の数　1　　（世界遺産の数　3　世界無形文化遺産の数　4）2023年7月現在

❶フロリド回想録、グアテマラ王国の歴史的スピーチと自然的・物質的・軍事的・政治的記述
（The Florid Recollection, a historical speech and natural, material, military and political account of the Reyno of Guatemala）
2017年選定
＜所蔵機関＞中米アーカイヴ（グアテマラシティ）

エルサルバドル共和国
Republic of El Salvador
首都　サンサルバドル　主要言語　スペイン語
「世界の記憶」の数　1　　（世界遺産の数　1　世界無形文化遺産の数　0）2023年7月現在

❶イグナシオ・エリャクリアス＊の文書資産：歴史的事実と解放
（Ignacio Ellacuría's Documentary Fond: Historical Reality and Liberation）
2017年選定　＊1930～1989年　哲学者
＜所蔵機関＞ホアン・ラモン・モレノ神学図書館
ホセ・シメオン・カニャス中央アメリカ大学（サンサルバドル）

地域別・国別

ベリーズ
Belize
首都　ベルモパン　**主要言語**　英語、スペイン語、クレオール語等
「世界の記憶」の数　1　（世界遺産の数　1　世界無形文化遺産の数　1） 2023年7月現在

1 英国カリブ領の奴隷の登記簿1817〜1834年（Registry of Slaves of the British Caribbean 1817-1834)
　　2009年選定
　　英国／バハマ／ベリーズ／ドミニカ／ジャマイカ／セント・キッツ／トリニダード・トバゴ
　　＜所蔵機関＞ベリーズ・アーカイヴス・記録サービス（ベルモパン）

ニカラグア共和国
Republic of Nicaragua
首都　マナグア　**主要言語**　スペイン語
「世界の記憶」の数　1　（世界遺産の数　2　世界無形文化遺産の数　2） 2023年7月現在

1 ニカラグア十字軍の記録文書（National Literacy Crusade)
　　2007年選定
　　＜所蔵機関＞ニカラグア中米歴史研究所（IHNCA）（マナグア）

コスタリカ共和国
Republic of Costa Rica
首都　サンホセ　**主要言語**　スペイン語
「世界の記憶」の数　2　（世界遺産の数　4　世界無形文化遺産の数　1） 2023年7月現在

1 コスタリカの軍隊の廃止（Abolition of the Army in Costa Rica)
　　2017年選定
　　＜所蔵機関＞コスタリカ国立公文書館（サンホセ）
2 中米司法裁判所（Central American Court of Justice)
　　2017年選定
　　＜所蔵機関＞コスタリカ国立公文書館（サンホセ）

地域別・国別

パナマ共和国
Republica de Panama
首都　パナマ・シティ　**主要言語**　スペイン語
「世界の記憶」の数　1　（世界遺産の数　5　世界無形文化遺産の数　3） 2023年7月現在

1 シルバー・メン：パナマ運河における西インド諸島労働者の記録
　　（Silver Men: West Indian Labourers at the Panama Canal)
　　2011年選定
　　英国／バルバドス／ジャマイカ／パナマ／セントルシア／アメリカ合衆国
　　＜所蔵機関＞パナマ運河博物館（パナマ）

バハマ国
The Commonwealth of the Bahamas
首都　ナッソー　主要言語　英語
「世界の記憶」の数　2　（世界遺産の数　0　世界無形文化遺産の数　0 ）2023年7月現在

1 英国カリブ領の奴隷の登記簿1817〜1834年
（Registry of Slaves of the British Caribbean 1817-1834）
2009年選定
英国／バハマ／ベリーズ／ドミニカ／ジャマイカ／セント・キッツ／トリニダード・トバゴ
＜所蔵機関＞アーカイヴス部（ナッソー）
2 ファークハーソン＊の日誌（Farquharson's Journal）
2009年選定　＊チャールズ・ファークハーソン　大農園主 (プロスペクト・ヒル・プランテーション所有者)
＜所蔵機関＞バハマ国立公文書館（ナッソー）

キューバ共和国
Republic of Cuba
首都　ハバナ　主要言語　スペイン語
「世界の記憶」の数　5（世界遺産の数　9　世界無形文化遺産の数　5 ）2023年7月現在

1『ホセ・マルティ・ペレス＊』の記録史料（"José Martí Pérez" Fonds）
2005年選定　＊1853〜1895年　キューバの文学者、革命家
＜所蔵機関＞マルティ研究センター（ハバナ）
2 キューバ映画芸術産業庁のラテン・アメリカのオリジナル・ネガ
（Original Negative of the Noticiero ICAIC Lationamericano）
2009年選定　＜所蔵機関＞キューバ映画芸術産業庁（ICAIC）（ハバナ）
3 ボリヴィアでのチェ・ゲバラ＊の日記
（Documentary Collection "Life and Works of Ernesto Che Guevara: from the originals manuscripts of its adolescence and youth to the campaign Diary in Bolivia"）
2013年選定　＊1928〜1967年　キューバ革命の指導者
ボリヴィア／キューバ　＜所蔵機関＞チェ・ゲバラ研究センター（ハバナ）
4 ハバナ市議会による法令（植民地時代の1550年から1898年まで）
（Acts of the Havana City council (colonial period 1550-1898)）　*New*
2023年選定　＜所蔵機関＞ハバナ市歴史局歴史アーカイブ
5 キューバ映画のポスター（Cuban Movie Posters）　*New*
2023年選定　＜所蔵機関＞ハバナ市庁舎（ハバナ）

ジャマイカ
Jamaica
首都　キングストン　主要言語　英語、英語系パトウア語
「世界の記憶」の数　3　（世界遺産の数　1　世界無形文化遺産の数　2 ）2023年7月現在

1 英国カリブ領の奴隷の登記簿1817〜1834年
（Registry of Slaves of the British Caribbean 1817-1834）
2009年選定
英国／バハマ／ベリーズ／ドミニカ／ジャマイカ／セント・キッツ／トリニダード・トバゴ
＜所蔵機関＞アーカイヴス・ユニット（ミドルセックス郡セント・キャサリン教区）
2 シルバー・メン：パナマ運河における西インド諸島労働者の記録
（Silver Men : West Indian Labourers at the Panama Canal）
2011年選定
英国／バルバドス／ジャマイカ／パナマ／セントルシア／アメリカ合衆国
＜所蔵機関＞ジャマイカ・アーカイヴス・記録部（セント・キャサリン教区）
3 西インド委員会コレクション（The West India Committee collection）
2016年選定
アンティグア・バーブーダ／ジャマイカ／英国／アンギラ／モンセラット
＜所蔵機関＞西インド委員会（ロンドン）

地域別・国別

西　イ　ン　ド　諸　島

ドミニカ共和国
アンギラ
シント・マールティン
アンティグア バーブーダ
セントキッツ ネイヴィース
モンセラット
ドミニカ国
セントルシア
セントヴィンセント及び グレナディーン諸島
キュラソー島
オランダ領アンティル
トリニダード トバゴ
バルバドス
ハイチ
キューバ
プエルト・リコ
大西洋
カリブ海
コロンビア
グレナダ

ハイチ共和国
Republic of Haiti
首都　ポルトープランス　主要言語　フランス語、クレオール語
「世界の記憶」の数　2　（世界遺産の数　1　世界無形文化遺産の数　1）2023年7月現在

1 オデッテ・ムネソン・リゴー・ホールディングス
（Odette Mennesson Rigaud holdings）
2017年選定　＜所蔵機関＞聖霊の父ハイチ図書館（ポルトープランス）

2 旧フランス植民地（1666年から1880年まで）での奴隷化された人々の識別選定
（Registers identifying enslaved persons in the former French colonies (1666-1880) *New*
ハイチ／フランス　2023年選定　＜所蔵機関＞ハイチ国立公文書館（ポルトープランス）

ドミニカ共和国
Dominican Republic
首都　サントドミンゴ　主要言語　スペイン語
「世界の記憶」の数　2　（世界遺産の数　1　世界無形文化遺産の数　4）2023年7月現在

1 奴隷の洗礼に関する本（1636〜1670年）　（Book for the Baptism of Slaves(1636-1670)）
2009年選定
＜所蔵機関＞サントドミンゴ大司教区歴史アーカイヴス（サントドミンゴ）

2 ドミニカ共和国における人権の抵抗と闘争に関する記録遺産（1930〜1961年）
（Documentary Heritage on the Resistance and Struggle for Human Rights in the Dominican Republic
(1930-1961)）　2009年選定
＜所蔵機関＞ドミニカ共和国政府ラレシステンシアデ博物館記念ドミニカーナ（サントドミンゴ）

アンギラ
Anguilla
首都　バレー　主要言語　英語（公用語）
「世界の記憶」の数　1　（世界遺産の数　0　世界無形文化遺産の数　0）2023年7月現在

1 西インド委員会コレクション（The West India Committee collection）
2016年選定
アンティグア・バーブーダ／ジャマイカ／英国／アンギラ／モンセラット
＜所蔵機関＞西インド委員会（ロンドン）

アンティグア・バーブーダ
Antigua and Barbuda
首都　セントジョンズ　主要言語　英語（公用語）、アンティグア・クレオール語
「世界の記憶」の数　1　（世界遺産の数　1　世界無形文化遺産の数　0）2023年7月現在

1西インド委員会コレクション（The West India Committee collection）
　2016年選定
　アンティグア・バーブーダ／ジャマイカ／英国／アンギラ／モンセラット
＜所蔵機関＞西インド委員会（ロンドン）

モンセラット　Montserrat
首都　ブレイズ（臨時首都）リトルベイ（新首都・建設中）　主要言語　英語
「世界の記憶」の数　1　（世界遺産の数　0　世界無形文化遺産の数　0）
　　　　　　　　　　　　　　　　　　　　　　　　　　　2023年7月現在

1西インド委員会コレクション（The West India Committee collection）
　2016年選定
　アンティグア・バーブーダ／ジャマイカ／英国／アンギラ／モンセラット
＜所蔵機関＞西インド委員会（ロンドン）

セント・キッツ・ネイヴィース
Saint Kitts and Nevis
首都　バセテール　主要言語　英語
「世界の記憶」の数　1　（世界遺産の数　1　世界無形文化遺産の数　0）2023年7月現在

1英国カリブ領の奴隷の登記簿1817〜1834年（Registry of Slaves of the British Caribbean 1817-1834）
　2009年選定
　英国／バハマ／ベリーズ／ドミニカ／ジャマイカ／セント・キッツ／トリニダード・トバゴ
＜所蔵機関＞セントキッツ・ネイヴィース国立公文書館（バセテール）

ドミニカ国
Commonwealth of Dominica
首都　ロゾー　主要言語　スペイン語
「世界の記憶」の数　1　（世界遺産の数　1　世界無形文化遺産の数　0）2023年7月現在

1英国カリブ領の奴隷の登記簿1817〜1834年（Registry of Slaves of the British Caribbean 1817-1834）
　2009年選定
　英国／バハマ／ベリーズ／ドミニカ／ジャマイカ／セント・キッツ／トリニダード・トバゴ
＜所蔵機関＞ドミニカ国記録センター（ロゾー）

セント・ルシア
Saint Lucia
首都　カストリーズ　主要言語　英語
「世界の記憶」の数　2　（世界遺産の数　1　世界無形文化遺産の数　0）2023年7月現在

1ウイリアム・アーサー・ルイス卿＊の文書（Sir William Arthur Lewis Papers）
　2009年選定　＊1915〜1991年　ノーベル記念経済学スウェーデン国立銀行賞を受賞
＜所蔵機関＞プリンストン大学シーリー・G・マッド図書館（米国／プリンストン）
2シルバー・メン：パナマ運河での西インド諸島労働者の記録
　（Silver Men : West Indian Labourers at the Panama Canal）
　2011年選定
　英国／バルバドス／ジャマイカ／パナマ／セントルシア／アメリカ合衆国
＜所蔵機関＞セント・ルシア国立公文書館（カストリーズ）

バルバドス
Barbados
首都　ブリッジタウン　主要言語　英語
「世界の記憶」の数　6　（世界遺産の数　1　世界無形文化遺産の数　0 ）2023年7月現在

❶カリブの奴隷にされた人々の記録遺産（Documentary Heritage of Enslaved Peoples of the Caribbean）
　2003年選定
　＜所蔵機関＞バルバドス博物館・歴史協会　（セント・マイケル）
❷西インド連邦のアーカイヴスの記録史料（Federal Archives Fonds）
　2009年選定
　＜所蔵機関＞西インド連邦アーカイヴス・センター　（ブリッジタウン）
❸ニータ・バロウ＊のコレクション（Nita Barrow Collection）
　2009年選定　＊1916～1995年　人道活動家、看護婦
　＜所蔵機関＞西インド諸島大学（ブリッジタウン）
❹シルバー・メン：パナマ運河における西インド諸島の労働者の記録
　（Silver Men：West Indian Labourers at the Panama Canal）
　2011年選定
　英国／バルバドス／ジャマイカ／パナマ／セントルシア／アメリカ合衆国
　＜所蔵機関＞バルバドス博物館・歴史協会（ブリッジタウン）
❺西インド委員会の報告書
　（The West Indian Commission Papers）
　2015年選定
　＜所蔵機関＞西インド諸島大学 シドニー・マーティン図書館（ケイブヒル）
❻バルバドス発祥のアフリカの歌、或は、詠唱（An African Song or Chant from Barbados）
　2017年選定
　バルバドス／英国
　＜所蔵機関＞グロスターシャー・アーカイヴス（英国／グロスター）

シント・マールテン　Sint Maarten
首都　フィリップスブルフ(オランダ領)
主要言語　フランス語、英語、オランダ語、スペイン語、パピアメント語
「世界の記憶」の数　2　（世界遺産の数　0　世界無形文化遺産の数　0 ）2023年7月現在

**❶自由への道：二重国籍のシント・マールテン／セント・マーチン島で奴隷にされたアフリカ人が
いかに彼らの自由を勝ち取ったかの事例研究**
　（Route/Root to Freedom: A case study of how enslaved Africans gained their freedom on the dual national
　island of Sint Maarten/Saint Martin）
　2017年選定
　＜所蔵機関＞シント・マールテン・アーカイヴス（フィリップスブルフ）
❷オランダ領カリブ海地域の奴隷化された人々とその子孫の記録遺産（1816年から1969年まで）
　（Documentary heritage of the enslaved people of the Dutch Caribbean
　and their descendants（1816-1969）　*New*
　オランダ（シント・マールテン／キュラソー／スリナム共和国）
　2023年選定　＜所蔵機関＞シント・マールテン・アーカイヴス（フィリップスブルフ）

セント・ヴィンセント及びグレナディーン諸島
Saint Vincent and the Grenadines
首都　キングスタウン
主要言語　英語（公用語）、セントヴィンセント・クレオール語
「世界の記憶」の数　1　（世界遺産の数　0　世界無形文化遺産の数　0 ）2023年7月現在

❶インド系契約労働者の記録（Records of the Indian Indentured Labourers）
　2011年選定／2017年選定＊（＊2017年セントヴィンセント及びグレナディーン諸島を追加）
　フィジー／ガイアナ／スリナム／トリニダード・トバゴ／セントヴィンセント・グレナディーン

地域別・国別

トリニダード・トバゴ共和国
Republic of Trinidad and Tobago
首都　ポート・オブ・スペイン　主要言語　英語、ヒンディー語、フランス語、スペイン語
「世界の記憶」の数　6　（世界遺産の数　0　世界無形文化遺産の数　0）2023年7月現在

1デレック・ウォルコット＊のコレクション（The Derek Walcott Collection）
1997年選定　＊1930年～　セントルシア出身の詩人、舞台脚本家で、ノーベル文学賞受賞者
＜所蔵機関＞ウェスト・インディア・セント・オーガスティン大学（セント・オーガスティン）

2エリック・ウィリアムズ＊のコレクション（The Eric Williams Collection）
1999年選定　＊1911～1981年　トリニダードの父と呼ばれる政治家・初代首相で、歴史学者
＜所蔵機関＞西インド諸島大学（セント・オーガスティン）
トリニダード・トバゴ国立公文書館（ポート・オブ・スペイン）

3シリル・ライオネル・ロバート・ジェームズ＊のコレクション（The C.L.R. James Collection）
2005年選定　＊1901～1989年　ジャーナリスト、教師、社会主義理論家、作家
＜所蔵機関＞ウェスト・インディア・セント・オーガスティン大学（セント・オーガスティン）

4英国カリブ領の奴隷の登記簿1817～1834年
（Registry of Slaves of the British Caribbean 1817-1834）
2009年選定
英国／バハマ／ベリーズ／ドミニカ／ジャマイカ／セント・キッツ／トリニダード・トバゴ
＜所蔵機関＞トリニダード・トバゴ国立公文書館（ポート・オブ・スペイン）

5コンスタンティンのコレクション（Constantine Collection）
2011年選定　＊1901～1971年　コンスタンティン・レアリーのクリケットに関する書籍など
＜所蔵機関＞トリニダード・トバゴ国立図書館（ポート・オブ・スペイン）

6インド系契約労働者の記録（Records of the Indian Indentured Labourers）
2011年選定／2017年選定＊（＊2017年セントヴィンセント及びグレナディーン諸島を追加）
フィジー／ガイアナ／スリナム／トリニダード・トバゴ／セントヴィンセント・グレナディーン
＜所蔵機関＞トリニダード・トバゴ国立公文書館（ポート・オブ・スペイン）

キュラソー島
Curacao
首都　ウィレムスタッド　主要言語　オランダ語、パピアメント語
「世界の記憶」の数　2　（世界遺産の数　0　世界無形文化遺産の数　0）2023年7月現在

1ミデルブルフ貿易会社（MCC）についての記録文書
（Archive Middelburgsche Commercie Compagnie（MCC））2011年選定
オランダ／キュラソー／スリナム
＜所蔵機関＞ゼーウス公文書館（オランダ・ゼーラント州ミデルブルフ）

2オランダ領カリブ海地域の奴隷化された人々とその子孫の記録遺産（1816年から1969年まで）
（Documentary heritage of the enslaved people of the Dutch Caribbean
and their descendants (1816-1969) *New*
オランダ（キュラソー／シント・マールテン／スリナム共和国）2023年選定
＜所蔵機関＞キュラソー国立公文書館（ウィレムスタッド）

オランダ領アンティル　Neitherlands Antilles
（オランダの自治領で、2地域6島が属していたが、2010年に解体された。アルバ、キュラソー島、シント・マールテンは単独の自治領となり、残る3島はオランダ本国に編入された。）
本書では、ユネスコHP掲載の分類に準拠して、選定時の自治領名をそのまま使用し、単独に掲載しました。
「世界の記憶」の数　2　（世界遺産の数　0　世界無形文化遺産の数　0）2023年7月現在

1パピアメント語で書かれた最初のカテキズム
（First Catechism Written in Papiamentu Language）
2009年選定　＜所蔵機関＞オランダ領アンティル国立公文書館（キュラソー）

2オランダの西インド会社の記録文書
（Dutch West India Company（Westindische Compagnie）Archives）
2011年選定
オランダ／ブラジル／ガーナ／ガイアナ／オランダ領アンティル／スリナム／英国／アメリカ合衆国
＜所蔵機関＞オランダ領アンティル国立公文書館（キュラソー）

地域別・国別

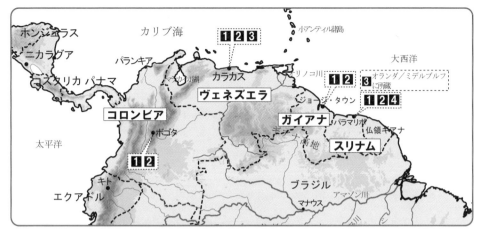

ヴェネズエラ・ボリバル共和国
Bolovarian Republic of Venezuela

首都　カラカス　主要言語　スペイン語

「世界の記憶」の数　3　（世界遺産の数　3　世界無形文化遺産の数　8　）2023年7月現在

1 19世紀のラテン・アメリカの写真集
（Collection of Latin American photographs of the 19th Century）
1997年選定
＜所蔵機関＞ヴェネズエラ国立図書館（カラカス）

2 国家のアーカイヴ －解放者シモン・ボリバル＊の著作集
（General Archive of the Nation - Writings of The Liberator Simon Bolivar）
1997年選定　＊1783～1830年　ヴェネズエラの軍人、政治家、革命家、思想家
＜所蔵機関＞ヴェネズエラ国立公文書館（カラカス）

3 コロンビア：フランシスコ・デ・ミランダ将軍＊の記録文書
（Colombeia: Generalissimo Francisco de Miranda's Archives）
2007年選定　＊1750～1816年　ヴェネズエラ最初の独立指導者
＜所蔵機関＞ヴェネズエラ歴史アカデミア（カラカス）

ガイアナ共和国
Republic of Guyana

首都　ジョージタウン　主要言語　英語、クレオール語、ヒンディー語、ウルデゥー語

「世界の記憶」の数　2　（世界遺産の数　0　世界無形文化遺産の数　0　）2023年7月現在

1 オランダの西インド会社の記録文書
（Dutch West India Company（Westindische Compagnie）Archives）
2011年選定
オランダ／ブラジル／ガーナ／ガイアナ／オランダ領アンティル／スリナム／英国／
アメリカ合衆国
＜所蔵機関＞ガイアナ国立公文書館ウォルター・ロドニイ・アーカイヴス（ジョージタウン）

2 インド系契約労働者の記録（Records of the Indian Indentured Labourers）
2011年選定／2017年選定＊（＊2017年セントヴィンセント及びグレナディーン諸島を追加）
フィジー／ガイアナ／スリナム／トリニダード・トバゴ／セントヴィンセント・グレナディーン
＜所蔵機関＞ガイアナ国立公文書館（ジョージタウン）

地域別・国別

スリナム共和国
Republic of Suriname

首都　パラマリボ　主要言語　オランダ語、英語、スリナム語

「世界の記憶」の数　4　（世界遺産の数　2　世界無形文化遺産の数　0）2023年7月現在

1オランダの西インド会社の記録文書
（Dutch West India Company（Westindische Compagnie）Archives）
2011年選定
オランダ／ブラジル／ガーナ／ガイアナ／オランダ領アンティル／スリナム／英国／
アメリカ合衆国　＜所蔵機関＞スリナム国立公文書館（パラマリボ）

2ミデルブルフ貿易会社(MCC)についての記録文書
（Archive Middelburgsche Commercie Compagnie(MCC)）
2011年選定　オランダ／オランダ領アンティル／スリナム
＜所蔵機関＞ゼーウス公文書館（オランダ・ゼーラント州ミデルブルフ）

3インド系契約労働者の記録（Records of the Indian Indentured Labourers）
2011年選定／2017年選定*（*2017年セントヴィンセント及びグレナディーン諸島を追加）
フィジー／ガイアナ／スリナム／トリニダード・トバゴ／セントヴィンセント・グレナディーン
＜所蔵機関＞スリナム国立公文書館（パラマリボ）

4オランダ領カリブ海地域の奴隷化された人々とその子孫の記録遺産（1816年から1969年まで）
（Documentary heritage of the enslaved people of the Dutch Caribbean
and their descendants (1816-1969) *New*
オランダ（キュラソー／シント・マールテン／スリナム共和国）
2023年選定　＜所蔵機関＞スリナム国立公文書館（パラマリボ）

コロンビア共和国
Republic of Colombia

首都　ボゴタ　主要言語　スペイン語

「世界の記憶」の数　2　（世界遺産の数　9　世界無形文化遺産の数　13）2023年7月現在

1黒人奴隷のアーカイヴス（Negros y Esclavos Archives）
2005年選定
＜所蔵機関＞コロンビア国立公文書館（ボゴタ）

2アメリカの植民地音楽：豊富な記録の見本
（American Colonial Music: a sample of its documentary richness）
2007年選定
ボリヴィア／コロンビア／メキシコ／ペルー
＜所蔵機関＞ボゴタ音楽アーカイヴ（ボゴタ）

コロンビア国立公文書館（ボゴダ）

地域別・国別

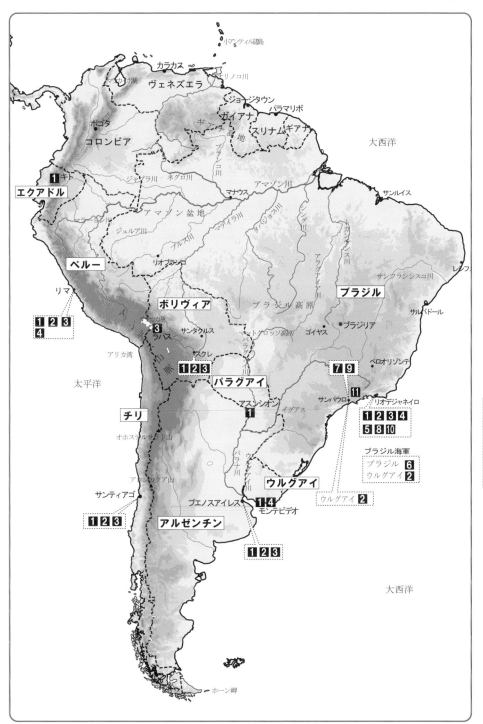

エクアドル共和国
Republic of Ecuador

首都 キト　主要言語　スペイン語、ケチュア語

「世界の記憶」の数　1　（世界遺産の数　5　世界無形文化遺産の数　4　）2023年7月現在

■1 他者の眼差し：エクアドル・アマゾンのサレジオ会の使徒座代理区の記録遺産1890～1930年

（The Gaze of the Other: Documentary heritage of the Salesian apostolic vicariate in the Ecuadorian Amazon 1890-1930）

2015年選定

＜所蔵機関＞エクアドル国立文化遺産研究所（INPC）（キト）

　　　　　　アブヤ・ヤラ文化センター（キト）

ペルー共和国
Republic of Peru

首都 リマ　主要言語　スペイン語

「世界の記憶」の数　4　（世界遺産の数　13　世界無形文化遺産の数　13　）2023年7月現在

■1 アメリカの植民地音楽：豊富な記録の見本

（American Colonial Music: a sample of its documentary richness）

2007年選定　ボリヴィア／コロンビア／メキシコ／ペルー

＜所蔵機関＞ペルー国立図書館（リマ）

■2 ペルー人と南米人の初版（1584～1619年）

（Peruvian and South American First Editions (1584-1619)）

2013年選定　＜所蔵機関＞ペルー国立公文書館（リマ）

■3 征服者の旅行記録、或は、"子牛の本"

（Travelling Registry of the Conquistadors or "Becerro Book"）

2013年選定　＜所蔵機関＞ペルー国立公文書館（リマ）

■4 クレ・コレクション所蔵の30693枚のガラス乾板（1864年から1933年まで）

（30.693 glass plate negatives (1864-1933) from the Courret Collection）　*New*

2023年選定　＜所蔵機関＞ペルー国立図書館（リマ）

ボリヴィア多民族国
Plurinational State of Bolivia

首都 ラパス　主要言語　スペイン語、ケチュア語、アイマラ語

「世界の記憶」の数　4　（世界遺産の数　7　世界無形文化遺産の数　8　）2023年7月現在

■1 アメリカの植民地音楽：豊富な記録の見本

（American Colonial Music: a sample of its documentary richness）

2007年選定

ボリヴィア／コロンビア／メキシコ／ペルー

＜所蔵機関＞ボリヴィア国立公文書図書館（スクレ）

■2 ラ・プラタ王立大審問院の記録史料

（Documentary Fonds of Royal Audiencia Court of La Plata （RALP））

2011年選定

＜所蔵機関＞ボリヴィア国立公文書図書館（スクレ）

■3 ボリヴィアでのチェ・ゲバラ＊の日記

（Documentary Collection "Life and Works of Ernesto Che Guevara: from the originals manuscripts of its adolescence and youth to the campaign Diary in Bolivia"）

2013年選定　＊1928～1967年　キューバ革命の指導者

ボリヴィア／キューバ

＜所蔵機関＞ボリヴィア中央銀行アーカイヴス（ラパス）

■4 ラ・プラタ聖堂の教会音楽譜集

（Cathedral of La Plata Church Music Manuscript Collection）

2013年選定　＜所蔵機関＞ボリヴィア国立公文書図書館（スクレ）

地域別・国別

ブラジル連邦共和国
Federative Republic of Brazil
首都　ブラジリア　主要言語　ポルトガル語
「世界の記憶」の数　11　（世界遺産の数　23　世界無形文化遺産の数　9 ） 2023年7月現在

1 皇帝のコレクション：19世紀の外国とブラジルの写真
(The Emperor's collection: foreign and Brazilian photography in the XIX century)
2003年選定　＜所蔵機関＞ブラジル国立図書館（リオ・デ・ジャネイロ）

2 オランダの西インド会社の記録文書
(Dutch West India Company （Westindische Compagnie） Archives)
2011年選定　オランダ／ブラジル／ガーナ／ガイアナ／オランダ領アンティル／スリナム／
英国／アメリカ合衆国
＜所蔵機関＞ブラジル国立公文書館（リオ・デ・ジャネイロ）

3 ブラジル軍事独裁政権時代（1964年〜1985年）の情報網
(Network of information and counter information on the military regime in Brazil （1964-1985)
2011年選定　＜所蔵機関＞ブラジル国立公文書館（リオ・デ・ジャネイロ）

4 オスカー・ニーマイヤー＊建築アーカイヴ（Architectural Archive of Oscar Niemeyer）
2013年選定　＊1907〜2012年　ブラジルの建築家
＜所蔵機関＞オスカー・ニーマイヤー財団（リオ・デ・ジャネイロ）

5 ブラジル皇帝ペドロ2世＊の国内外の旅行に関する書類
(Documents regarding the Emperor D. Pedro II's journeys in Brazil and abroad)
2013年選定　＊1825〜1891年　ブラジル帝国の第2代かつ最後の皇帝
＜所蔵機関＞帝国博物館（リオ・デ・ジャネイロ）

6 三国同盟戦争の図像と地図の展示資料
(The War of the Triple Alliance Iconographic and cartographic presentations)
2015年選定　ブラジル／ウルグアイ　＜所蔵機関＞ブラジル海軍

7 コーノ・スール＊諸国人権擁護基金委員会（CLAMOR）
(Fundo Comitê de Defesa dos Direitos Humanos para os Países do Cone Sul (CLAMOR))
2015年選定　＊コーノ・スール（スペイン語：Cono Sur、ポルトガル語：Cone Sul、英語：Southern
Cone）は、南アメリカ最南端を指す地理的範囲。
ブラジル／ウルグアイ　＜所蔵機関＞科学文献・情報センター（CEDIC）（サンパウロ）

8 アントーニョ・カルロス・ゴメス（Antonio Carlos Gomes）
2017年選定　ブラジル／イタリア
＜所蔵機関＞帝国博物館- Instituto Brasileiro de Museus（リオ・デ・ジャネイロ）

9 教育者パウロ・フレイレ＊のコレクション
(Collection Educator Paulo Freire)
2017年選定　＊1921〜1997年　ブラジルの教育者　＜所蔵機関＞パウロ・フレイレ研究所（サンパウロ）

10 ニーゼ・ダ・シルベイラ＊の個人アーカイヴ
(Nise da Silveira Personal Archive)
2017年選定　＊1905〜1999年　ブラジルの精神医療に芸術療法を取り入れた女性医師
＜所蔵機関＞無意識のイメージ博物館（リオ・デ・ジャネイロ）

11 フェミニズム、科学、政治：ベルタ・ルッツの遺産
(Feminism, science and politics - Bertha Lutz's legacy)　*New*
2023年選定　＜所蔵機関＞ブラジル外務省歴史文書館、国立文書館、
下院議員文書情報センター、カンピーナス州立大学記憶センター（サンパウロ州カンピーナス）

パラグアイ共和国
Republic of Paraguay
首都　アスンシオン　主要言語　スペイン語
「世界の記憶」の数　1　（世界遺産の数　1　世界無形文化遺産の数　1 ） 2023年7月現在

1 恐怖の記録文書（Archives of Terror）
2009年選定
＜所蔵機関＞パラグアイ最高司法裁判所人権擁護の為の記録文書センター（アスンシオン）

地域別・国別

ウルグアイ東方共和国
Oriental Republic of Uruguay

首都　モンテビデオ　主要言語　スペイン語

「世界の記憶」の数　4　（世界遺産の数　3　世界無形文化遺産の数　2 ）2023年7月現在

1 カルロス・ガルデル＊の原盤－ オラシオ・ロリエンテのコレクション（1913～1935年）

（Original records of Carlos Gardel － Horacio Loriente Collection（1913-1935））

2003年選定　＊1890～1935年　アルゼンチンのタンゴ歌手・俳優

＜所蔵機関＞ウルグアイ国立公文書館（モンテビデオ）

2 三国同盟戦争の図像と地図の展示資料

（The War of the Triple Alliance Iconographic and cartographic presentations）

2015年選定　ウルグアイ／ブラジル　＜所蔵機関＞ブラジル海軍

3 コーノ・スール諸国人権擁護基金委員会（CLAMOR）

（Fundo Comitê de Defesa dos Direitos Humanos para os Países do Cone Sul (CLAMOR)）

2015年選定　ウルグアイ／ブラジル

＜所蔵機関＞科学文献・情報センター（CEDIC）（ブラジル・サンパウロ）

4 新聞『エル・ポプラル』の写真アーカイブ

（Photographic Archive of the newspaper "El popular"）　*New*

2023年選定　＜所蔵機関＞ゴンザレス・コレクション、国立視覚芸術大学（モンテビデオ）

チリ共和国
Republic of Chile

首都　サンティアゴ　主要言語　スペイン語

「世界の記憶」の数　3　（世界遺産の数　6　世界無形文化遺産の数　3 ）2023年7月現在

1 チリの人権のアーカイヴ（Human Rights Archive of Chile）

2003年選定

＜所蔵機関＞チリ国立公文書館（サンティアゴ）

2 アメリカのイエズス会（Jesuits of America）

2003年選定

＜所蔵機関＞チリ国立公文書館（サンティアゴ）

3 チリの大衆詩のコレクション：リラ・ポピュラー

（Collections of printed Chilean popular poetry: Lira popular）

2013年選定

＜所蔵機関＞チリ国立文書館（サンティアゴ）、チリ大学（サンティアゴ）

アルゼンチン共和国
Argentine Republic

首都　ブエノスアイレス　主要言語　スペイン語

「世界の記憶」の数　3　（世界遺産の数　11　世界無形文化遺産の数　3 ）2023年7月現在

1 ラプラタ川の支配地域の記録遺産

（Documentary heritage of the Viceroyalty of the Rio de la Plata）

1997年選定

＜所蔵機関＞アルゼンチン国立公文書館（ブエノスアイレス）

2 1976～1983年の人権記録遺産－国家テロ闘争での真実、正義、記憶のアーカイヴス

（Human Rights Documentary Heritage 1976 - 1983 - Archives for Truth, Justice and Memory in the struggle against State Terrorism）

2007年選定

＜所蔵機関＞アルゼンチン国立公文書館（ブエノスアイレス）

3 ヴィラ・オカンポ文書センター（The Villa Ocampo Documentation Center）

2017年選定　アルゼンチン／米国

＜所蔵機関＞ユネスコ・オカンポ邸（ブエノスアイレス）

地域別・国別

国際機関

○国際的な戦争捕虜のアーカイヴス　1914～1923年
（Archives of the International Prisoners of War Agency, 1914-1923）
赤十字国際委員会（International Committee of the Red Cross 略称：ICRC）
戦争時における中立人道的活動を行う国際組織で、1863年に創設、本部はスイス・ジュネーヴ。
設立以来、ジュネーヴ諸条約のもとで、捕虜、傷病者、文民、そして、紛争の犠牲者の生命と尊
厳を保護・支援しながら、国際人道法および人道の原則の普及と促進に努めている。
2007年選定
＜所蔵機関＞赤十字国際委員会（在スイス・ジュネーヴ）

○国際連盟のアーカイヴス　1919-1946（League of Nations Archives 1919-1946）
国際連盟は、ベルサイユ条約に基づいて設立された国際平和機構。本部をスイスのジュネーブ
に置き、軍縮や国際紛争の解決に努めた。これらの公文書は、平和と安全を保障する為の国家
間の協力を促進する戦時下の外交官、官公使と最初の国際公務員の努力を証明するものである。
2009年選定
＜所蔵機関＞国際連合ジュネーブ事務局（在スイス・ジュネーブ）

○国際連合パレスチナ難民救済事業機関の写真と映画のアーカイヴス
（UNRWA Photo and Film Archives of Palestinian Refugees）
国連パレスチナ難民救済事業機関（The United Nations Relief and Works Agency）が、スチル写真
や映像を使って記録してきたパレスチナ難民の1950年代から現代に至るまでの苦難の歴史。
2009年選定
＜所蔵機関＞国際連合パレスチナ難民救済事業機関（在エルサレム）

○インターナショナル・トレーシング・サービスのアーカイヴス
（Archives of the International Tracing Service the International Commission for the International
Tracing Service（ITS））
ナチス・ドイツ迫害、強制労働、ホロコーストに関する文書を保存・情報を収集、調査研究
している国際機関。　2013年選定
＜所蔵機関＞インターナショナル・トレーシング・サービス(ITS)（ドイツ・バートアロルゼン）

○国際知的協力機関の1925～1946年のアーカイヴス
（Archives of the International Institute of Intellectual Cooperation, 1925-1946 ）
2017年選定

＜所蔵機関＞ユネスコ・アーカイヴ（フランス・パリ）

○世界保健機関の天然痘根絶計画の記録
（Records of the Smallpox Eradication Programme of the World Health Organization ）
2017年選定
＜所蔵機関＞世界保健機関記録アーカイヴ・ユニット（スイス・ジュネーヴ）

○ろう者コミュニティのための重要な文書：1880年のミラノ会議　*New*
（Key documents for Deaf communities: the Milan Congress, 1880）
2023年選定
＜所蔵機関＞世界ろう連盟（WFD）(メリーランド州シルバースプリング)

地域別・国別

民間財団

○**クリストファー・オキボの詩集**（Christopher Okigbo Collection）
21世紀のアフリカの代表的な詩人であるクリストファー・オキボ（1932～1967年）の詩集。
2007年選定
＜所蔵機関＞クリストファー・オキボ財団（COF）（在ベルギー・ブリュッセル）

○**人類最初の音声の録音：エドゥアール・レオン・スコット・ド・マルタンヴィル（1853～1860年）の録音再生技術**
（Humanity's First Recordings of its Own Voice: The Phonautograms of Édouard-Léon Scott de Martinville
（c.1853-1860））　2015年選定
＜所蔵機関＞アメリカ録音収蔵協会（ARSC）（米国・ダーウッド）
　　　　　　フランス学士院（フランス・パリ）
　　　　　　フランス工業所有権庁（パリ）
　　　　　　フランス国立工業奨励協会（パリ）

○**EMIアーカイブトラストの1897年から1914年までの蓄音機用のレコードと蝋管**　*New*
（The Gramophone Discs and Papers of the EMI Archive Trust, 1897-1914）
　2023年選定
＜所蔵機関＞国際音声・視聴覚アーカイブ協会（IASA）

国際知的協力機関の 1925～1946 年のアーカイヴス
2017 年選定
＜所蔵機関＞ユネスコ・アーカイヴス（パリ）

地域別・国別

複数国・複数地域にまたがる「世界の記憶」　59件

2003年　1件
○オランダの東インド会社の記録文書
　　オランダ／インド／インドネシア／スリランカ／南アフリカ

2005年　3件
○1940年6月18日のド・ゴール将軍の呼びかけ
　　フランス／英国
○コルヴィナ文庫のコレクション
　　オーストリア／ベルギー／フランス／ドイツ／ハンガリー／イタリア
○プトレマイオスの慣例に習いアメリゴ・ヴェスプッチ*の探検を組み入れた世界地図
　　アメリカ合衆国／ドイツ

2007年　4件
○トルデシリャス条約
　　スペイン／ポルトガル
○ハンガリー王国地図
　　ハンガリー／クロアチア
○スプラスリエンシスの文書（スプラスルの文書-月別聖人伝、3月）
　　ポーランド／ロシア連邦／スロヴェニア
○アメリカの植民地音楽：豊富な記録の見本
　　ボリヴィア／コロンビア／メキシコ／ペルー

2009年　4件
○ラズヴィヴ年代記とネスヴィジ図書館のコレクション
　　フィンランド／リトアニア／ポーランド／ロシア連邦／ウクライナ
○英国カリブ領の奴隷の登記簿1817～1834年
　　バハマ／ベリーズ／ドミニカ／ジャマイカ／セントキッツ・ネイヴィース／
　　トリニダード・トバゴ／英国
○アルニ・マグヌソンの文書集
　　デンマーク／アイスランド
○バルトの道-自由への行進での三国を繋ぐ人間の鎖
　　エストニア／ラトヴィア／リトアニア

2011年　6件
○デンボスのアーカイヴス／ンデンブ族のアーカイヴス
　　アンゴラ／ポルトガル
○ミデルブルフ貿易会社（MCC）についての記録文書
　　オランダ／キュラソー／スリナム

○オランダの西インド会社の記録文書
　　オランダ／ブラジル／ガーナ／ガイアナ／オランダ領アンティル／スリナム／英国／
　　アメリカ合衆国
○叙事詩ラ・ガリゴ
　　インドネシア／オランダ
○インド系契約労働者の記録
　　フィジー／ガイアナ／スリナム／トリニダード・トバゴ／セントヴィンセント
○シルバー・メン：パナマ運河での西インド諸島労働者の記録
　　バルバドス／ジャマイカ／パナマ／セント・ルシア／英国／アメリカ合衆国

地域別・国別

2013年　7件
○ババッド・ディポネゴロ、或はジャワの貴族でインドネシア国家の英雄でイスラム主義者
であるディポネゴロ皇太子(1785～1855年)の自叙年代記
インドネシア／オランダ
○慶長遣欧使節関係資料
日本／スペイン
○アーサー・バーナード・ディーコン(1903～27年)のコレクション文書 90-98
ヴァヌアツ／英国
○ショタ・ルスタヴェリの長編叙事詩「豹皮の騎士」の原稿集
ジョージア／英国
○共産党宣言の草稿とカール・マルクスの資本論の個人の注釈原稿
オランダ／ドイツ
○「金印勅書」-7つのすべての原本とオーストリア国立図書館所蔵の「ヴェンツェル王の豪華な
手書き文書の写本」
オーストリア／ドイツ
○ボリヴィアでのチェ・ゲバラの日記
ボリヴィア／キューバ

2015年　8件
○諸道と諸国の書
イラン／ドイツ
○エミール・レイノーの動画ショー
チェコ／フランス
○英国王ジョージ2世へのビルマ王アラウンパヤーの黄金の手紙
ドイツ／英国／ミャンマー
○イベリアの伝統の中で描かれた黙示録注釈(リエバーナのベアタス)の手稿
ポルトガル／スペイン
○フレイ・ベルナルディーノ・デ・サアグン(1499～1590年)の作品
メキシコ／イタリア
○三国同盟戦争の図像と地図の展示資料
ブラジル／ウルグアイ
○コーノ・スール諸国人権擁護基金委員会(CLAMOR)
ブラジル／ウルグアイ
○サー・アイザック・ニュートンの科学と数学の論文
イスラエル／英国＊（＊2017年英国を追加）

2016年　1件
○西インド委員会コレクション
アンティグア・バーブーダ／ジャマイカ／英国／アンギラ／モンセラット

2017年　15件
○宗教と身体に関する人間の関心事
マリ／ナイジェリア
○パンジ物語手稿
カンボジア／インドネシア／オランダ／マレーシア／英国
○インド洋津波アーカイヴス
インドネシア／スリランカ
○清王朝時代(1693～1886年)のマカオの公式記録
ポルトガル／中国
○朝鮮通信使に関する記録：17世紀～19世紀の日韓の平和構築と文化交流の歴史
日本／韓国
○サンティアゴ・デ・コンポステーラ大聖堂のカリクストゥス写本と聖ヤコブの書の他の
中世のコピー：ヨーロッパにおけるヤコブの伝統のイベリア半島の起源
スペイン／ポルトガル
○「シェイクスピアの文書類」、ウイリアム・シェイクスピアの生涯の文書の足跡
英国／米国

地域別・国別

○アレッタH. ジェイコブスの論文
　　　オランダ／米国
○ルートヴィヒ・ヴィトゲンシュタインの哲学遺産
　　　オーストリア／カナダ／オランダ／英国
○ルブリン合同法の記録
　　　ポーランド／リトアニア／ウクライナ／ベラルーシ／ラトヴィア
○カモッショ地図
　　　チェコ／マルタ
○タサール・イヴァン・アレクサンダル皇帝の福音書
　　　ブルガリア／英国
○バルバドス発祥のアフリカの歌、或は、詠唱
　　　バルバドス／英国
○アントーニョ・カルロス・ゴメス
　　　ブラジル／イタリア
○ヴィラ・オカンポ文書センター
　　　アルゼンチン／米国

2023年　10件

○非同盟運動第1回首脳会議のアーカイブ
　　　アルジェリア／エジプト／インド／インドネシア／セルビア
○カール大帝宮廷学校の装飾写本
　　　オーストリア／フランス／ドイツ／ルーマニア／英国
○ハンザ同盟の歴史に関する文書
　　　ベルギー／デンマーク／エストニア／ドイツ／ ラトヴィア／ポーランド
○物理学および化学に関する国際ソルベー会議のアーカイブ （1910年から1962年まで）
　　　ベルギー／フランス
○マウラーナーのクリヤット（マウラーナー全集）
　　　ブルガリア／ドイツ／イラン／タジキスタン／トルコ／ウズベキスタン
○1957年から1992年までのフランスとブルキナファソにおける国際ATDカールモンド運動の
　アーカイブ
　　　フランス／ブルキナファソ
○クロード・ランズマンによる『SHOAH ショア』の35mmネガ復元版、そして200時間に及ぶ
　ショアの歴史に関する目撃証言の音声アーカイブ　　　　　フランス／ドイツ
○旧フランス植民地（1666年から1880年まで）での奴隷化された人々の識別選定
　　　ハイチ／フランス
○ヒカヤット・アチェ、15世紀から17世紀までのインドネシアのアチェの生活に関する
　3つの写本　　　　　オランダ／インドネシア
○最初の世界周航（1519年から1522年まで）
　　　ポルトガル／スペイン

地域別・国別

「世界の記憶」選定年別

1960年9月30日のスカルノの演説『世界を新しく築くために』
(Sukarno's Speech: 'To Build the World Anew' September 30, 1960)
2023年選定
＜所蔵機関＞国家公文書保管所（ジャカルタ）

1997年選定　　38件

○フランス領西アフリカ（AOF）の記録史料（セネガル）
○植民地時代の記録文書（ベナン）
○エチオピア国立公文書館図書館の至宝（エチオピア）
○タンザニア国立公文書館のドイツの記録（タンザニア）
○ブリーク・コレクション（南アフリカ）
○フランスがモーリシャスを占領していた時代の記録文書（モーリシャス）
○スエズ運河の記録（エジプト）
○オスマンのムシャフとして知られるコーラン（ウズベキスタン）
○アル・ビールーニーの東方研究の調査報告書コレクション（ウズベキスタン）
○アジア研究学院のタミール医学の文書（インド）
○伝統音楽の録音保存資料（中国）
○朝鮮王朝実録（韓国）
○訓民正音（韓国）
○1983年の女性参政権の請願書（ニュージーランド）
○ワイタンギ条約（ニュージーランド）
○ウィーン会議の最終文書（オーストリア）
○ウィーンのディオスコリデスの挿絵（オーストリア）
○ベシャギッチのイスラムの文書集（スロヴァキア）
○ブラチスラヴァ・チャプターハウス図書館からの彩飾文書（スロヴァキア）
○デンマークの海外貿易会社の記録文書（デンマーク）
○ハンス・クリスチャン・アンデルセンの直筆文書と通信文（デンマーク）
○リンネのコレクション（デンマーク）
○セーレン・キルケゴールの手稿（デンマーク）
○アドルフ・エリック・ノルデンショルドのコレクション（フィンランド）
○マテナダラン古文書館の古代文書集（アルメニア）
○1092年の大天使の福音書（ロシア連邦）
○ヒトロヴォの福音書（ロシア連邦）
○ロシア帝国と18世紀のコレクション（ロシア連邦）
○新聞コレクション（ロシア連邦）
○19世紀末と20世紀初期のロシアのポスター（ロシア連邦）
○15世紀のキリル文字におけるスラブ語の出版物（ロシア連邦）
○テチャロヤン・デ・クアヒマルパの文書（メキシコ）
○オアハカ渓谷の文書（メキシコ）
○メキシコ語の発音記号のコレクション（メキシコ）
○デレック・ウォルコットのコレクション（トリニダード・トバゴ）
○19世紀のラテン・アメリカの写真集（ヴェネズエラ）
○国家のアーカイヴ－解放者シモン・ボリバルの著作集（ヴェネズエラ）
○ラプラタ川の支配地域の記録遺産（アルゼンチン）

1999年選定　　9件

○ジンナー・ペーパーズ（クァイダ・イ・アザム）（パキスタン）
○フィリピンの古文書文字（ハヌノウ、ブイッド、タグバンワ、パラワン）（フィリピン）
○清の内閣大学士の記録（中国）
○ベルリン録音資料館の世界伝統音楽の初期のシリンダー録音（ドイツ）

○ウィーン音声資料館の歴史コレクション（1899～1950年）（オーストリア）
○ニコラウス・コペルニクスの傑作「天球の回転についての6巻」（ポーランド）
○フレデリック・ショパンの名曲（ポーランド）
○ワルシャワ・ゲットーのアーカイヴス（エマヌエル・リンゲルブルムのアーカイヴス）
（ポーランド）
○エリック・ウィリアムズのコレクション（トリニダード・トバゴ）

2001年選定　　21件

○スジャラ・ムラユ（マレー年代記）（マレーシア）
○ハン・トゥア物語（マレーシア）
○ケダー州のスルタン（1882～1943年）の文書（マレーシア）
○直指心体要節（韓国）
○承政院日記（韓国）
○マボ判決の文書（オーストラリア）
○ジェームス・クックのエンデバー号の日誌（オーストラリア）
○カンディリ観測所と地震調査研究所の文書（トルコ）
○ボガズキョイにおけるヒッタイト時代の楔形文字タブレット（トルコ）
○グーテンベルクの42行聖書（ドイツ）
○ルードヴィッヒ・ヴァン・ベートーヴェンの交響曲第9番ニ短調作品125（ドイツ）
○メトロポリス＜2001年の復元版＞（ドイツ）
○ゲーテ・シラー資料館のゲーテの直筆の文学作品（ドイツ）
○エァッツヘアツォーク・ライナーのパピルス古文書（オーストリア）
○ウィーン図書館のシューベルトのコレクション（オーストリア）
○プランタン印刷所のビジネス・アーカイヴス（ベルギー）
○ヘンリック・イプセン：人形の家（ノルウェー）
○ベルゲンのハンセン病のアーカイヴ（ノルウェー）
○カルマン・ティハニの1926年の特許申請のラジオスコープ（ハンガリー）
○ダイヌ・スカピス－民謡の戸棚（ラトヴィア）
○サンクトペテルブルクのフォノグラム・アーカイヴスの歴史的コレクション（1889～1955年）
（ロシア連邦）

2003年選定　　23件

○アラビア語の文書と書籍のコレクション（タンザニア）
○イスラム初期（クーフィー）の碑文（サウジアラビア）
○ウバイド・ザコニの「クリヤート」とハーフェズ・シェロズィーの「ガザリト」（14世紀）
（タジキスタン）
○コジャ・アフメド・ヤサウィの写本集（カザフスタン）
○スコータイ王朝のラーム・カムヘーン王の碑文（タイ）
○フィリピンの人民の力革命のラジオ放送（フィリピン）
○麗江のナシ族の東巴古籍（中国）
○スレイマン寺院文書図書館におけるイブン・シーナの業績（トルコ）
○人間と市民の権利の宣言（1789～1791年）（フランス）
○ライヒェナウ修道院（コンスタンス湖）で生み出されたオットー朝からの彩飾文書（ドイツ）
○オランダの東インド会社の記録文書
（オランダ／インド／インドネシア／スリランカ／南アフリカ）
○エッツ・ハイム図書館－モンテシノス図書館（オランダ）

○ファミリー・オブ・マン（ルクセンブルク）
○オーストリア国立図書館所蔵のファン・デル・ヘム氏蒐集のアトラス ブラウ（オーストリア）
○1573年1月28日のワルシャワ 連盟協約：宗教的寛容の保証（ポーランド）
○1980年8月のグダニスクの二十一箇条要求：大規模な社会運動で労働組合の連帯が誕生
（ポーランド）
○ニコラ・テスラのアーカイヴ（セルビア）
○忘れられた人々（メキシコ）
○カリブの奴隷にされた人々の記録遺産（バルバドス）
○皇帝のコレクション：19世紀の外国とブラジルの写真（ブラジル）
○カルロス・ガルデルの原盤-オラシオ・ロリエンテのコレクション（1913～1935年）
（ウルグアイ）
○チリの人権のアーカイヴ（チリ）
○アメリカのイエズス会（チリ）

2005年選定　　29件

○ヘンドリック・ヴィトブーイのレター誌（ナミビア）
○スルタンと王子の善行録（エジプト）
○フェニキア文字（レバノン）
○レバノン山のナハル・エル・カルブの記念碑（レバノン）
○国際的な反核運動組織「ネバダ・セミパラチンスク」の視聴覚ドキュメント
（カザフスタン）
○ポンディシェリのシヴァ文書（インド）
○清の官吏登用試験合格者掲示（中国）
○パピルスの文書（アルバニア）
○ブラームスの作品集（オーストリア）
○ゴシック建築の図面集（オーストリア）
○アストリッド・リンドグレーンのアーカイヴス（スウェーデン）
○エマヌエル・スウェーデンボリのコレクション（スウェーデン）
○十進法システムの紹介（1790～1837年）（フランス）
○リュミエール兄弟の映画（フランス）
○1940年6月18日のド・ゴール将軍の呼びかけ（フランス／英国）
○ソンムの戦い（英国）
○子供と家庭のための童話（ドイツ）
○ペロ・ヴァス・デ・カミーニヤの書簡（ポルトガル）
○1180年からのミロスラヴの福音の記録（セルビア）
○ロアール・アムンセンの南極探検（1910～1912年）（ノルウェー）
○コルヴィナ文庫のコレクション
（オーストリア／ベルギー／フランス／ドイツ／ハンガリー／イタリア）
○中世の医療薬学に関する文書（アゼルバイジャン）
○ユダヤ民族の民俗音楽集（1912～1947年）（ウクライナ）
○マラテスタ・ノヴェッロ図書館（イタリア）
○プトレマイオスの慣例に習いアメリゴ・ヴェスプッチの探検を組み入れた世界地図
（アメリカ合衆国／ドイツ）
○パラフォクシアナ図書館（メキシコ）
○『ホセ・マルティ・ペレス』の記録史料（キューバ）
○シリル・ライオネル・ロバート・ジェームズのコレクション（トリニダード・トバゴ）
○黒人奴隷のアーカイヴス（コロンビア）

2007年選定　　38件

○国際的な戦争捕虜のアーカイヴス　1914〜1923年
　（赤十字国際委員会（ICRC）（在ジュネーブ））
○クリストファー・オキボの詩集（クリストファー・オキボ財団）
○解放闘争の生々しいアーカイヴ・コレクション（南アフリカ）
○刑事裁判所判決No.253/1963（国家対ネルソン・マンデラほか）（南アフリカ）
○ペルシャ語の文書（エジプト）
○バヤサンゴールのシャーナーメ（バヤサンゴール王子の王書）（イラン）
○ラシードゥッディーンのラシード区ワクフ文書補遺文書作成指示（イラン）
○リグヴェーダ（インド）
○ホセ・マセダのコレクション（フィリピン）
○高麗大蔵経板と諸経板（韓国）
○朝鮮王朝儀軌（韓国）
○清朝洋式雷の記録文書（中国）
○オーストラリアの囚人記録集（オーストラリア）
○ケリー・ギャング物語（1906年）（オーストラリア）
○ヘレフォード・マッパ・ムンディ（英国）
○バイユのタペストリー（フランス）
○トルデシリャス条約（スペイン／ポルトガル）
○コルポ・クロノロジコ（ポルトガル人の発見に関する文書集）（ポルトガル）
○スプラスリエンシスの文書（スプラスルの文書-月別聖人伝、3月）
　（ポーランド／ロシア連邦／スロヴェニア）
○中世のチェコ改革の文書のコレクション（チェコ）
○ロシア人、ウクライナ人、ベラルーシ人の移民誌　1918〜1945年（チェコ）
○新しい記録と良き統治（デンマーク）
○サウンド海峡通行料の記録（デンマーク）
○イングマール・ベルイマンの記録文書（スウェーデン）
○アルフレッド・ノーベル家族の記録文書（スウェーデン）
○ゴットフリート・ヴィルヘルム・ライプニッツ図書館のコレクションの中での
　ゴットフリート・ヴィルヘルム・ライプニッツの往復書簡（ドイツ）
○バンスカー・シュティアヴニッツアの鉱山地図（スロヴァキア）
○国民教育委員会のアーカイヴス（ポーランド）
○ハンガリー王国地図（ハンガリー／クロアチア）
○タブーラ・ペウティングリアーナ（オーストリア）
○ケベック神学校のコレクション　1623〜1800年(17〜19世紀)（カナダ）
○ハドソン湾会社の記録（カナダ）
○メトロ・ゴールドウィン・メイヤーによって制作されたオズの魔法使
　（ヴィクター・フレミング 1939）（アメリカ合衆国）
○先住民族言語のコレクション（メキシコ）
○ニカラグア十字軍の記録文書（ニカラグア）
○コロンビア：フランシスコ・デ・ミランダ将軍の記録文書（ヴェネズエラ）
○アメリカの植民地音楽：豊富な記録の見本
　（ボリヴィア／コロンビア／メキシコ／ペルー）
○1976〜1983年の人権記録遺産-国家テロ闘争での真実、正義、記憶のアーカイヴス
　（アルゼンチン）

選定年別

2009年選定　　35件

○マダガスカル王室の公文書（1824～1897年）（マダガスカル）
○国際連合パレスチナ難民救済事業機関の写真と映画のアーカイヴス（エルサレム）
○サファヴィー朝時代のアースターネ・クドゥス・ラザヴィーにおける行政文書（イラン）
○シャム王朝のチュラロンコーン国王（在位1868-1910）の国家変革の記録資料（タイ）
○トレンガヌ碑文石（マレーシア）
○トゥール・スレン虐殺博物館のアーカイヴス（カンボジア）
○グエン朝の版木（ヴェトナム）
○東医宝鑑（韓国）
○クイーンズランド労働党のマニフェスト（1892年9月9日付）（オーストラリア）
○サンタ・フェの降伏文書（スペイン）
○1215年に調印されたマグナ・カルタ（英国）
○ピエール・ヴィレー時代のクレルヴォー・シトー修道院図書（フランス）
○国際連盟のアーカイヴス 1919-1946（国際連合ジュネーブ事務局（在ジュネーブ））
○中世ヨーロッパの英雄叙事詩ニーベルングの歌（ドイツ）
○アンネ・フランクの日記（オランダ）
○アントワープの破産した ブーデルスカーメルのアーカイヴス（ベルギー）
○ハンガリー科学アカデミー図書館のチョーマのアーカイヴ（ハンガリー）
○ヤーノシュ・ボーヤイ：空間論（ハンガリー）
○パリ・ポーランド歴史文芸協会のアーカイヴス（1946～2000年）（ポーランド）
○アルニ・マグヌソンの文書集（デンマーク／アイスランド）
○バルトの道-自由への行進での三国を繋ぐ人間の鎖（エストニア／ラトヴィア／リトアニア）
○ラズヴィヴ年代記とネスヴィジ図書館のコレクション
　（ベラルーシ／フィンランド／リトアニア／ポーランド／ロシア連邦／ウクライナ）
○1952年にノーマン・マクラレンが監督・制作したアニメーション映画「隣人」（カナダ）
○ジョン・マーシャルのズール・ホアン・ブッシュマンの映画とビデオ集 1950～2000年
　（アメリカ合衆国）
○メキシコのアシュケナージ（16～20世紀）（メキシコ）
○キューバ映画芸術産業庁のラテン・アメリカのオリジナル・ネガ（キューバ）
○英国カリブ領の奴隷の登記簿1817～1834年
　（英国／バハマ／ベリーズ／ドミニカ／ジャマイカ／セントキッツ・ネイヴィース／
　トリニダード・トバゴ）
○ファークハーソンの日記（バハマ）
○ドミニカ共和国における人権の抵抗と闘争に関する記録遺産（ドミニカ共和国）
○西インド連邦のアーカイヴスの記録史料（バルバドス）
○ニータ・バロウのコレクション（バルバドス）
○パピアメント語で書かれた最初のカテキズム（オランダ領アンティル）
○奴隷の洗礼に関する本（1636～1670年）（ドミニカ共和国）
○ウイリアム・アーサー・ルイス卿の文書（セント・ルシア）
○恐怖の記録文書（パラグアイ）

2011年選定　　51件

○デンボスのアーカイヴス／ンデンブ族のアーカイヴス（アンゴラ／ポルトガル）
○イバルの書（モロッコ）
○チュニスでの18世紀～19世紀における略奪船の活動と国際関係（チュニジア）
○占星術教程の書（イラン）
○ニザーミーの長篇叙事詩パンジュ・ガンジュ（五宝）（イラン）
○アラル海の記録（カザフスタン）
○ヴィマラプラバー（インド）
○ティムールの歴史（インド）
○ワット・ポーの碑文書（タイ）
○黎朝・莫朝時代の科挙の記録石碑（1442年～1779年）（ヴェトナム）
○マニュエル・ケソン大統領の文書（フィリピン）
○叙事詩ラ・ガリゴ（インドネシア／オランダ）
○黄金史綱（アルタン・トブチ）（1651年）（モンゴル）
○モンゴル版テンギュル（丹珠爾）（モンゴル）
○黄帝内経（中国）
○本草綱目（中国）
○韓国光州民主化運動の記録（韓国）
○日省録（韓国）
○山本作兵衛コレクション（日本）
○大英図書館の歴史的・民族学的記録（1898年～1951年）（英国）
○ケルズの書（アイルランド）
○ベアトゥス・レナヌスの図書（フランス）
○フランソワ1世統治時代のパリのシャトレのバナー選定選定（フランス国立公文書館）
　（フランス）
○1922年の最初の南大西洋横断飛行の記録（ポルトガル）
○ルッカの歴史的教区の記録文書（イタリア）
○ジャン・ジャック・ルソー、ジュネーブとヌーシャテルのコレクション（スイス）
○1886年のベンツの特許選定証（ドイツ）
○ベルリンの壁の建設と崩壊、及び「2プラス4条約」（1990年）に関連する文書（ドイツ）
○アーノルド・シェーンベルクの遺産（オーストリア）
○オーストリア国立図書館の「マインツ聖詩篇」（オーストリア）
○ド・スメのコレクション（オランダ）
○オランダの西インド会社の記録文書（英国／オランダ／ブラジル／ガーナ／ガイアナ／
　オランダ領アンティル／スリナム／アメリカ合衆国）
○カレル大学の526の論文（1637～1754年）（チェコ）
○ワルシャワ再建局の記録文書（ポーランド）
○「エニナの使徒行伝」11世紀ブルガリアのキリル文字文書（ブルガリア）
○最初のビュラカン天文台の観測記録（FBS或は マルカリアン銀河の観測記録）（アルメニア）
○ジョージアのビザンチンの文献（ジョージア）
○ハンブルク聖書（デンマーク）
○ストックホルム都市計画委員会の記録文書（スウェーデン）
○アルジェンテウス文書（銀泥文書）（スウェーデン）
○トール・ヘイエルダールの史料（ノルウェー）
○オストロミールの福音書（1056～1057年）（ロシア連邦）
○トルストイの個人蔵書、草稿、写真、映像のコレクション（ロシア連邦）
○ランドサット衛星計画の記録：複数スペクトル・スキャナー（MSS）の感知器
　（アメリカ合衆国）
○メキシコ国立公文書館所蔵等の『地図・絵画・イラスト』をもとにした16世紀～18世紀の
　図柄記録（メキシコ）
○ミデルブルフ貿易会社（MCC）についての記録文書（オランダ領アンティル／スリナム）

選定年別

○コンスタンティンのコレクション（トリニダード・トバゴ）
○シルバー・メン：パナマ運河における西インド諸島労働者の記録
（バルバドス／ジャマイカ／パナマ／セントルシア／英国／アメリカ合衆国）
○インド系契約労働者の記録（フィジー／ガイアナ／スリナム／トリニダード・トバゴ）
○ラ・プラタ王立大審問院の記録史料（ボリヴィア）
○ブラジル軍事独裁政権時代（1964年～1985年）の情報網（ブラジル）

2013年選定　　56件

○1991～1992年の民主南アフリカ会議のアーカイヴスと1993年の複数政党制への移行協議の
プロセスのアーカイヴス（南アフリカ）
○エジプト国立図書館のマムルーク朝のコーランの文書集（エジプト）
○カジャール朝時代（1193～1344年太陰暦／1779～1926年グレゴリオ暦）のイランの地図集
（イラン）
○ダキラーイ・カラズムシャヒ（イラン）
○シャーンティナータ寺院のチャリトラ（インド）
○ニスヴァサッタットヴァサムヒタの文書（ネパール）
○ススルタムヒタ（サホッタルタントラ）の文書（ネパール）
○マハ・ラウカマラゼイン或はクドードォ寺院の碑文が刻まれた仏塔群（ミャンマー）
○「サイアム・ソサエティ評議会の議事録集」研究分野の国際協力と芸術・科学分野の
知識普及の100年の記録（タイ）
○ババッド・ディポネゴロ、或はジャワの貴族でインドネシア国家の英雄でイスラム主義者で
あるディポネゴロ皇太子（1785～1855年）の自叙年代記（インドネシア／オランダ）
○ナガラ・クレタガマ、或は国の概容（1365年）（インドネシア）
○一国家の誕生：転換点（東ティモール）
○9つの宝石で書かれたカンジュール（モンゴル）
○中国の元朝のチベットの公式記録集1304～1367年（中国）
○華僑からの通信文と送金書類（中国）
○乱中日記：李舜臣の戦記（韓国）
○セマウル運動のアーカイヴス（韓国）
○慶長遣欧使節関係資料（日本／スペイン）
○御堂関白記：藤原道長の自筆日記（日本）
○アーサー・バーナード・ディーコン(1903～27年)のコレクション文書 90-98
（ヴァヌアツ／英国）
○トプカプ宮殿博物館図書館とスレイマニェ図書館に所蔵されているエヴリヤ・チェレビの
「旅行記」（トルコ）
○エルサレムのヤド・ヴァシェムの証言集、1954～2004年（イスラエル）
○ロスチャイルド文書（イスラエル）
○イスティトゥート・ルーチェのニュース映画と写真（イタリア）
○ラメンサ組合の自由（1448年）（スペイン）
○1188年のレオンの法令-ヨーロッパの議会システムの最古の記録（スペイン）
○ヴァスコ・ダ・ガマのインドへの最初の航海史1497～1499年（ポルトガル）
○会員申請証明書類（英国）
○ショタ・ルスタヴェリの長編叙事詩「豹皮の騎士」の原稿集（ジョージア／英国）
○ロルシュ薬局方（バンベルク州立図書館薬学文書棚）（ドイツ）
○共産党宣言の草稿とカール・マルクスの資本論の個人の注釈原稿（オランダ／ドイツ）
○ネブラの天文盤（ドイツ）
○ルーヴェン大学のアーカイヴス(1425～1797年)：世界的な重要性のある大学遺産（ベルギー）
○万能書誌庫（ベルギー）
○モントルー・ジャズ・フェスティバル：クロード・ノブスの遺産（スイス）
○「金印勅書」-7つのすべての原本とオーストリア国立図書館所蔵の「ヴェンツェル王の豪華な
手書き文書の写本（オーストリア／ドイツ）

○発禁図書：1948～1989年のチェコ・スロヴァキア・サミズダートの定期刊行物のコレクション（チェコ）
○15世紀中期から18世紀後期にポーランド王国とオスマン帝国の間で締結された平和条約集（アフドナーメ）（ポーランド）
○ポーランド歴史文学協会／パリのポーランド図書館／アダム・ミツキェヴィチ博物館の19世紀のコレクション（ポーランド）
○センメルヴェイスの発見（ハンガリー）
○アイスランドの1703年の人口センサス（アイスランド）
○ソフォス・トロムホルトのコレクション（ノルウェー）
○「ジョージア王国の概要」とヴァフシュティ・バグラティオニの地理地図（ジョージア）
○作曲家アラム・ハチャトゥリアンの原稿と映画音楽のコレクション（アルメニア）
○1377年のラヴレンチー年代記（ロシア連邦）
○インスリンの発見と世界的なインパクト（カナダ）
○エレノア・ルーズベルト文書プロジェクトの常設展（アメリカ合衆国）
○ヴィスカイナス学院の歴史的アーカイヴの古文書：世界史の中での女性の教育と支援（メキシコ）
○ボリヴィアでのチェ・ゲバラの日記（ボリヴィア／キューバ）
○ラ・プラタ聖堂の教会音楽譜集（ボリヴィア）
○ペルー人と南米人の初版（1584～1619年）（ペルー）
○征服者の旅行記録、或は、"子牛の本"（ペルー）
○チリの大衆詩のコレクション：リラ・ポピュラー（チリ）
○オスカー・ニーマイヤー建築アーカイヴ（ブラジル）
○ブラジル皇帝ペドロ2世の国内外の旅行に関する書類（ブラジル）
○インターナショナル・トレーシング・サービスのアーカイヴス（インターナショナル・トレーシング・サービス(ITS)国際委員会）

2015年選定　　48件

○フランス領西アフリカの古葉書集（セネガル）
○ウィリアム・ポンティ校の記録集（セネガル）
○年季契約移民の記録（モーリシャス）
○ネハンダとカグヴィの2人の霊媒師の裁判の記録(1897年4月)、彼らの処刑に至る国家対ネハンダとカグヴィの判例（ジンバブエ）
○サアディーの詩集（イラン）
○諸道と諸国の書（イラン／ドイツ）
○ミャゼーディーの4言語の石碑（ミャンマー）
○アジア・アフリカ会議のアーカイヴス（インドネシア）
○南京大虐殺の記録（中国）
○韓国放送公社(KBS)の特別生放送番組「離散家族を探しています」のアーカイヴス（韓国）
○儒教冊版（韓国）
○東寺百合文書（日本）
○舞鶴への生還　1945～1956シベリア抑留等日本人の本国への引き揚げの記録（日本）
○エドモンド・ヒラリー卿の記録（ニュージーランド）
○キュルテペ遺跡の古アッシリア商人のアーカイヴス（トルコ）
○デルヴェニ・パピルス：ヨーロッパ最古の「書物」（ギリシャ）
○アレッポ写本（イスラエル）
○アイザック・ニュートン卿の科学と数学の論文集（イスラエル／英国）
○ロッサーノ福音書（イタリア）
○バルバネラ暦書のコレクション（イタリア）
○新世界の現地語からスペイン語に翻訳された語彙（スペイン）
○イベリアの伝統の中で描かれた黙示録注釈（リエバーナのベアトゥス）の手稿（スペイン／ポルトガル）

選定年別

○ルイ・パスツールのアーカイヴ（フランス）
○アルビの世界地図（フランス）
○エミール・レイノーの動画ショー（フランス／チェコ）
○ヨハン・セバスティアン・バッハのミサ曲ロ短調の自筆譜（ドイツ）
○マルティン・ルターによって創始された宗教改革の発展の草創期を代表する記録（ドイツ）
○英国王ジョージ2世へのビルマ王アラウンパヤーの黄金の手紙
（ドイツ／英国／ミャンマー）
○チャーチルの書類（英国）
○陸軍元帥ダグラス・ヘイグ卿の第一次世界大戦（1914～1919年）の戦中日記（英国）
○言語アーカイヴでの世界の言語の多様性の選択データ集（オランダ）
○ユトレヒト詩篇（オランダ）
○ボドメールの蔵書コレクション(1916～1971年)（スイス）
○ブレスト合同の資料と図書（ポーランド）
○ヘンリクフの書（ポーランド）
○ローランド・エトヴェシェの作品の2つの最も顕著な結果に関連した3つの書類
（ハンガリー）
○1914年7月28日のサラエボ事件に起因したオーストリア・ハンガリーの宣戦布告の電報
（セルビア）
○スエンニェルのスコルト・サーミの村のアーカイヴ（フィンランド）
○ジョージア国立公文書館に保存されている最古の手書き文書（ジョージア）
○1649年の会議法典ウロジェニエ（ロシア連邦）
○スミソニアン協会フォークライフ・文化遺産センター所蔵のモーゼス・フランセス・アッシュ・
コレクション（アメリカ合衆国）
○フレイ・ベルナルディーノ・デ・サアグン(1499～1590年)の作品（メキシコ／イタリア）
○権利の誕生に関する裁判記録集：1948年の世界人権宣言(UDHR)に対するメキシコの
保護請求状の貢献による効果的救済（メキシコ）
○西インド委員会の報告書（バルバドス）
○他者の眼差し：エクアドル・アマゾンのサレジオ会の使徒座代理区の記録遺産1890～1930年
（エクアドル）
○三国同盟戦争の図像と地図の展示資料（ブラジル／ウルグアイ）
○コーノ・スール諸国人権擁護基金委員会（CLAMOR）（ブラジル／ウルグアイ）
○人類最初の音声の録音：エドゥアール・レオン・スコット・ド・マルタンヴィル
（1853～1860年）の録音再生技術（アメリカ録音収蔵協会(ARSC)）

2016年選定　　1件

○西インド委員会コレクション
（アンティグア・バーブーダ／ジャマイカ／英国／アンギラ／モンセラット）

＊2015年10月に開催された第12回国際諮問委員会アブダビ会議（アラブ首長国連邦）で選定されたが、ユネスコ事務局長の
最終決定が、何らかの事情で2016年にずれ込み選定されたのであろう。

2017年選定　　78件

○身体に影響を与える内外の病気の治療に関する書（マリ）
○宗教と身体に関する人間の関心事（マリ／ナイジェリア）
○信者間の相違に注意を払わぬ人々に対する注意（マリ）
○アル・ザフラウィシュール写本（モロッコ）
○チュニジアの1841～1846年の奴隷制度の廃止（チュニジア）
○アル・ムスタムラムとアル・タクミラ書（アルジェリア）
○海洋科学による航海技術　海洋科学のルールの情報を含む海洋ガイド(オマーン)
○集史（イラン）
○ヒヴァ・ハン国の公文書のアーカイヴス（ウズベキスタン）

選定年別

○ギルギット法華経写本（インド）
○マイトレヤイ・バル・アカラナ（インド）
○バンガバンドゥ・シェイク・ムジブル・ラフマンの3月7日の歴史的な演説（バングラデシュ）
○バインナウン王鐘銘文（ミャンマー）
○王室の写真ガラス板ネガとオリジナル・プリント集（タイ）
○パンジ物語手稿（カンボジア／インドネシア／オランダ／マレーシア／英国）
○グエン朝（1802～1945年）の帝国アーカイヴス（ヴェトナム）
○ボロブドールの保全のアーカイヴス（インドネシア）
○インド洋津波アーカイヴス（インドネシア／スリランカ）
○近現代の蘇州シルクのアーカイヴス（中国）
○清王朝時代（1693～1886年）のマカオの公式記録（ポルトガル／中国）
○中国の甲骨文字碑文（中国）
○武芸図譜通志（北朝鮮）
○国債報償運動のアーカイヴス（韓国）
○朝鮮王室の御宝と御冊（韓国）
○朝鮮通信使に関する記録：17世紀～19世紀の日韓の平和構築と文化交流の歴史（日本／韓国）
○上野三碑（日本）
○シドニー港の大型ガラス乾板ネガ（オーストラリア）
○テュルク諸語集成（トルコ）
○イスラエルの民話アーカイヴス（イスラエル）
○ペール・カストール・アーカイヴス（フランス）
○サンティアゴ・ラモン・イ・カハルとスペイン神経解剖学学校のアーカイヴス（スペイン）
○サンティアゴ・デ・コンポステーラ大聖堂のカリクストゥス写本と聖ヤコブの書の他の中世の
　コピー：ヨーロッパにおけるヤコブの伝統のイベリア半島の起源（スペイン／ポルトガル）
○シマンカス総合古文書館（スペイン）
○1939～1940年にボルドー領事のアリスティデス・ソウザ・メンデスによって発給されたヴィザ
　の選定簿（ポルトガル）
○ガートルード・ベル・アーカイヴ（英国）
○オーウェルの作品（英国）
○「シェイクスピアの文書類」、ウイリアム・シェイクスピアの生涯の文書の足跡（英国／米国）
○アイルランド民俗学委員会コレクション　1935～1970年（アイルランド）
○アレッタH. ジェイコブスの論文（オランダ／米国）
○アムステルダム公証人の1578～1915年のアーカイヴ（オランダ）
○ヴェステルボルクの映画フィルム（オランダ）
○オーストリア鉄道の歴史博物館のセンメリング鉄道の記録（オーストリア）
○ルートヴィヒ・ヴィトゲンシュタインの哲学遺産（オーストリア／カナダ／オランダ／英国）
○アントニヌス勅令（ドイツ）
○フランクフルト・アウシュビッツ裁判（ドイツ）
○ザンクト・ガレンの修道院アーカイブスと修道院図書館に所蔵されている前ザンクト・
　ガレン修道院の記録遺産（スイス）
○国際連合先住民族による1982～2015年の宣言集（スイス）
○1920年のワルシャワの戦いのポーランド・ラジオ・インテリジェンス文の記録（ポーランド）
○ユルゲン・シュトロープの報告書（ポーランド）
○ルブリン合同法の記録（ポーランド／リトアニア／ウクライナ／ベラルーシ／ラトヴィア）
○レオシュ・ヤナーチェクのアーカイヴス（チェコ）
○カモッショ地図（チェコ／マルタ）
○キンジュヴァルト・ダゲレオタイプ　－　現代視覚メディアの誕生（チェコ）
○ボリルのシノディコン、或は、ボリル王のシノディコン（ブルガリア）
○タサール・イヴァン・アレクサンダル皇帝の福音書（ブルガリア／英国）
○サラエボ・ハッガーダー装飾写本（ボスニア・ヘルツェゴヴィナ）
○1915年のベルジアン少年法（ノルウェー）
○ダグ・ハマーショルドのコレクション（スウェーデン）
○チェルノブイリ原子力発電所事故に関連する記録遺産（ウクライナ）
○ムハンマド・フズーリーの『ディヴァン』の手稿のコピー（アゼルバイジャン）
○四福音書-パリンプセスト（ジョージア）
○16世紀～18世紀のインドのアルバム、ペルシャのミニチュアそれにペルシャ書道の見本
　（ロシア連邦）
○マーシャル・マクルーハン：未来のアーカイヴス（カナダ）
○混在の痕跡と諸大陸の記憶－アメリカにおけるフランス人のサウンド（カナダ）

○マヌエル・アルバレス・ブラボのネガ、出版物、文書のアーカイヴス（メキシコ）
○イグナシオ・エリャクリアスの文書資産：歴史的事実と解放（エルサルバドル）
○フロリド回想録、グアテマラ王国の歴史的スピーチと自然的・物質的・軍事的・政治的記述（グアテマラ）
○オデッテ・ムネソン・リゴー・ホールディングス（ハイチ）
○コスタ・リカの軍隊の廃止（コスタリカ）
○中米司法裁判所（コスタリカ）
○バルバドス発祥のアフリカの歌、或は、詠唱（バルバドス／英国）
○自由への道：二重国籍のシント・マールテン／セント・マーチン島で奴隷にされたアフリカ人がいかに彼らの自由を勝ち取ったかの事例研究（セント・マーチン島）
○アントーニョ・カルロス・ゴメス（ブラジル／イタリア）
○教育者パウロ・フレイレのコレクション（ブラジル）
○ニーゼ・ダ・シルベイラの個人アーカイヴ（ブラジル）
○ヴィラ・オカンポ文書センター（アルゼンチン／米国）
○国際知的協力機関の1925〜1946年のアーカイヴス（ユネスコ・アーカイヴ）
○世界保健機関の天然痘根絶計画の記録（WHO世界保健機関）

2023年選定　64件

○非同盟運動第1回首脳会議のアーカイブ（アルジェリア／エジプト／インド／インドネシア／セルビア）
○作曲家コミタス・ヴァルダペットの作品群（アルメニア）
○カール大帝宮廷学校の装飾写本（オーストリア／フランス／ドイツ／ルーマニア／英国）
○フールシード・バーヌー・ナータヴァーンの「花の本」、イラスト入りの詩集（アゼルバイジャン）
○ハンザ同盟の歴史に関する文書（ベルギー／デンマーク／エストニア／ドイツ／ラトヴィア／ポーランド）
○物理学および化学に関する国際ソルベー会議のアーカイブ（1910年から1962年まで）（ベルギー／フランス）
○フェミニズム、科学、政治：ベルタ・ルッツの遺産（ブラジル）
○マウラーナーのクリヤット（マウラーナー全集）（ブルガリア／ドイツ／イラン／タジキスタン／トルコ／ウズベキスタン）
○子供の語り：カナダの先住民寄宿学校を通じたカナダ先住民族の子供たちへの強制同化政策（カナダ）
○新世界でのケアの提供：思いやりと献身的な女性であるカナダの聖アウグスチノ修道会の修道女（カナダ）
○チベット医学の四部医典（中国）
○マカオの功徳林寺のアーカイブと写本（1645年から1980年まで）（中国（マカオ特別行政区））
○ドゥブロヴニク共和国のアーカイブ（1022年から1808年まで）（クロアチア）
○ハバナ市議会による法令（植民地時代の1550年から1898年まで）（キューバ）
○キューバ映画のポスター（キューバ）
○モールのコレクション（チェコ）
○アントニン・ドヴォルザークのアーカイブ（チェコ）
○渾天全図（北朝鮮）
○オーランド諸島に保管されている1913年から1949年までの世界貿易における最後のウィンドジャマー時代を伝えるグスタフ・エリクソン海運会社のアーカイブ（フィンランド（オーランド諸島））
○アンジェの黙示録のタペストリー（フランス）
○ボルドー本：モンテーニュのエセーの著者加筆訂正本（1588年から1592年まで）（フランス）
○1957年から1992年までのフランスとブルキナファソにおける国際ATDカールモンド運動のアーカイブ（フランス／ブルキナファソ）
○クロード・ランズマンによる『SHOAH ショア』の35mmネガ復元版、そして200時間に及ぶショアの歴史に関する目撃証言の音声アーカイブ（フランス／ドイツ）
○マネッセ写本（ハイデルベルク大学図書館所蔵、

コディケス・パラティニ・ゲルマニキ第848号）（ドイツ）
○ベハイムの地球儀（ドイツ）
○ドードーナの神託の鉛板（ギリシャ）
○旧フランス植民地（1666年から1880年まで）での奴隷化された人々の識別選定
（ハイチ／フランス）
○アビナバグプタ（940年から1015年まで）の作品の写本集（インド）
○1960年9月30日のスカルノの演説『世界を新しく築くために』（インドネシア）
○ヒカヤット・アチェ、15世紀から17世紀までのインドネシアのアチェの生活に関する
3つの写本（オランダ／インドネシア）
○EMIアーカイブトラストの1897年から1914年までの蓄音機用のレコードと蝋管
（国際音声・視聴覚アーカイブ協会（IASA））
○ガージャール朝におけるイランの国際関係に関する文書群（1807年から1925年まで）
（イラン）
○アルダビールのシャイフ・サフィー・アッディーン廟の文書群（952年から1926年まで）
（イラン）
○古代ナポリ公立銀行のアポディサリオ基金（1573年から1809年まで）（イタリア）
○バイオントダム災害に関する刑事訴訟（イタリア）
○円珍僧侶のアーカイブ：日中文化交流の歴史（日本）
○ナレーター、サグンバイ・オロズバコフによるキルギスの叙事詩『マナス』の写本
（キルギス）
○ミサ・ムラユMSS 6（マレーシア）
○モーリシャスの使徒、福者ジャック・デジレ・ラヴァル神父に関する
アーカイブ・コレクション（モーリシャス）
○モーリシャスの奴隷貿易と奴隷制度の記録（1721年から1892年まで）（モーリシャス）
○ハルハ王子、ツォグトゥ・クン＝タイジの石碑（モンゴル）
○ロッテルダムのエラスムス・コレクション（オランダ）
○DDS：デ・ディヒタレ・スタット／ザ・デジタル・シティ（オランダ）
○オランダ領カリブ海地域の奴隷化された人々とその子孫の記録遺産（1816年から1969年まで）
（オランダ（キュラソー／シント・マールテン／スリナム共和国））
○クレ・コレクション所蔵の30693枚のガラス乾板（1864年から1933年まで）（ペルー）
○最初の世界周航（1519年から1522年まで）（ポルトガル／スペイン）
○4・19革命のアーカイブ（韓国）
○東学農民革命のアーカイブ（韓国）
○フョードル・ドストエフスキーの手稿とメモ（ロシア連邦）
○石に刻まれたアラビアの年代記：イクマ山（サウジアラビア）
○1800年から1820年までの天然痘ワクチンの王立慈善遠征（スペイン）
○シモン・ルイスのアーカイブ（スペインのメディナ・デル・カンポ）（スペイン）
○マハーワンサ、スリランカの大年代記（紀元前6世紀から1815年までを網羅）（スリランカ）
○1766年のスウェーデンの報道の自由に関する条例：情報の自由な伝達を保障する世界初の法律
（スウェーデン）
○ハイジとヨハンナ・シュピリのアーカイブ（スイス）
○プラタート・パノム年代記のヤシの葉写本の国家コレクション（タイ）
○ロドルフ・デルランジェ男爵のアーカイブにある音楽の所蔵品（1910年から1932年まで）
（チュニジア）
○ユルドゥズ宮殿の写真コレクション（トルコ）
○キャーティプ・チェレビーのコレクション：世界の鏡と書誌総覧（トルコ）
○マフトゥムグル・フラーギの写本集（トルクメニスタン）
○バビ・ヤールの記録遺産（ウクライナ）
○新聞『エル・ポプラル』の写真アーカイブ（ウルグアイ）
○ブハラ首長国のクシュベギの官庁（ウズベキスタン）
○ろう者コミュニティのための重要な文書：1880年のミラノ会議（世界ろう連盟（WFD））

選定年別

「世界の記憶」関連略語

AMIA	映像アーキビスト協会	(Association of Moving Image Archivists)
AOF	フランス領西アフリカ	(Afrique occidentale francaise)
ARSC	アメリカ録音収蔵協会	(Association of Recorded Sound Collections)
ATD	あらゆる窮迫状態への支援	(Aide a Toute detresse)
CCAAA	視聴覚アーカイヴ協会調整協議会	(Coordinating Council of Audiovisual Archive Associations)
CITRA	国際公文書館円卓会議	(Confereace International de la Table rounde des Archives)
C 2 C	カテゴリー2センター	(Category 2 Centre)
COF	クリストファー・オキボ財団	(Christopher Okigbo Foundation)
FIAF	国際フィルム・アーカイヴ連盟	(International Federation of Film Archives)
FIAT/IFTA	国際テレビアーカイヴ機構	(International Federation of Television Archives)
FID	国際ドキュメンテーション連盟	(International Federation for Documentation)
FIDA	国際アーカイヴス開発基金	(Fund for the International Development of Archives)
IAC	国際諮問委員会	(International Advisory Committee)
IAML	国際音楽資料情報協会	(International Association of Music Librarians)
IASA	国際音声・視聴覚アーカイヴ協会	(International Association of Sound and Audiovisual Archives)
IAC	国際諮問委員会	(International Advisory Committee)
ICA	国際公文書館会議	(International Council on Archives)
ICAIC	キューバ映画芸術産業庁	(Instituto Cubano de Artee Industria Cinematograficos)
ICCROM	文化財保存修復研究国際センター	(International Centre for Conservation in Rome)
ICDH	国際記録遺産センター	(International Center for Documentary Heritage)
ICLM	国際文学博物館会議	(International Committee for Literary Museums)
ICRC	赤十字国際委員会	(International Committee of the Red Cross)
ICOM	国際博物館会議	(International Council of Museums)
IFLA	国際図書館連盟	(International Federation of Library Associations and Institutions)
IGO	政府間組織	(Intergovernmental Organization)
IIC	文化財保存国際研究所	(International Institute for Conservation of Historic and Artistic Works)
ISO	国際標準化機構	(International Organization for Standardization)
ITS	インターナショナル・トレーシング・サービス	(International Tracing Service)
MOW	「世界の記憶」	(Memory of the World)
MOWCAP	「世界の記憶」プログラム アジア・太平洋地域委員会	
	(Asia/Pacific Regional Committee for the Memory of the World Program)	
MOWLAC	「世界の記憶」プログラム ラテンアメリカ・カリブ地域委員会	
	(Latin America/Caribbean Regional Committee for the Memory of the World Program)	
NGO	非政府組織	(Non-Government Organisation)
SEAPAVAA	東南アジア太平洋地域視聴覚アーカイヴ連合	(Southeast Asia-Pacific Audiovisual Archive Association)
UNESCO	国連教育科学文化機関	(UNESCO＝United Nations Educational, Scientific and Cultural Organization)
UNRWA	国連パレスチナ難民救済事業機関	(The United Nations Relief and Works Agency)
WDL	世界電子図書館	(World Digital Library)
WFD	世界ろう連盟	(World Federation of the Deaf)

「世界の記憶」国別・所蔵機関別

円珍関係文書典籍—日本・中国の文化交流史—
（The Monk Enchin Archives: A History of Japan-China Cultural Exchange）　2023年選定
が所蔵されている宗教法人園城寺（滋賀県大津市）

アフリカ

アンゴラ
○アンゴラ国立公文書館（ルアンダ）
⇒デンボスのアーカイヴス／ンデンブ族のアーカイヴス
（Arquivos dos Dembos / Ndembu Archives）2011年選定　アンゴラ／ポルトガル

エチオピア
○エチオピア国立公文書館図書館（アディスアベバ）
⇒エチオピア国立公文書館図書館の至宝
（Treasures from National Archives and Library Organizations）1997年選定

ガーナ
○ガーナ国立公文書館（アクラ）
⇒オランダの西インド会社の記録文書
（Dutch West India Company（Westindische Compagnie）Archives）　2011年選定
オランダ／ブラジル／ガーナ／ガイアナ／オランダ領アンティル／スリナム／英国／アメリカ合衆国

ジンバブエ
○ジンバブエ国立文書館（ハラレ）
⇒ネハンダとカグヴィの2人の霊媒師の裁判の記録(1897年4月)、彼らの処刑に至る国家対
ネハンダとカグヴィの判例
（Nehanda and Kaguvi mediums' judgement dockets (April 1897). Case between State versus Nehanda and Kaguvi spirit mediums leading to their execution.）　2015年選定

セネガル
○セネガル国立公文書館（ダカール）
⇒フランス領西アフリカ（AOF）の記録史料（Fonds of the "Afrique occidentale francaise"（AOF）)
1997年選定
⇒フランス領西アフリカの古葉書集（Collection of old postcards from French West Africa）
2015年選定
○セネガル歴史地理教師協会（ASPHG）（ダカール）
⇒フランス領西アフリカの古葉書集（Collection of old postcards from French West Africa）
2015年選定
○シエイク・アンタ・ディヨップ大学ブラック・アフリカ基礎研究所（ダカール）
⇒ウィリアム・ポンティ校の記録集（William Ponty School Collection of Papers）
2015年選定

タンザニア
○タンザニア国立公文書館（TNA）（ダルエスサラーム）
⇒タンザニア国立公文書館のドイツの記録（German Records of the National Archives）
1997年選定
○ザンジバル国立公文書館（ザンジバル）
⇒アラビア語の文書と書籍のコレクション（Collection of Arabic Manuscripts and Books）
2003年選定

ナミビア
○ナミビア国立公文書館（ウイントフック）
⇒ヘンドリック・ヴィトブーイのレター誌（Letter Journals of Hendrik Witbooi）
2005年選定

ブルキナファソ
○ジョゼフ・ウレザンスキ・アーカイブ研究センター（JWC）
⇒957年から1992年までのフランスとブルキナファソにおける国際ATDカールモンド運動のアーカイブ
（Archives of the International Movement ATD Fourth World in France and Burkina Faso from 1957 to 1992）
2023年選定　フランス／ブルキナファソ

国別・収蔵機関別

ベナン
○ベナン国立公文書館（ポルトノボ）
⇒植民地時代の記録文書（Colonial Archives）1997年選定

マダガスカル
○マダガスカル国立公文書館（アンタナナリボ）
⇒マダガスカル王室の公文書（1824〜1897年）（Royal Archives(1824-1897)）2009年選定

マリ
○トンブクトゥ・ママ・ハイダラ図書館　（トンブクトゥ）
⇒身体に影響を与える内外の病気の治療に関する書
（Kitāb Shifā al-Asqām al-Āriḍat min al-Ẓahir wa al-Bāṭin min al-Ajsām/ Livre de la guérison des maladies internes et externes affectant le corps）2017年選定
⇒宗教と身体に関する人間の関心事（Maṣāliḥ al-Insān al-Mutaʿalliqat bi al-Adyānwa al-Abdān, The human being interests linked to the religions and the body）マリ／ナイジェリア　2017年選定
○アーメド・ババ高等教育・イスラム研究所（トンブクトゥ）
⇒信者間の相違に注意を払わぬ人々に対する注意
（Tadkirat al gāfilin ʻanqubhihtilāf al- muʼminin/ Reminder to those who do not pay attention to the harms caused by the divergence between believers）2017年選定

南アフリカ
○南アフリカ国立公文書館（ケープタウン）
⇒オランダの東インド会社の記録文書（Archives of the Dutch East India Company）2003年選定
オランダ／インド／インドネシア／スリランカ／南アフリカ
⇒刑事裁判所判決No. 253/1963（国家対ネルソン・マンデラほか）
（Criminal Court Case No. 253/1963（State Versus N Mandela and Others））2007年選定
○ドクサ・プロダクション（ハウトベイ）
⇒解放闘争の生々しいアーカイヴ・コレクション
（Liberation Struggle Living Archive Collection）2007年選定
○ケープタウン大学図書館（ケープタウン）、南アフリカ図書館（ケープタウン）
⇒ブリーク・コレクション（The Bleek Collection）2009年選定
○民主南アフリカ会議（CODESA）（プレトリア）
⇒1991〜1992年の民主南アフリカ会議のアーカイヴスと1993年の複数政党制への移行協議のプロセスのアーカイヴス（Archives of the CODESA (Convention For A Democratic South Africa) 1991 - 1992 and Archives of the Multi-Party Negotiating Process 1993）2013年選定

モーリシャス
○モーリシャス国立公文書館（プチ・リヴィエール）
⇒フランスがモーリシャスを占領していた時代の記録文書
（Records of the French Occupation of Mauritius）1997年選定
⇒年季契約移民の記録（The Records of Indentured Immigration）
2015年選定
⇒モーリシャスの使徒、福者ジャック・デジレ・ラヴァル神父に関するアーカイブ・コレクション
（The archival collections on the Bienheureux Père Jacques Désiré Laval - The Apostle of Mauritius）
2023年選定
⇒モーリシャスの奴隷貿易と奴隷制度の記録（1721年から1892年まで）
（The Slave Trade and Slavery Records in Mauritius（1721-1892））2023年選定
○モーリシャス国立図書館（ポート・ルイス）
○マハトマ・ガンディー研究所（モカ）
⇒年季契約移民の記録（The Records of Indentured Immigration）2015年選定

国別・収蔵機関別

アラブ諸国

アルジェリア
○アルジェリア国立図書館（アルジェ）
⇒アル・ムスタムラムとアル・タクミラ書（Al–Mustamlah Min Kitab Al–Takmila）
2017年選定
⇒非同盟運動第1回首脳会議のアーカイブ
（First Summit Meeting of the Non-Aligned Movement Archives）
アルジェリア／エジプト／インド／インドネシア／セルビア　2023年選定

エジプト
○エジプト国立公文書館（カイロ）
⇒スルタンと王子の善行録（Deeds of Sultans and Princes）2005年選定
○エジプト国立図書館・公文書館（カイロ）
⇒ペルシャ語の文書（Persian Illustrated and Illuminated Manuscripts）2007年選定
⇒エジプト国立図書館のマムルーク朝のコーランの文書集
（The National Library of Egypt's Collection of Mamluk Qur'an Manuscripts）2013年選定
⇒非同盟運動第1回首脳会議のアーカイブ
（First Summit Meeting of the Non-Aligned Movement Archives）
エジプト／アルジェリア／インド／インドネシア／セルビア　2023年選定

オマーン
○遺産・文化省（マスカット）
⇒海洋科学による航海技術　海洋科学のルールの情報を含む海洋ガイド
（Made Al Asrar Fi Elm Al Behar）2017年選定

サウジアラビア
○サウジアラビアの北西、アル・ウラの近隣
⇒イスラム初期（クーフィー）の碑文（Earliest Islamic(Kufic) inscription）
2003年選定
○アル・ウラー渓谷（メディナ州ヘグラ）
⇒石に刻まれたアラビアの年代記：イクマ山（Arabian Chronicles in Stone: Jabal Ikmah）
2023年選定

チュニジア
○チュニジア国立公文書館（チュニス）
⇒チュニスでの18世紀～19世紀における略奪船の活動と国際関係
（Privateering and the international relations of the Regency of Tunis in the 18th and 19th centuries）
2011年選定
⇒チュニジアの1841～1846年の奴隷制度の廃止
（The Abolition of Slavery in Tunisia 1841-1846）2017年選定
○エネジュマ・エッザーラ博物館（チュニス）
⇒ロドルフ・デルランジェ男爵のアーカイブにある音楽の所蔵品（1910年から1932年まで）
（The Music holdings in Baron Rodolphe d'Erlanger's archives　(1910-1932)）　2023年選定

モロッコ
○カラウィン図書館（フェス）
⇒イバルの書（Kitab al-ibar, wa diwan al-mobtadae wa al-khabar）2011年選定
○モロッコ国立図書館（ラバト）
⇒アル・ザフラウィシュール写本（Manuscript of al- Zahrāwīsur）2017年選定

レバノン
○ズーク・ムスビフ市、ドバイエ市
⇒レバノン山のナハル・エル・カルブの記念碑
（Commemorative stela of Nahr el-Kalb, Mount Lebanon）2005年選定
○ベイルート国立博物館（ベイルート）
⇒フェニキア文字（The Phoenician Alphabet）2005年選定

アジア

イラン
○タブリーズ中央図書館（タブリーズ）
⇒ラシードゥッディーンのラシード区ワクフ文書補遺文書作成指示書
（The Deed For Endowment: Rab' I-Rashidi（Rab I-Rashidi Endowment）13th Century manuscript）
2007年選定
○ゴレスターン宮殿（テヘラン）
⇒バヤサンゴールのシャーナーメ（バヤサンゴール王子の王書）
（"Bayasanghori Shahnameh"（Prince Bayasanghor's Book of the Kings））2007年選定
⇒集史（Jāme' al-Tavarikh）2017年選定
○アースターネ・クドゥス・ラザヴィー図書館（マシュハド）
⇒サファヴィー朝時代のアースターネ・クドゥス・ラザヴィーにおける行政文書
（Administrative Documents of Astan-e Quds Razavi in the Safavid Era）2009年選定
○イスラーム諸問会議図書館、博物館、資料館（テヘラン）
⇒占星術教程の書（Al-Tafhim li Awa'il Sana'at al-Tanjim）2011年選定
○イラン国立博物館（テヘラン）
⇒ニザーミーの長篇叙事詩パンジュ・ガンジュ（五宝）（Collection of Nezami's Panj Ganj）
2011年選定
⇒諸道と諸国の書（Al-Masaalik Wa Al-Mamaalik）2015年選定
○テヘラン大学中央図書館（テヘラン）
⇒ニザーミーの長篇叙事詩パンジュ・ガンジュ（五宝）（Collection of Nezami's Panj Ganj）
2011年選定
○外交史文書センター（CNDHD）（テヘラン）
⇒カジャール朝時代（1193～1344年太陰暦／1779～1926年グレゴリオ暦）のイランの地図集
（A Collection of selected maps of Iran in the Qajar Era（1193 - 1344 Lunar Calendar / 1779-1926
Gregorian Calendar））2013年選定
○セパハサーラール図書館（シャヒド・モタハリ学校）
⇒ダキラーイ・カラズムシャヒ（Dhakhira-yi Kharazmshahi）2013年選定
○イラン国立図書館・公文書館（テヘラン）
⇒サァディーの詩集（Kulliyyāt-i Sa'di）2015年選定
○イラン国立図書館（テヘラン）
⇒マウラーナーのクリヤット（マウラーナー全集
（Mawlana's Kulliyat（The Complete Works of Mawlana）
イラン／ブルガリア／ドイツ／タジキスタン／トルコ／ウズベキスタン 2023年選定
○イラン国立図書館・公文書館／外交史文書センター（CNDHD）（テヘラン）
⇒ガージャール朝におけるイランの国際関係に関する文書群（1807から1925年まで）
（Documents on Iran's International Relations Under the Qajar Rule（1807-1925））2023年選定
○ジャナッサラ図書館（アルダビール）
⇒サアルダビールのシャイフ・サフィー・アッディーン廟の文書群（952から1926年まで）
（Documents of the Shaykh Safī-al-Dīn Ardabīlī Shrine（952 to 1926 CE））2023年選定

インド
○アジア研究学院（タミル・ナードゥ）
⇒アジア研究学院のタミール医学の文書（The I.A.S. Tamil Medical Manuscript Collection）
1997年選定
○タミル・ナードゥ公文書館（チェンナイ）
⇒オランダの東インド会社の記録文書（Archives of the Dutch East India Company）
2003年選定 オランダ／インド／インドネシア／スリランカ／南アフリカ
○ポンディシェリ研究所（ポンディシェリ）
⇒ポンディシェリのシヴァ文書（Saiva Manuscript in Pondicherry）2005年選定
○バンダルカル東洋研究所（プネー）
⇒リグヴェーダ（Rigveda）2007年選定
○アジア協会（コルカタ）
⇒ヴィマラプラバー（laghukalacakratantrarajatika（Vimalaprabha））2011年選定
⇒マイトレヤイ・バル・アカラナ（Maitreyayvarakarana）2017年選定
○ホダー・バフシュ東洋公立図書館（ビハール州パトナ）
⇒ティムールの歴史（Tarikh-E-Khandan-E-Timuriyah）2011年選定
○インド学研究所（アーメダバード）
⇒シャーンティナータ寺院のチャリトラ（Shantinatha Charitra）2013年選定
○インド国立公文書館（ニュー・デリー）
⇒ギルギット法華経写本（Gilgit Manuscrpit）2017年選定

国別・収蔵機関別

○インド国立図書館（ニューデリー）
⇒非同盟運動第1回首脳会議のアーカイブ（First Summit Meeting of the Non-Aligned Movement Archives）
インド／アルジェリア／エジプト／インドネシア／セルビア　2023年選定
○タミル・ナードゥ州政府東洋写本図書館（GOML）（チェンナイ）
⇒アビナバグプタ（940年から1015年まで）の作品の写本集
（Abhinavagupta（940-1015 CE）: Collection of Manuscripts of his works）　2023年選定

インドネシア
○インドネシア国立公文書館（ジャカルタ）
⇒オランダの東インド会社の記録文書（Archives of the Dutch East India Company）
2003年選定　オランダ／インド／インドネシア／スリランカ／南アフリカ
⇒アジア・アフリカ会議のアーカイヴス（Asian-African Conference Archives）2015年選定
⇒インド洋津波アーカイヴス（The Indian Ocean Tsunami Archives）2017年選定
インドネシア／スリランカ
○ラ・ガリゴ博物館（南スラウェシ州マカッサル）
⇒叙事詩ラ・ガリゴ（La Galigo）2011年選定　インドネシア／オランダ
○インドネシア国立図書館（ジャカルタ）
⇒ババッド・ディポネゴロ、或はジャワの貴族でインドネシア国家の英雄でイスラム主義者で
あるディポネゴロ皇太子（1785〜1855年）の自叙年代記
（Babad Diponegoro or Autobiographical Chronicle of Prince Diponegoro(1785-1855) A Javanese
nobleman, Indonesian national hero and pan-Islamist）　2013年選定　インドネシア／オランダ
⇒ナガラ・クレタガマ、或は国の概容（1365年）
（Nagara kratagama or Description of the Country (1365 AD)）　2013年選定
⇒パンジ物語手稿（Panji Tales Manuscripts）2017年選定
カンボジア／インドネシア／オランダ／マレーシア／英国
○インドネシア共和国国家公文書保管所（南ジャカルタ市）
⇒ボロブドールの保全のアーカイヴス（Borobudur Conservation Archives）2017年選定
○アチェ州（バンダ・アチェ）
⇒インド洋津波アーカイヴス（The Indian Ocean Tsunami Archives）2017年選定
インドネシア／スリランカ
○インドネシア国立アーカイブ（ジャカルタ）
⇒非同盟運動第1回首脳会議のアーカイブ（First Summit Meeting of the Non-Aligned Movement Archives）
インドネシア／アルジェリア／エジプト／インド／セルビア　2023年選定
○国家公文書保管所（ジャカルタ）
⇒1960年9月30日のスカルノの演説『世界を新しく築くために』
（Sukarno's Speech: 'To Build the World Anew' September 30, 1960）　2023年選定
○ライデン大学図書館（オランダ・ライデン）
⇒ヒカヤット・アチェ、15世紀から17世紀までのインドネシアのアチェの生活に関する3つの写本
（The Hikayat Aceh - Three manuscripts on life in Aceh, Indonesia, in the 15th-17th century）
オランダ／インドネシア　2023年選定

ヴェトナム
○ヴェトナム国家記録管理・公文書館局（ハノイ）
⇒グエン朝の版木（Woodblocks of Nguyen Dynasty）2009年選定
○文廟（ハノイ）
⇒黎朝・莫朝時代の科挙の記録石碑（1442〜1779年）
（Stone Stele Records of Royal Examinations of the Le and Mac Dynasties(1442-1779)）2011年選定
○ヴェトナム国立アーカイヴス・センター（ハノイ）
⇒グエン朝（1802〜1945年）の帝国アーカイヴス
（Imperial Archives of Nguyen Dynasty (1802-1945)）2017年選定

ウズベキスタン
○ウズベキスタン・イスラム委員会（タシケント）
⇒オスマンのムシャフとして知られるコーラン（Holy Koran Mushaf of Othman）　1997年選定
○科学アカデミー（タシケント）
⇒アル・ビールーニーの東方研究の調査報告書コレクション
（The Collection of the Al-Biruni Institute of Oriental Studies）　1997年選定
○ウズベキスタン国立公文書館（タシケント）
⇒ヒヴァ・ハン国の公文書のアーカイヴス
（Archives of the Chancellery of Khiva Khans）2017年選定
○ウズベキスタン国立図書館（タシケント）
⇒マウラーナーのクリヤット（マウラーナー全集）

　（Mawlana's Kulliyat (The Complete Works of Mawlana)　2023年選定
　ウズベキスタン／イラン／ブルガリア／ドイツ／タジキスタン／トルコ
○ウズベキスタン中央公文書館（タシケント）
　⇒ブハラ首長国のクシュベギの官庁（The Qushbegi Chancellery of the Bukhara Emirate）
　2023年選定

カザフスタン
○カザフスタン国立図書館（アルマティ）
　⇒コジャ・アフメド・ヤサウィの写本集（Collection of the manuscripts of Khoja Ahmed Yasawi）
　2003年選定
○カザフスタン国立文書館（アルマティ）
　⇒国際的な反核運動組織「ネバダ・セミパラチンスク」の視聴覚ドキュメント
　（Audiovisual documents of the International antinuclear movement "Nevada-Semipalatinsk"）
　2005年選定
　⇒アラル海の記録（Aral Sea Archival Fonds）　2011年選定
○カザフスタン国立映画アーカイヴ（アルマティ）
　⇒国際的な反核運動組織「ネバダ・セミパラチンスク」の視聴覚ドキュメント
　（Audiovisual documents of the International antinuclear movement "Nevada-Semipalatinsk"）
　2005年選定

韓国
○澗松美術館（ソウル）
　⇒訓民正音（The Hunmin Chongum Manuscript）1997年選定
○ソウル国立大学奎章閣（ソウル）
　⇒朝鮮王朝実録（Annals of the Choson Dynasty）1997年選定
　⇒承政院日記（Seungjeongwon Ilgi, the Diaries of the Royal Secretariat）　2001年選定
　⇒朝鮮王朝儀軌（Uigwe: The Royal Protocols of the Joseon Dynasty）2007年選定
　⇒日省録（Ilseongnok: Records of Daily Reflections）2011年選定
　⇒朝鮮通信使に関する記録：17世紀～19世紀の日韓の平和構築と文化交流の歴史
　（Documents on Joseon Tongsinsa/Chosen Tsushinshi: The History of Peace Building and Cultural
　　Exchanges between Korea and Japan from the 17th to 19th Century）2017年選定　韓国／日本
○海印寺（慶尚南道）
　⇒高麗大蔵経板と諸経板
　（Printing woodblocks of the Tripitaka Koreana and miscellaneous Buddhist scriptures）　2007年選定
○韓国国立図書館（ソウル）
　⇒東医宝鑑（Donguibogam: Principles and Practice of Eastern Medicine）2009年選定
　⇒朝鮮通信使に関する記録：17世紀～19世紀の日韓の平和構築と文化交流の歴史
　（Documents on Joseon Tongsinsa/Chosen Tsushinshi: The History of Peace Building and Cultural
　　Exchanges between Korea and Japan from the 17th to 19th Century）2017年選定　韓国／日本
○韓国学院（京畿道）
　⇒東医宝鑑（Donguibogam: Principles and Practice of Eastern Medicine）2009年選定
○光州日報（光州広域市）
　⇒韓国光州民主化運動の記録（Human Rights Documentary Heritage 1980 Archives for the May
　　18th Democratic Uprising against Military Regime, in Gwangju, Korea）　2011年選定
○顕忠祠（忠清南道牙山市）
　⇒乱中日記：李舜臣の戦記（Nanjung Ilgi: War Diary of Admiral Yi Sun-sin）　2013年選定
○韓国国家記録院（ソウル）　○韓国セマウル運動中央会（慶尚北道 漆谷郡 倭館邑）
　⇒セマウル運動のアーカイヴス（The Archives of Saemaul Undong (New Community Movement)）
　2013年選定
○韓国国学振興院（安東市）
　⇒儒教册版（Confucian Printing Woodblocks）　2015年選定
　⇒国債報償運動のアーカイヴス（Archives of the National Debt Redemption Movement）2017年選定
○韓国放送公社(KBS)（ソウル）　○韓国国立公文書館（大田広域市）　○韓国ギャラップ社（ソウル）
　⇒韓国放送公社（KBS）の特別生放送番組「離散家族を探しています」のアーカイヴス
　（The Archives of the KBS Special Live Broadcast "Finding Dispersed Families"）2015年選定
○韓国国史編纂委員会（京畿道果川）　○高麗大学校図書館（ソウル）　○国立中央博物館（ソウル）
○忠清南道歴史文化研究院(忠清南道公州)　○釜山博物館（釜山）　○国立海洋博物館（釜山）
　⇒朝鮮通信使に関する記録：17世紀～19世紀の日韓の平和構築と文化交流の歴史
　（Documents on Joseon Tongsinsa/Chosen Tsushinshi: The History of Peace Building and Cultural
　　Exchanges between Korea and Japan from the 17th to 19th Century）2017年選定　韓国／日本
○韓国国立古宮博物館（ソウル）
　⇒朝鮮王室の御宝と御冊（Royal Seal and Investiture Book Collection of the Joseon Dynasty）

国別・収蔵機関別

2017年選定
⇒朝鮮通信使に関する記録：17世紀～19世紀の日韓の平和構築と文化交流の歴史
（Documents on Joseon Tongsinsa/Chosen Tsushinshi: The History of Peace Building and Cultural Exchanges between Korea and Japan from the 17th to 19th Century）2017年選定　韓国／日本
○韓国国立中央図書館／韓国国立現代史料館（ソウル）
⇒4・19革命のアーカイヴス（Archives of the April 19 Revolution）　2023年選定
○韓国東学農民革命記念館（全羅北道井邑市）
⇒東学農民革命のアーカイヴス（Archives of the Donghak Peasant Revolution）　2023年選定

カンボジア
○トゥール・スレン虐殺博物館（プノンペン）
⇒トゥール・スレン虐殺博物館のアーカイヴス（Tuol Sleng Genocide Museum Archives）2009年選定
○カンボジア国立図書館（プノンペン）
⇒パンジ物語手稿（Panji Tales Manuscripts）　2017年選定
カンボジア／インドネシア／オランダ／マレーシア／英国

キルギス
○ルギス国立科学アカデミー（ビシュケク）
⇒語り手、サグンバイ・オロズバコフによるキルギスの叙事詩『マナス』の写本
（Manuscript of the Kyrgyz epic "Manas" by the narrator Sagymbay Orozbakov）　2023年選定

スリランカ
○スリランカ国立公文書館（コロンボ）
⇒オランダの東インド会社の記録文書（Archives of the Dutch East India Company）　2003年選定
オランダ／インド／インドネシア／スリランカ／南アフリカ
⇒インド洋津波アーカイヴス（The Indian Ocean Tsunami Archives）2017年選定
インドネシア／スリランカ
○ペラデニヤ大学図書館（キャンディ）
⇒マハーワンサ、スリランカの大年代記（紀元前6世紀から1815年までを網羅）
（Mahavamsa, the Great Chronicle of Sri Lanka (covering the period 6th century BCE to 1815 CE)）
2023年選定

タイ
○タイ国立博物館（バンコク）
⇒スコータイ王朝のラーム・カムヘーン王の碑文（The King Ram Khamhaeng Inscription）
2003年選定
○タイ国立図書館（バンコク）
⇒シャム王朝のチュラロンコーン国王（在位1868-1910）の国家変革の記録資料
（Archival Documents of King Chulalongkorn's Transformation of Siam（1868-1910））2009年選定
○ワット・ポー（バンコク）
⇒ワット・ポーの碑文書（Epigraphic Archives of Wat Pho）2011年選定
○タイ国王後援のサイアム・ソサエティ（バンコク）
⇒「サイアム・ソサエティ評議会の議事録集」研究分野の国際協力と芸術・科学分野の知識普及
（"The Minute Books of the Council of the Siam Society", 100 years of recording international cooperation in research and the dissemination of knowledge in the arts and sciences）　2013年選定
○タイ国立公文書館（バンコク）
⇒王室の写真ガラス板ネガとオリジナル・プリント集
（The Royal Photographic Glass Plate Negatives and Original Prints Collection）　2017年選定
○プラ・タート・パノム寺院（タートパノム郡）
⇒プラタート・パノム年代記のヤシの葉写本の国家コレクション
（National Collection of Palm-Leaf Manuscripts of Phra That Phanom Chronicle）　2023年選定

タジキスタン
○タジキスタン科学アカデミー書物遺産研究所（ドゥシャンベ）
⇒ウバイド・ザコニの「クリヤート」とハーフェズ・シェロズィーの「ガザリト」（14世紀）
（The manuscript of Ubayd Zakoni's "Kulliyat" and Hafez Sherozi's "Gazalliyt"（XIV century））
2003年選定
○タジキスタン国立図書館（ドゥシャンベ）
⇒マウラーナーのクリヤット（マウラーナー全集）
（Mawlana's Kulliyat (The Complete Works of Mawlana)）　2023年選定
タジキスタン／ブルガリア／ドイツ／イラン／トルコ／ウズベキスタン

国別・収蔵機関別

中国
○中国美術学院（北京）
　⇒伝統音楽の録音保存資料（Traditional Music Sound Archives）1997年選定
○中国故宮博物館（北京）
　⇒清の内閣大学士の記録
　（Records of the Qing's Grand Secretariat - 'Infiltration of Western Culture in China'）1999年選定
　⇒清朝样式雷の記録文書（Qing Dynasty Yangshi Lei Archives）2007年選定
　⇒中国の甲骨文字碑文（Chinese Oracle-Bone Inscriptions）　2017年選定
○麗江納西（ナシ）族自治県東巴研究所（麗江市ダヤン）
　⇒麗江のナシ族の東巴古籍（Ancient Naxi Dongba Literature Manuscripts）2003年選定
○中国国家档案局（北京）
　⇒清の官吏登用試験合格者掲示（Golden Lists of the Qing Dynasty Imperial Examination）2005年選定
　⇒南京大虐殺の記録（Documents of Nanjing Massacre）　2015年選定
　⇒中国の甲骨文字碑文（Chinese Oracle-Bone Inscriptions）　2017年選定
○中国国家図書館（北京）
　⇒清朝样式雷の記録文書（Qing Dynasty Yangshi Lei Archives）2007年選定
　⇒黄帝内経（Huang Di Nei Jing（Yellow Emperor's Inner Canon））2011年選定
　⇒中国の甲骨文字碑文（Chinese Oracle-Bone Inscriptions）　2017年選定
○中国中医科学院図書館（北京）
　⇒本草綱目（Ben Cao Gang Mu（Compendium of Materia Medica））　2011年選定
○中国西蔵自治区档案館（ラサ）
　⇒中国の元朝のチベットの公式記録集1304～1367年
　（Official Records of Tibet from the Yuan Dynasty China, 1304-1367）　2013年選定
○広東省アーカイヴス（広東省）○福建省アーカイヴス（福州市）
　⇒華僑からの通信文と送金書類
　（Qiaopi and Yinxin Correspondence and Remittance Documents from Overseas Chinese）2013年選定
○中国第二歴史档案館(資料館)（南京市）○遼寧省档案館(資料館)（瀋陽市）
○吉林省档案館(資料館)（長春市）○上海市档案館(資料館)（上海市）
○南京市档案館(資料館)（南京市）○南京大虐殺記念館（南京市）
　⇒南京大虐殺の記録（Documents of Nanjing Massacre）　2015年選定
○蘇州工商档案局（蘇州）
　⇒近現代の蘇州シルクのアーカイヴス
　（The Archives of Suzhou Silk from Modern and Contemporary Times）　2017年選定
○清華大学図書館（北京）　○南京博物院（南京）　○中国社会科学院歴史研究所（北京）
○山東省博物館（済南）　○上海博物館（上海）　○天津博物館（天津）
○旅順博物館（大連）　○中国社会科学院考古研究所（北京）　○北京大学（北京）
　⇒中国の甲骨文字碑文（Chinese Oracle-Bone Inscriptions）　2017年選定
○メンツィーカン・チベット伝統医学院(ラサ)
　⇒チベット医学の四部医典（The four treatises of Tibetan Medicine）　2023年選定
○功徳林寺（マカオ・中区）
　⇒マカオの功徳林寺のアーカイブと写本（1645年から1980年まで）
　（Archives and Manuscripts of Macau Kong Tac Lam Temple (1645–1980)）　2023年選定

朝鮮民主主義人民共和国（北朝鮮）
○人民大学習堂（ピョンヤン）
　⇒武芸図譜通志（Comprehensive Illustrated Manual of Martial arts）　2017年選定

トルクメニスタン
○トルクメニスタン国家文化センター（アシガバット）
　⇒マフトゥムグル・フラーギの写本集（Collection of Manuscripts of Magtymguly Fragi）　2023年選定

日本
○田川市石炭・歴史博物館（福岡県田川市）
○公立大学法人福岡県立大学附属研究所（福岡県田川市）
　⇒山本作兵衛コレクション（Sakubei Yamamoto Collection）　2011年選定
○仙台市博物館（宮城県仙台市）
　⇒慶長遣欧使節関係資料（Materials Related to the Keicho-era Mission to Europe）　2013年選定
○公益財団法人陽明文庫（京都市右京区）
　⇒御堂関白記：藤原道長の自筆日記
　（Midokanpakuki: the original handwritten diary of Fujiwara no Michinaga）　2013年選定
○京都府立総合資料館（京都市左京区）

⇒東寺百合文書（Archives of Tōji temple contained in one-hundred boxes）　2015年選定
○舞鶴引揚記念館（舞鶴市）
　⇒舞鶴への生還　1945～1956シベリア抑留等日本人の本国への引き揚げの記録
　（Return to Maizuru Port-Documents Related to the Internment and Repatriation Experiences of Japanese (1945-1956)）　2015年選定
○高崎市＜多胡碑・山上碑・金井沢碑＞（高崎市）
　⇒上野三碑（Three Cherished Stelae of Ancient Kozuke）　2017年選定
○独立行政法人国立文化財機構東京国立博物館（東京都台東区）
　⇒朝鮮通信使に関する記録：17世紀～19世紀の日韓の平和構築と文化交流の歴史
　（Documents on Joseon Tongsinsa/Chosen Tsushinshi: The History of Peace Building and Cultural
　　Exchanges between Korea and Japan from the 17th to 19th Century）　2017年選定
　⇒円珍関係文書典籍－日本・中国の文化交流史－
　（The Monk Enchin Archives: A History of Japan-China Cultural Exchange）　2023年選定
○京都大学総合博物館（京都市）　○山口県立山口博物館（山口市）
○山口県文書館（山口市）　○福岡県立図書館（福岡市）　○名古屋市蓬左文庫（名古屋市）
○みやこ町歴史民俗資料（福岡県みやこ町）　○近江八幡市（旧伴伝兵衛家土蔵）（近江八幡市）
○大阪歴史博物館（大阪市）　○（公財）高麗美術館（京都市）　○下関市立長府博物館（下関市）
○長崎県立対馬歴史民俗資料館（対馬市）　○（公財）蘭島文化財団（松濤園）（呉市）　○超専寺（山口県上関町）
○長崎県立対馬歴史民俗資料館（対馬市）　○滋賀県立琵琶湖文化館（大津市）
○泉涌寺（京都市）　○高月観音の里歴史民俗資料館（長浜市）　○赤間神宮（下関市）　○福禅寺（福山市）

○福山市鞆の浦歴史民俗資料館（福山市）　○本蓮寺（瀬戸内市）　○岡山県立博物館（岡山市）
○本願寺八幡別院（近江八幡市）　○清見寺（静岡市）　○下関市立長府博物館（下関市）　○慈照院（京都市）　○輪王寺（日光山輪王山宝物殿）（日光市）　○東照宮（日光東照宮宝物館）（日光市）
　⇒朝鮮通信使に関する記録：17世紀～19世紀の日韓の平和構築と文化交流の歴史
　（Documents on Joseon Tongsinsa/Chosen Tsushinshi: The History of Peace Building and Cultural
　　Exchanges between Korea and Japan from the 17th to 19th Century）　2017年選定
○宗教法人園城寺（滋賀県大津市）、
　⇒円珍関係文書典籍－日本・中国の文化交流史－
　（The Monk Enchin Archives: A History of Japan-China Cultural Exchange）　2023年選定

ネパール
○ネパール国立公文書館（カトマンズ）
　⇒ニスヴァサッタットヴァサムヒタの文書（Nisvasattatvasamhita manuscript）　2013年選定
○ケサール図書館（カトマンズ）
　⇒ススルタムヒタ(サホッタルタントラ)の文書（Susrutamhita(Sahottartantra)manuscript）　2013年選定

パキスタン
○パキスタン国立公文書館（イスラマバード）
　⇒ジンナー・ペーパーズ（クァイダ・イ・アザム）（Jinnah Papers（Quaid-I-Azam））　1999年選定

バングラデシュ
○バングラデシュ国営放送局バングラデシュ・フィルム・アーカイヴ（ダッカ）
　⇒バンガバンドゥ・シェイク・ムジブル・ラフマンの3月7日の歴史的な演説
　（The Historic 7th March Speech of Bangabandhu Sheikh Mujibur Rahman）　2017年選定
東ティモール
○東ティモール　国立大学ティモール民族抵抗博物館アーカイヴ（ディリ）
　⇒一国家の誕生：転換点（On the Birth of a Nation: Turning points）　2013年選定

フィリピン
○フィリピン国立博物館（マニラ）
　⇒フィリピンの古文書文字（ハヌノウ、ブイッド、タグバンワ、パラワン）
　（Philippine Paleographs（Hanunoo, Buid, Tagbanua and Pala'wan））　1999年選定
○U. P. 民族音楽学センター（ケソン・シティ）
　⇒ホセ・マセダのコレクション（Jose Maceda Collection）　2007年選定
○フィリピン国立図書館（マニラ）
　⇒マニュエル・ケソン大統領の文書（Presidential Papers of Manuel L. Quezon）　2011年選定
○ラジオ・ベリタス・アジア（ケソン・シティ）
○ラジャ放送ネットワーク（マカティ・シティ）
○オルリイ・ブンザラン・アーカイヴス（ダスマリナス）
　⇒フィリピンの人民の力革命のラジオ放送
　（Radio Broadcast of the Philippine People Power Revolution）　2003年選定

マレーシア
○マレーシア国立図書館（クアラルンプール）
　⇒ハン・トゥア物語（Hikayat Hang Tuah）　2001年選定
　⇒パンジ物語手稿（Panji Tales Manuscripts）　2017年選定
　⇒ミサ・ムラユMSS 6（Misa Melayu MSS 6）　2023年選定
○言語文学研究所（クアラルンプール）
　⇒スジャラ・ムラユ（マレー年代記）（Sejarah Melayu（The Malay Annals））　2001年選定
○マレーシア国立公文書館（アロースター）
　⇒ケダー州のスルタン（1882～1943年）の文書
　（Correspondence of the late Sultan of Kedah（1882-1943））　2001年選定
○トレンガヌ州立博物館（クアラ・トレンガヌ）
　⇒トレンガヌ碑文石（Batu Bersurat Terengganu（Inscribed Stone of Terengganu））　2009年選定

ミャンマー
○ミャンマー国立博物館・図書館（ネーピードー）
　⇒マハ・ラウカマラゼイン或はクドードォ寺院の碑文が刻まれた仏塔群
　（Maha Lawkamarazein or Kuthodaw Inscription Shrines）　2013年選定
　⇒バインナウン王鐘銘文（King Bayinnaung Bell Inscription）　2017年選定
○バガン考古学博物館、ミャゼディ・パゴダ（バガン）
○ミャンマー国立博物館考古学部門（ナイ ピ タウ）
　⇒ミャゼーディーの4言語の石碑（Myazedi Quadrilingual Stone Inscription）　2015年選定

モンゴル
○モンゴル国立図書館（ウランバートル）
　⇒黄金史綱（アルタン・トブチ）（1651年）
　（Lu.“Altan Tobchi”: Golden History written in 1651）　2011年選定
　⇒モンゴル版テンギュル（丹珠爾）（Mongolian Tanjur）　2011年選定
　⇒9つの宝石で書かれたカンジュール（Kanjur written with 9 precious stones）　2013年選定
○オトゴン山麓（バヤン・ウンドゥル県）
　⇒ハルハ王子、ツォグトゥ・クン・タイジの石碑
　（Stone Inscriptions of Tsogtu Khung-Taiji, Prince of Khalkha）　2023年選定

太平洋

オーストラリア
○オーストラリア国立図書館（キャンベラ）
　⇒ジェームス・クックのエンデバー号の日誌（The Endeavour Journal of James Cook）
　　2001年選定
　⇒マボ判決の文書（The Mabo Case Manuscripts）　2001年選定
○ニューサウスウェールズ州記録局（キングスウッド）
○タスマニア州アーカイヴス事務所（ホバート）
○西オーストラリア州記録事務所（パース）
　⇒オーストラリアの囚人記録集（The Convict Records of Australia）　2007年選定
○オーストラリア国立映画音楽アーカイヴ（キャンベラ）
　⇒ケリー・ギャング物語（1906年）（The Story of the Kelly Gang（1906））　2007年選定
○クイーンズランド州立図書館（ブリスベン）
　⇒クイーンズランド労働党のマニフェスト（1892年9月9日付）
　（Manifesto of the Queensland Labour Party to the people of Queensland（dated 9 September 1892））
　　2009年選定
○ニューサウスウェールズ州立図書館（シドニー）
　⇒シドニー港の大型ガラス乾板ネガ（Giant Glass Plate Negatives of Sydney Harbour）　2017年選定

ニュージーランド
○ニュージーランド国立公文書館（ウェリントン）
　⇒1983年の女性参政権の請願書（The 1893 Women's Suffrage Petition）　1997年選定
　⇒ワイタンギ条約（The Treaty of Waitangi）　1997年選定
○オークランド博物館（オークランド）
　⇒エドモンド・ヒラリー卿の記録（Sir Edmund Hillary Archive）　2015年選定

フィジー
○フィジー国立公文書館（スバ）
　⇒インド系契約労働者の記録（Records of the Indian Indentured Labourers）　2011年選定
　　フィジー／ガイアナ／スリナム／トリニダード・トバゴ

国別・収蔵機関別

ヨーロッパ

アイスランド
○**アルニ・マグヌソン・アイスランド語研究所**（レイキャヴィク）
⇒アルニ・マグヌソンの文書集（The Arnamagnean Manuscript Collection）
2009年選定　デンマーク／アイスランド
○**アイスランド国立公文書館**（レイキャヴィク）
⇒アイスランドの1703年の人口センサス（1703 Census of Iceland）　2013年選定

アイルランド
○**ダブリン大学トリニティ・カレッジ**（ダブリン）
⇒ケルズの書（Book of Kells）　2011年選定
○**ユニバーシティ・カレッジ・ダブリン**（ダブリン）
⇒アイルランド民俗学委員会コレクション　1935〜1970年
（The Irish Folklore Commission Collection 1935-1970）　2017年選定

アゼルバイジャン
○**アゼルバイジャン国立科学アカデミー**（バクー）
⇒中世の医療薬学に関する文書（Medieval manuscripts on medicine and pharmacy）2005年選定
⇒ムハンマド・フズーリーの『ディヴァン』の手稿のコピー
（The copy of the manuscript of Mahammad Fuzuli's "divan"）2017年選定
○**アゼルバイジャン国立図書館**（バクー）
⇒フールシード・バーヌー・ナータヴァーンの「花の本」、イラスト入りの詩集
（"Flower Book" of Khurshidbanu Natavan – album of illustrated verses）　2023年選定

アルバニア
○**アルバニア国立公文書館**（ティラナ）
⇒パピルスの文書（Codex Purpureus Beratinus）2005年選定

アルメニア
○**アルメニア国立マテナダラン古文書館**（エレバン）
⇒マテナダラン古文書館の古代文書集
（Mashtots Matenadaran ancient manuscripts collection）1997年選定
○**ビュラカン天文台**（ビュラカン）
⇒最初のビュラカン天文台の観測記録（FBS或は マルカリアン銀河の観測記録）
（First Byurakan Survey（FBS or Markarian survey））2011年選定
○**アラム・ハチャトゥリアン記念館**（エレバン）
○**アルメニア国立公文書館**（エレバン）
⇒作曲家アラム・ハチャトゥリアンの原稿と映画音楽のコレクション
（Collection of note manuscripts and film music of Composer Aram Khachaturian）2013年選定
○**コミタス博物館**（エレバン）
⇒作曲家コミタス・ヴァルダペットの作品群
（Collection of Works of the Composer Komitas Vardapet）　2023年選定

イスラエル
○**ヤド・ヴァシェム－ロコースト殉教者英雄記念局**（エルサレム）
⇒エルサレムのヤド・ヴァシェムの証言集、1954〜2004年
（Pages of Testimony Collection, Yad Vashem Jerusalem, 1954-2004）　2013年選定
○**イスラエル博物館**（エルサレム）
⇒ロスチャイルド文書（Rothschild Miscellany）　2013年選定
○**イスラエル国立図書館**（エルサレム）
⇒アイザック・ニュートンの神学の論文集（Isaac Newton's Theological Papers）　2015年選定
○**ベン・ツヴィ研究所**（エルサレム）
⇒アレッポ写本（Aleppo Codex）　2015年選定
○**ハイファ大学ヘブライ語・比較文学学部**（ハイファ）
⇒イスラエルの民話アーカイヴス（Israel Folktale Archives）　2017年選定

イタリア
○**マラテスタ図書館**（チェゼーナ）
⇒マラテスタ・ノヴェッロ図書館（The Malatesta Novello Library）　2005年選定
○**ラウレンツィアーナ図書館**（フィレンツェ）

⇒コルヴィナ文庫のコレクション（The Bibliotheca Corviniana Collection）　2005年選定
　オーストリア／ベルギー／フランス／ドイツ／ハンガリー／イタリア
○ルッカ国立文書館（トスカーナ州ルッカ県ルッカ）
　⇒ルッカの歴史的教区の記録文書（Lucca's Historical Diocesan Archives）　2011年選定
○ルーチェ歴史アーカイヴ（ローマ）
　⇒イスティトゥート・ルーチェのニュース映画と写真
　（Newsreels and photographs of Istituto Nazionale L.U.C.E.）　2013年選定
○ロッサーノ大聖堂（ロッサーノ）
　⇒ロッサーノ福音書（Codex purpureus Rossanensis）　2015年選定
○バルバネラ財団1762（ペルージャ）
　⇒バルバネラ暦書のコレクション（Collection of Barbanera Almanacs）　2015年選定
○ロレンツォ・メディチ図書館（フィレンツェ）
　⇒フレイ・ベルナルディーノ・デ・サアグン(1499〜1590年)の作品
　（The work of Fray Bernardino de Sahagún(1499-1590)）　2015年選定　メキシコ／イタリア
○スカラ座博物館-スカラ座（ミラノ）
　⇒アントーニョ・カルロス・ゴメス（Antonio Carlos Gomes）　2017年選定　ブラジル／イタリア
○ナポリ銀行財団（ナポリ）
　⇒古代ナポリ公立銀行のアポディサリオ基金（1573年から1809年まで）
　（Apodissary fund of the ancient Neapolitan public banks （1573-1809））　2023年選定
○ベッルーノ裁判所（ベッルーノ）
　⇒バイオントダム災害に関する刑事訴訟（Criminal Proceedings of the Vajont dam disaster）
　2023年選定

ウクライナ
○ウクライナ国立ベルナツキー図書館（キエフ）
　⇒ユダヤ民族の民俗音楽集（1912〜1947年（Collection of Jewish Musical Folklore（1912-1947））
　2005年選定
○ウクライナ国立中央公文書館（キエフ）
　⇒ラズヴィウ年代記とネスヴィジ図書館のコレクション
　（Radzwills' Archives and Niasvizh（Nieswiez）Library Collection）　2009年選定
　ベラルーシ／フィンランド／リトアニア／ポーランド／ロシア連邦／ウクライナ
○ウクライナ政府アーカイヴ（キエフ）
　⇒チェルノブイリ原子力発電所事故に関連する記録遺産
　（Documentary Heritage Related to accident at Chernoby）　2017年選定
○バビ・ヤール・ホロコースト・メモリアル・センター（キエフ）
　⇒バビ・ヤールの記録遺産
　（Documentary Heritage of Babyn Yar）　2023年選定

英国
○英国王立公文書館（ロンドン）
　⇒英国カリブ領の奴隷の登記簿1817〜1834年
　（Registry of Slaves of the British Caribbean 1817-1834）　1997年選定
　バハマ／ベリーズ／ドミニカ／ジャマイカ／セント・キッツ／トリニダード・トバゴ／英国
　⇒シルバー・メン：パナマ運河における西インド諸島労働者の記録
　（Silver Men : West Indian Labourers at the Panama Canal）　2011年選定
　バルバドス／ジャマイカ／パナマ／セント・ルシア／英国／米国
　⇒オランダの西インド会社の記録文書
　（Dutch West India Company（Westindische Compagnie）Archives）　2011年選定
　オランダ／ブラジル／ガーナ／ガイアナ／オランダ領アンティル／スリナム／英国／米国
　⇒「シェイクスピアの文書類」、ウイリアム・シェイクスピアの生涯の文書の足跡
　（The 'Shakespeare Documents', a documentary trail of the life of William Shakespeare）
　2017年選定　英国／アメリカ合衆国
○ヘレフォード大聖堂（ヘレフォードシャー州ヘレフォード）
　⇒ヘレフォード・マッパ・ムンディ（Hereford Mappa Mundi）　2007年選定
○大英図書館（ロンドン）
　⇒大英図書館の歴史的・民族学的記録（1898〜1951年）
　（Historic Ethnographic Recordings（1898〜1951）at the British Library）　2011年選定
　⇒1215年に調印されたマグナ・カルタ（Magna Carta, issued in 1215）　2009年選定
　⇒タサール・イヴァン・アレクサンダル皇帝の福音書（Gospels of Tsar Ivan Alexander）
　2017年選定　ブルガリア／英国
　⇒「シェイクスピアの文書類」、ウイリアム・シェイクスピアの生涯の文書の足跡

国別・収蔵機関別

(The 'Shakespeare Documents', a documentary trail of the life of William Shakespeare)
　2017年選定　英国／アメリカ合衆国
⇒カール大帝宮廷学校の装飾写本（The illuminated manuscripts of Charlemagne's Court School）
　2023年選定　英国／オーストリア／フランス／ドイツ／ルーマニア
○ソールズベリー大聖堂（ソールズベリー）
⇒1215年に調印されたマグナ・カルタ（Magna Carta, issued in 1215）2009年選定
○英国国立視聴覚研究所、BBCサウンド・アーカイヴス（ロンドン）
⇒1940年6月18日のド・ゴール将軍の呼びかけ（The Appeal of 18 June 1940）2005年選定
　フランス／英国
○英国王立戦争博物館（ロンドン）
⇒ソンムの戦い（The Battle of the Somme）2005年選定
○土木技術者協会（ロンドン）
⇒会員申請証明書類（Candidates Circulars）
　(Membership Application Certificates (Candidates Circulars))　2013年選定
○英国王立人類学協会（ロンドン）
⇒アーサー・バーナード・ディーコン（1903～27年）のコレクション文書 90-98
　(Arthur Bernard Deacon (1903-27) collection MS 90-98)　2013年選定　　ヴァヌアツ／英国
○オックスフォード大学（オックスフォード）
⇒ショタ・ルスタヴェリの長編叙事詩「豹皮の騎士」の原稿集
　(Manuscript Collection of Shota Rustaveli's Poem "Knight in the Panther's Skin")　2013年選定
　ジョージア／英国
⇒ルートヴィヒ・ヴィトゲンシュタインの哲学遺産
　(Philosophical Nachlass of Ludwig Wittgenstein)　2017年選定
　オーストリア／カナダ／オランダ／英国
○スコットランド国立図書館（エディンバラ）
⇒陸軍元帥ダグラス・ヘイグ卿の第一次世界大戦(1914～1919年)の戦中日記
　(Autograph First World War Diary of Field Marshal Sir Douglas Haig, 1914-1919.)　2015年選定
○チャーチル・アーカイヴ・センター（ケンブリッジ）
⇒チャーチルの書類（The Churchill Papers）　2015年選定
○西インド委員会（ロンドン）
⇒西インド委員会コレクション（The West India Committee collection）　2016年選定
　アンティグア・バーブーダ／ジャマイカ／英国／アンギラ／モンセラット
○ユニヴァーシティ・カレッジ・ロンドン（ロンドン）
⇒オーウェルの作品（The Orwell Papers）　2017年選定
○シェイクスピア・バースプレイス・トラスト（ストラトフォード・アポン・エイヴォン）
○ウォリックシャー州公文書・考古学サービス（ウォリックシャー州）
○紋章院（ロンドン）　○ロンドン市公文書館（ロンドン）
⇒「シェイクスピアの文書類」、ウイリアム・シェイクスピアの生涯の文書の足跡
　(The 'Shakespeare Documents', a documentary trail of the life of William Shakespeare)
　2017年選定　英国／アメリカ合衆国
○グロスターシャー・アーカイヴス（グロスター）
⇒バルバドス発祥のアフリカの歌、或は、詠唱（An African Song or Chant from Barbados）
　2017年選定　バルバドス／英国
○ニューカッスル大学（ニューカッスル・アポン・タイン）
⇒ガートルード・ベル・アーカイヴ（The Gertrude Bell Archive）　2017年選定
○トリニティカレッジ図書館（ケンブリッジ）
⇒ルートヴィヒ・ヴィトゲンシュタインの哲学遺産
　(Philosophical Nachlass of Ludwig Wittgenstein)　2017年選定
　オーストリア／カナダ／オランダ／英国

エストニア
○エストニア国立公文書館（タルトゥー）
⇒バルトの道-自由への行進での三国を繋ぐ人間の鎖
　(The Baltic Way - Human Chain Linking Three States in Their Drive for Freedom)　2009年選定
　エストニア／ラトヴィア／リトアニア

オーストリア
○オーストリア国立文書館（ウィーン）
⇒ウィーン会議の最終文書（Final document of the Congress of Vienna）1997年選定
⇒ウィーンのディオスコリデス の挿絵（Vienna Dioscurides）1997年選定
⇒エァッツヘアツォーク・ライナーのパイルス古文書（Papyrus Erzherzog Rainer）2001年選定

国別・収蔵機関別

⇒オーストリア国立図書館所蔵のファン・デル・ヘム氏蒐集のアトラス ブラウ
　（The Atlas Blaeu-Van der Hem of the Austrian National Library）　2003年選定
⇒コルヴィナ文庫のコレクション（The Bibliotheca Corviniana Collection）　2005年選定
　オーストリア／ベルギー／フランス／ドイツ／ハンガリー／イタリア
⇒タブーラ・ペウティンゲリアーナ（Tabula Peutingeriana）　2007年選定
⇒オーストリア国立図書館の「マインツ聖詩篇」
　（Mainz Psalter at the Austrian National Library）2011年選定
○ウィーン音声資料館（ウィーン）
⇒ウィーン音声資料館の歴史コレクション（1899～1950年）
　（The Historical Collections（1899 -1950）of the Vienna Phonogrammarchiv）　1999年選定
○ウィーン市立図書館（ウィーン）
⇒ウィーン図書館のシューベルトのコレクション
　（The Vienna City Library Schubert Collection）　2001年選定
○ウィーン美術アカデミー（ウィーン）
⇒ゴシック建築の図面集（Collection of Gothic Architectural Drawings）　2005年選定
○楽友協会（ウィーン）
⇒ブラームスの作品集（Brahms Collection）　2005年選定
○アーノルド・シェーンベルク・センター（ウィーン）
⇒アーノルド・シェーンベルクの遺産（Arnold Schoenberg Estate）　2011年選定
○オーストリア国立アーカイヴ（HHStA）
○オーストリア国立図書館（ウィーン）
⇒「金印勅書」-7つのすべての原本とオーストリア国立図書館所蔵の「ヴェンツェル王の豪華な
　手き書文書の写本」（The "Golden Bull" – All seven originals and the "King Wenceslaus' luxury
　manuscript copy" of the Österreichische Nationalbibliothek）2013年選定　オーストリア／ドイツ
⇒ルートヴィヒ・ヴィトゲンシュタインの哲学遺産
　（Philosophical Nachlass of Ludwig Wittgenstein）　2017年選定
　オーストリア／カナダ／オランダ／英国
○ウィーン技術博物館（ウィーン）
⇒オーストリア鉄道の歴史博物館のセンメリング鉄道の記録
　（The Documents on the Semmering Railway from the Imperial & Royal Historical Museum of
　Austrian Railways）　2017年選定
○オーストリア国立図書館（ウィーン）
⇒カール大帝宮廷学校の装飾写本（Illuminated manuscripts of Charlemagne's Court School）
　2023年選定　オーストリア／英国／フランス／ドイツ／ルーマニア

オランダ
○オランダ国立公文書館（ハーグ）
⇒オランダの東インド会社の記録文書（Archives of the Dutch East India Company）2003年選定
　オランダ／インド／インドネシア／スリランカ／南アフリカ
⇒オランダの西インド会社の記録文書
　（Dutch West India Company（Westindische Compagnie）Archives）2011年選定
　オランダ／ブラジル／ガーナ／ガイアナ／オランダ領アンティル／スリナム／英国／米国
○エッツ・ハイム図書館（アムステルダム）
⇒エッツ・ハイム図書館-モンテシノス図書館（Library Ets Haim - Livraria Montezinos）2003年選定
○オランダ戦争資料研究所（アムステルダム）
⇒アンネ・フランクの日記（Diaries of Anne Frank）2009年選定
○オランダ・アイ映画協会（アムステルダム）
⇒ド・スメのコレクション（Desmet Collection）2011年選定
○ゼーウス公文書館（ゼーラント州ミデルブルフ）
⇒ミデルブルフ貿易会社(MCC)についての記録文書
　（Archive Middelburgsche Commercie Compagnie(MCC)）2011年選定
　オランダ／キュラソー／スリナム
○ライデン大学図書館（ライデン）
⇒叙事詩ラ・ガリゴ（La Galigo）　2011年選定　インドネシア／オランダ
⇒パンジ物語手稿（Panji Tales Manuscripts）　2017年選定
　カンボジア／インドネシア／オランダ／マレーシア／英国
○社会史国際研究所（IISH）（アムステルダム）
⇒共産党宣言の草稿とカール・マルクスの資本論の個人の注釈原稿
　（Manifest der Kommunistischen Partei, draft manuscript page and Das Kapital. Erster Band, Karl
　Marx's personal annotated copy）2013年選定　オランダ／ドイツ
○オランダ王立言語地理民族学研究所図書館（ライデン）

国別・収蔵機関別

⇒ババッド・ディポネゴロ、或はジャワの貴族でインドネシア国家の英雄でイスラム主義者であるディポネゴロ皇太子（1785～1855年）の自叙年代記
（Babad Diponegoro or Autobiographical Chronicle of Prince Diponegoro（1785-1855）A Javanese nobleman, Indonesian national hero and pan-Islamist）
2013年選定　インドネシア／オランダ
○ユトレヒト大学図書館（ユトレヒト）
⇒ユトレヒト詩篇（Utrecht Psalter）　2015年選定
○マックス・プランク学術振興協会マックス・プランク心理言語学研究所言語アーカイヴ（ナイメーヘン）
⇒言語アーカイヴでの世界の言語の多様性の選択データ集
（Selected data collections of the world's language diversity at the Language Archive）
2015年選定
○アトリア、ジェンダー平等・女性史研究所（アムステルダム）
⇒アレッタH.ジェイコブスの論文（Aletta H. Jacobs Papers）　2017年選定
オランダ／アメリカ合衆国
○アムステルダム市アーカイヴス（アムステルダム）
⇒アムステルダム公証人の1578～1915年のアーカイヴ
（The Archive of the Amsterdam Notaries 1578-1915）　2017年選定
○オランダ視聴覚研究所（ヒルフェルスム）
⇒ヴェステルボルクの映画フィルム（Westerbork films）　2017年選定
○北オランダアーカイヴ（ハーレム）
⇒ルートヴィヒ・ヴィトゲンシュタインの哲学遺産
（Philosophical Nachlass of Ludwig Wittgenstein）　2017年選定
オーストリア／カナダ／オランダ／英国
○ライデン大学図書館（オランダ・ライデン）
⇒ヒカヤット・アチェ、15世紀から17世紀までのインドネシアのアチェの生活に関する
3つの写本（The Hikayat Aceh - Three manuscripts on life in Aceh, Indonesia, in the 15th-17th century）
オランダ／インドネシア　2023年選定
○ロッテルダム図書館（ロッテルダム）
⇒ロッテルダムのエラスムス・コレクション（Erasmus Collection Rotterdam）　2023年選定
○アムステルダム・ミュージアム（アムステルダム）
⇒DDS：デ・ディヒタレ・スタット／ザ・デジタル・シティ
（DDS: De Digitale Stad / The Digital City）　2023年選定
○オランダ国立公文書館（ハーグ）
⇒オランダ領カリブ海地域の奴隷化された人々とその子孫の記録遺産（1816年から1969年まで）
（Documentary heritage of the enslaved people of the Dutch Caribbean and their descendants （1816-1969）
オランダ（キュラソー／シント・マールテン／スリナム共和国）　2023年選定

ギリシャ
○テッサロニキ考古学博物館（テッサロニキ）
⇒デルヴァニ・パピルス：ヨーロッパ最古の「書物」
（The Derveni Papyrus: The oldest 'book' of Europe）　2015年選定

クロアチア
○クロアチア国立図書館（サグレブ）
⇒ハンガリー王国地図（Tabula Hungariae）2007年選定
○クロアチア国立文書館（ドゥブロヴニク）
⇒ドゥブロヴニク共和国のアーカイブ（1022年から1808年まで）
（Archives of the Republic of Dubrovnik （1022-1808））　2023年選定

ジョージア
○ジョージア国立文献センター（トビリシ）
⇒ジョージアのビザンチンの文献（Geotgian Byzantine Manuscripts）2011年選定
○ジョージア国立公文書館（トビリシ）
⇒「ジョージア王国の概要」とヴァフシュティ・バグラティオニの地理地図
（"Description of Georgian Kingdom"nd the Geographical Atlas of Vakhushti Bagrationi）2013年選定
⇒ジョージア国立公文書館に保存されている最古の手書き文書
（The Oldest Manuscripts Preserved at the National Archives of Georgia）　2015年選定
⇒四福音書－パリンプセスト（The Tetraevangelion-palimpsest）　2017年選定
○ジョージア文書センター（トビリシ）
⇒ショタ・ルスタヴェリの長編叙事詩「豹皮の騎士」の原稿集

(Manuscript Collection of Shota Rustaveli's Poem "Knight in the Panther's Skin") 2013年選定
ジョージア／英国

スイス
○赤十字国際委員会（ICRC）（ジュネーブ）
　⇒国際的な戦争捕虜のアーカイヴス　1914〜1923年
　（Archives of the International Prisoners of War Agency, 1914-1923）　2007年選定（国際機間）
○国際連合ジュネーブ事務局（ジュネーブ）
　⇒国際連盟のアーカイヴス 1919-1946（League of Nations Archives 1919-1946）
　2009年選定（国際機間）
○ジャン・ジャック・ルソー協会（ジュネーブ）
　⇒ジャン・ジャック・ルソー、ジュネーブとヌーシャテルのコレクション
　（Jean-Jacques Rousseau, Geneva and Neuchatel Collections）　2011年選定
○モントルー・ジャズ・フェスティバル財団（モントルー）
　⇒モントルー・ジャズ・フェスティバル：クロード・ノブスの遺産
　（The Montreux Jazz Festival: Claude Nob's Legacy）2013年選定
○ボドメール博物館（ジュネーブ）　○マルタン・ボドメール財団（ジュネーブ）
　⇒ボドメールの蔵書コレクション（1916〜1971年）（Bibliotheca Bodmeriana（1916-1971））
　2015年選定
○修道院アーカイヴス　修道院図書館（ザンクト・ガレン）
　⇒ザンクト・ガレンの修道院アーカイブスと修道院図書館に所蔵されている前ザンクト・ガレン
　　修道院の記録遺産
　（Documentary heritage of the former Abbey of Saint Gall in the Abbey Archives and the Abbey Library
　　of Saint Gall）　2017年選定
○先住民族文書・調査・情報センター（ジュネーブ）
　⇒国際連合先住民族による1982〜2015年の宣言集
　（Statements made by Indigenous Peoples at the United Nations 1982 to 2015）　2017年選定
○世界保健機関記録アーカイヴ・ユニット（ジュネーブ）
　⇒世界保健機関の天然痘根絶計画の記録
　（Records of the Smallpox Eradication Programme of the World Health Organization）　2017年選定
○ハイジ資料館（チューリヒ）
　⇒ハイジとヨハンナ・シュピリのアーカイブ（Heidi- and Johanna Spyri Archives）　2023年選定

スウェーデン
○科学史センター（ストックホルム）
　⇒エマヌエル・スウェーデンボリのコレクション（Emanuel Swedenborg Collection）2005年選定
○スウェーデン王立図書館（ストックホルム）
　⇒アストリッド・リンドグレーン・アーカイヴス（Astrid Lindgren Archives）2005年選定
　⇒ダグ・ハマーショルドのコレクション（Dag Hammarskjöld Collection）　2017年選定
○スウェーデン映画研究所（ストックホルム）
　⇒イングマール・ベルイマンの記録文書（Ingmar Bergman Archives）2007年選定
○スウェーデン国立公文書館（ストックホルム）
　⇒アルフレッド・ノーベル家族の記録文書（The Alfred Nobel Family Archives）2007年選定
○ストックホルム市公文書館（ストックホルム）
　⇒ストックホルム都市計画委員会の記録文書（Stockholm City Planning Committee Archives）
　2011年選定
○ウプサラ大学図書館（ウプサラ）
　⇒アルジェンテウス文書（銀泥文書）（Codex Argenteus - the'Silver Bible'）2011年選定
○スウェーデン国立図書館／スウェーデン国立公文書館（ストックホルム）
　⇒1766年のスウェーデンの報道の自由に関する条例：情報の自由な伝達を保障する世界初の法律
　　（The Swedish Freedom of the Press Ordinance of 1766: The world's first legislation
　　　guaranteeing free communication of information）　2023年選定

スペイン
○インディアス総合古文書館（セヴィリア）
　⇒トルデシリャス条約（Treaty of Tordesillas）　2007年選定
　⇒慶長遣欧使節関係資料（Materials Related to the Keicho-era Mission to Europe）
　　2013年選定　スペイン／日本
　⇒新世界の現地語からスペイン語に翻訳された語彙
　　（Indigenous language vocabulary from the New World translated into Spanish）　2015年選定
○スペイン文化省アラゴン王アーカイヴ（マドリッド）

国別・収蔵機関別

⇒サンタ・フェの降伏文書（Santa Fe Capitulations）　2009年選定
○**ジローナ市アーカイヴ**（ジローナ）
　⇒ラメンサ組合の自由（1448年）（Llibre del Sindicat Remença (1448)）2013年選定
○**スペイン国立図書館**（マドリッド）
　⇒1188年のレオンの法令-ヨーロッパの議会システムの最古の記録
　（The Decreta of Leon of 1188 - The oldest documentary manifestation of the European parliamentary system）　2013年選定
　⇒イベリアの伝統の中で描かれた黙示録注釈（リエバーナのベアタス）の手稿
　（The Manuscripts of the Commentary to the Apocalypse (Beatus of Liébana) in the Iberian Tradition）2015年選定　ポルトガル／スペイン
　⇒サンティアゴ・デ・コンポステーラ大聖堂のカリクストゥス写本と聖ヤコブの書の他の中世のコピー：ヨーロッパにおけるヤコブの伝統のイベリア半島の起源
　（The Codex Calixtinus of Santiago de Compostela Cathedral and other medieval copies of the Liber Sancti Jacobi: The Iberian tradition of the Jacobian tradition in Europe）2017年選定　ポルトガル／スペイン
○**オウレンセ大聖堂のアーカイヴ**（オウレンセ）
○**セヴィリア・コロンブス記念図書館**（セヴィリア）
　⇒1188年のレオンの法令-ヨーロッパの議会システムの最古の記録
　（The Decreta of Leon of 1188 - The oldest documentary manifestation of the European parliamentary system）　2013年選定
○**シマンカス総合古文書館**（シマンカス）
　⇒慶長遣欧使節関係資料（Materials Related to the Keicho-era Mission to Europe）　2013年選定　スペイン／日本
　⇒シマンカス総合古文書館（The General Archive of Simancas）　2017年選定
○**マドリッド王立図書館**（マドリッド）
　⇒フレイ・ベルナルディーノ・デ・サアグン（1499～1590年）の作品
　（The work of Fray Bernardino de Sahagún(1499-1590)）2015年選定　イタリア／メキシコ
○**王立サン・ロレンソ・デ・エル・エスコリアル修道院図書館**（マドリッド）
○**王立歴史アカデミー**（マドリッド）　○**スペイン国立歴史公文書館**（マドリッド）
○**コロナ・デ・アラゴン公文書館**（バルセロナ）
○**レアル・チャンシレリア・デ・バリャドリッド公文書館**（バリャドリッド）
　⇒イベリアの伝統の中で描かれた黙示録注釈（リエバーナのベアタス）の手稿
　（The Manuscripts of the Commentary to the Apocalypse (Beatus of Liébana) in the Iberian Tradition）2015年選定　ポルトガル／スペイン
○**カハル研究所**（マドリッド）　○**リオ・オルテガ・アーカイヴ**（バリャドリッド）
○**フェルナンド・デ・カストロ・アーカイヴ**（マドリッド）
○**ロレンテ・デ・ノ・アーカイヴ**（マドリッド）
○**ペドロ・ラモン・イ・カハル・アーカイヴ**（バルセロナ）
　⇒サンティアゴ・ラモン・イ・カハルとスペインの神経解剖学学校のアーカイヴス
　（Archives of Santiago Ramon Y Cajal and the Spanish Neurohistological School）　2017年選定
○**サラマンカ大学図書館**（サラマンカ）　○**アラゴン連合王国公文書館**（バルセロナ）
　⇒サンティアゴ・デ・コンポステーラ大聖堂のカリクストゥス写本と聖ヤコブの書の他の中世のコピー：ヨーロッパにおけるヤコブの伝統のイベリア半島の起源
　（The Codex Calixtinus of Santiago de Compostela Cathedral and other medieval copies of the Liber Sancti Jacobi: The Iberian origins of the Jacobian tradition in Europe）2017年選定　スペイン／ポルトガル
○**インディアス総合古文書館**（セビリア）
　⇒最初の世界周航（1519年から1522年まで）（First Voyage of Circumnavigation (1519-1522)）　スペイン／ポルトガル　2023年選定
○**ア・コルーニャ人間科学館**（ドムス）（ラ・コルーニャ）
　⇒1800年から1820年までの天然痘ワクチンの王立慈善遠征
　（Royal Philanthropic Expedition of the Smallpox Vaccine, 1800-1820）　2023年選定
○**フェリア博物館**（メディナ・デル・カンポ）
　⇒シモン・ルイスのアーカイブ（スペインのメディナ・デル・カンポ）
　（Simón Ruiz Archive（Medina del Campo, Spain））　2023年選定

スロヴァキア
○**ブラチスラヴァ大学図書館**（ブラチスラヴァ）
　⇒ベシャギッチのイスラムの文書集（Basagic Collection of Islamic Manuscripts）　1997年選定
○**ブラチスラヴァ・チャプターハウス図書館**（ブラチスラヴァ）
　⇒ブラチスラヴァ・チャプターハウス図書館からの彩飾文書

(Illuminated Codices from the Library of the Bratislava Chapter House)　1997年選定
○スロヴァキア内務省鉱山アーカイヴ（バンスカー・シュティアヴニッツァ）
　⇒バンスカー・シュティアヴニッツアの鉱山地図
　（Mining maps and plans of the Main Chamber - Count Office in Banska Stiavnica）　2007年選定

スロヴェニア
○スロヴェニア国立大学図書館（リュブリャナ）
　⇒スプラスリエンシスの文書（スプラスルの文書-月別聖人伝、3月）
　（Codex Suprasliensis - Mineia cetia, Mart（The Suprasl Codex- Menology, March）　2007年選定
　ポーランド／ロシア連邦／スロヴェニア

セルビア
○ニコラ・テスラ博物館（ベオグラード）
　⇒ニコラ・テスラのアーカイヴ（Nikola Tesla's Archive）　2003年選定
○セルビア国立博物館（ベオグラード）
　⇒1180年からのミロスラヴの福音の記録（Miroslav Gospel - Manuscript from 1180）
　2005年選定
○セルビア国立公文書館（ベオグラード）
　⇒1914年7月28日のサラエボ事件に起因したオーストリア・ハンガリーの宣戦布告の電報
　（Telegram of Austria-Hungary`s declaration of war on Serbia on 28th July 1914）　2015年選定
○セルビア外務省外交史料館／ベオグラード市立図書館（ベオグラード）
　⇒非同盟運動第1回首脳会議のアーカイブ
　（First Summit Meeting of the Non-Aligned Movement Archives）
　2023年選定　セルビア／アルジェリア／エジプト／インド／インドネシア

チェコ
○チェコ国立図書館（プラハ）
　⇒中世のチェコ改革の文書のコレクション
　（Collection of medieval manuscripts of the Czech Reformation）　2007年選定
　⇒ロシア人、ウクライナ人、ベラルーシ人の移民誌 1918～1945年
　（Collection of Russian, Ukrainian and Belorussian émigré periodicals 1918-1945）　2007年選定
　⇒カレル大学の526の論文（1637～1754年）
　（Collection of 526 prints of university theses from 1637-1754））　2011年選定
○発禁本図書館（プラハ）
　⇒発禁図書: 1948～1989年のチェコ・スロヴァキア・サミズダートの定期刊行物のコレクション
　（Libri Prohibiti: Collection of periodicals of Czech and Slovak Samizdat in the years 1948-1989）
　2013年選定
○プラハ国立技術博物館（プラハ）
　⇒エミール・レイノーの動画ショー（The moving picture shows of Émile Reynaud）
　2015年選定　フランス／チェコ
○モラヴィア博物館音楽史部（ブルノ）
　⇒レオシュ・ヤナーチェクのアーカイヴス（Archives of Leoš Janáček）　2017年選定
○カレル大学科学部（プラハ）
　⇒カモッショ地図（Archives of Leoš Janáček）　2017年選定
○チェコ国家遺産研究所（プラハ）
　⇒キンジュヴァルト・ダゲレオタイプ － 現代視覚メディアの誕生
　（The Kynzvart Daguerreotype – The Birth of Modern Visual Media）　2017年選定
○モラヴィア図書館（ブルノ）
　⇒モールのコレクション（Moll's collection）　2023年選定
○ドヴォルザーク博物館（プラハ）
　⇒アントニン・ドヴォルザークのアーカイブ（The Archives of Antonín Dvořák）　2023年選定

デンマーク
○デンマーク国立科学・医学図書館（コペンハーゲン）
　⇒リンネのコレクション（The Linne Collection）1997年選定
○デンマーク国立図書館（コペンハーゲン）
　⇒ハンス・クリスチャン・アンデルセンの直筆文書と通信文
　（Manuscripts and correspondence of Hans Christian Andersen）　1997年選定
　⇒セーレン・キルケゴールの手稿（The Soren Kierkegaard Archives）　1997年選定
　⇒新しい記録と良き統治（El Primer Nueva Coronica y Buen Gobierno）　2007年選定
　⇒ハンブルク聖書（MS. GKS 42°, vol. I-III, Biblia Latina. Commonly called "the Hamburg Bible," or

国別・収蔵機関別

"the Bible of Bertoldus") 　2011年選定
⇒ハンザ同盟の歴史に関する文書（Documents on the history of the Hanse）
　2023年選定　デンマーク／ベルギー／エストニア／ドイツ／ラトヴィア／ポーランド
○デンマーク国立公文書館（コペンハーゲン）
⇒デンマークの海外貿易会社の記録文書（Archives of the Danish overseas trading companies）
　1997年選定
⇒サウンド海峡通行料の記録（Sound Toll Registers）　2007年選定
⇒ハンザ同盟の歴史に関する文書（Documents on the history of the Hanse）
　2023年選定　デンマーク／ベルギー／エストニア／ドイツ／ラトヴィア／ポーランド
○コペンハーゲン大学（コペンハーゲン）
⇒アルニ・マグヌソンの文書集（The Arnamagnaean Manuscript Collection）
　2009年選定　　デンマーク／アイスランド

ドイツ

○国立ベルリン民族学博物館（ベルリン）
⇒ベルリン録音資料館の世界伝統音楽の初期のシリンダー録音
　（Early cylinder recordings of the world's musical traditions (1893-1952) in the Berlin Phonogramm-Archiv）
　1999年選定
○ベルリン国立図書館（ベルリン）
⇒ルードヴィッヒ・ヴァン・ベートーヴェンの交響曲第9番ニ短調作品125
　（Ludwig van Beethoven: Symphony no 9, d minor, op. 125）　2001年選定
⇒ヨハン・セバスティアン・バッハのミサ曲ロ短調の自筆譜
　（Autograph of h-Moll-Messe (Mass in B minor) by Johann Sebastian Bach）　2015年選定
⇒マウラーナーのクリヤット（マウラーナー全集）
　（Mawlana's Kulliyat (The Complete Works of Mawlana）　2023年選定
○ベートーヴェン博物館（ボン）　○ドイツ放送アーカイヴ（フランクフルト）
⇒ルードヴィッヒ・ヴァン・ベートーヴェンの交響曲第9番ニ短調作品125
　（Ludwig van Beethoven: Symphony no 9, d minor, op. 125）　2001年選定
○フリードリッヒ・ヴィルヘルム・ムルナウ財団（ヴィースバーデン）
⇒メトロポリス［2001年の復元版］　("METROPOLIS" -Sicherungsstuck Nr. 1: Negative of the restored and reconstructed version 2001）　2001年選定
○フランクフルト大学図書館（フランクフルト）　○ババリアン州立図書館（ミュンヘン）
○ニーダーザクセン州立大学図書館（ゲッティンゲン）
⇒グーテンベルクの42行聖書
　（42-line Gutenberg Bible, printed on vellum, and its contemporary documentary）
　2001年選定
○ワイマール古典期財団/ゲーテ・シラー資料館（GSA）（ワイマール）
⇒ゲーテ・シラー資料館のゲーテのの直筆の文学作品
　（The literary estate of Goethe in the Goethe and Schiller Archives）　2001年選定
○バイエルン州立図書館（ミュンヘン）
⇒ライヒェナウ修道院（コンスタンス湖）で生み出されたオットー朝からの彩飾文書
　（Illuminated manuscripts from the Ottonian period produced in the monastery of Reichenau (Lake Constance)）　2003年選定
⇒コルヴィナ文庫のコレクション（The Bibliotheca Corviniana Collection）　2005年選定
　オーストリア／ベルギー／フランス／ドイツ／ハンガリー／イタリア
○ヘルツォーク・アウグスト図書館（ウルフェンビュッテル）
⇒コルヴィナ文庫のコレクション（The Bibliotheca Corviniana Collection）　2005年選定
　オーストリア／ベルギー／フランス／ドイツ／ハンガリー／イタリア
○グリム兄弟博物館（カッセル）
⇒子供と家庭のための童話（Kinder- und Hausmerchen (Children's and Household Tales)）　2005年選定
○ニーダー・ザクセン州立図書館・ゴットフリート・ヴィルヘルム・ライプニッツ図書館（ハノーバー）
⇒ゴットフリート・ヴィルヘルム・ライプニッツ図書館のコレクションの中でのゴットフリート・ヴィルヘルム・ライプニッツの往復書簡
　（Letters from and to Gottfried Wilhelm Leibniz within the collection of manuscript papers of Gottfried Wilhelm Leibniz）　2007年選定
○ゴットフリート・ヴィルヘルム・ライプニッツ図書館（ハノーバー）
⇒英国王ジョージ2世へのビルマ王アラウンパヤーの黄金の手紙
　（The Golden Letter of the Burmese King Alaungphaya to King George II of Great Britain）
　2015年選定　ミャンマー／英国／ドイツ
○カールスルーエ・バディッシェ州立図書館（カールスルーエ）
⇒中世ヨーロッパの英雄叙事詩ニーベルングの歌

(Song of the Nibelungs, a heroic poem from mediaeval Europe)　2009年選定
○ドイツ・ラジオアーカイヴ（ポツダム・バベルスベルク）
○ラジオ・ベルリン－ブランデンブルグ（ベルリン）
⇒ベルリンの壁の建設と崩壊、及び「2プラス4条約」（1990年）に関連する文書
（Construction and Fall of the Berlin Wall and the Two-Plus-Four-Treaty of 1990）　2011年選定
○技術博物館（マンハイム）
⇒1886年のベンツの特許選定証（Benz Patent of 1886）　2011年選定
○バンベルク国立図書館（バンベルク）
⇒ロルシュ薬局方（バンベルク州立図書館薬学文書棚）
（Lorsch Pharmacopoeia（The Bamberg State Library, Msc.Med.1））　2013年選定
○ザクセン・アンハルト州（ハレ）
⇒ネブラの天文盤（Nebra Sky Disc）　2013年選定
○ルターハウス（ヴィッテンベルク）　○アウグスト公図書館（ヴォルフェンビュッテル）
○ドレスデン大学図書館（ドレスデン）　○ベルリン州立図書館（ベルリン）
○アンナ・アマリア図書館（ワイマール）　○ハイデルベルク大学図書館（ハイデルベルク）
○ヴォルムス市立図書館（ヴォルムス）　○イェーナ大学中央図書館（イェーナ）
⇒マルティン・ルターによって創始された宗教改革の発展の草創期を代表する記録
（Documents representing the beginning and the early development of the Reformation initiated by
Martin Luther）　2013年選定
○ダルムシュタット工科大学図書館（ダルムシュタット）
○バイエルン州立公文書館（ミュンヘン）　○フランクフルト歴史研究所（フランクフルト）
○バーデン・ヴュルテンベルク州立公文書館（シュトゥットガルト）
⇒「金印勅書」7つのすべての原本とオーストリア国立図書館所蔵の「ヴェンツェル王の豪華な
手書き文書の写本」（The "Golden Bull" – All seven originals and the "King Wenceslaus' luxury
manuscript copy" of the Österreichische Nationalbibliothek）2013年選定　オーストリア／ドイツ
○インターナショナル・トレーシング・サービス（ITS）（バートアロルゼン）
⇒インターナショナル・トレーシング・サービスのアーカイヴス
（Archives of the International Tracing Service the International Commission for the International
Tracing Service（ITS））　2015年選定
○ユストゥス・リービッヒ大学ギーセン大学図書館（ギーセン）
⇒アントニヌス勅令（Constitutio Antoniniana）　2017年選定
○ヘッセン州中央文書館（ヴィースバーデン）
⇒フランクフルト・アウシュヴィッツ裁判（Frankfurt Auschwitz Trial）2017年選定
○ゲルマン国立博物館（ニュルンベルク）
⇒ベハイムの地球儀（Behaim Globe）　2023年選定
○トリーア市立図書館（トリーア）
⇒カール大帝宮廷学校の装飾写本（The illuminated manuscripts of Charlemagne's Court School）
2023年選定
○ハンザ同盟博物館（リューベック）
⇒ハンザ同盟の歴史に関する文書（Documents on the history of the Hanse）　2023年選定
○ベルリン・ユダヤ博物館（ベルリン）
⇒クロード・ランズマンによる『SHOAH ショア』の35mmネガ復元版、そして200時間に及ぶ
ショアの歴史に関する目撃証言の音声アーカイブ（"Shoah", by Claude Lanzmann, restored
35 mm negative; Audio Archive Witnesses to the History of Shoah, 200 hours）　2023年選定
○ハイデルベルク大学図書館（ハイデルベルク）
⇒マネッセ写本（ハイデルベルク大学図書館所蔵、コディケス・パラティニ・ゲルマニキ
第848号）（Codex Manesse（Heidelberg University Library,Cod. Pal. germ. 848））　2023年選定

トルコ
○ボアジチ大学（イスタンブール）
⇒カンディリ観測所と地震調査研究所の文書
（Kandilli Observatory and Earthquake Research Institute Manuscripts）　2001年選定
○イスタンブール考古学博物館（イスタンブール）
○アナトリア文明博物館（アンカラ）
⇒ボガズキョイにおけるヒッタイト時代の楔形文字タブレット
（The Hittite cuneiform tablets from Bogazkoy）　2001年選定
⇒キュルテペ遺跡の古アッシリア商人のアーカイヴス
（The Old Assyrian Merchant Archives of Kültepe）　2015年選定
○スレイマン寺院文書図書館（イスタンブール）
⇒スレイマン寺院文書図書館におけるイブン・シーナの業績
（The works of Ibn Sina in the Suleymaniye Manuscript Library）　2003年選定

国別・収蔵機関別

○トプカプ宮殿博物館図書館（イスタンブール）
⇒キャーティプ・チェレビーのコレクション：世界の鏡と書誌総覧
（The Collection of Kâtip Çelebi: Cihânnümâ and Kashf al-Zunun）　2023年選定
○スレイマニェ図書館（イスタンブール）
⇒トプカプ宮殿博物館図書館とスレイマニェ図書館に所蔵されているエヴリヤ・チェレビの
「旅行記」（Evliya Celebi's "Book of Travels" in the Topkapi Palace Museum Library and the
Suleymaniye Manuscript Library）2013年選定
○ブルサ博物館（ブルサ）　○カイセリ博物館（カイセリ）
⇒キュルテペ遺跡の古アッシリア商人のアーカイヴス
（The Old Assyrian Merchant Archives of Kültepe）　2015年選定
○ミッレト図書館（イスタンブール）
⇒テュルク諸語集成（Compendium of the Turkic Dialects）　2017年選定
○メヴラーナ博物館（コンヤ）
⇒マウラーナーのクリヤット（マウラーナー全集）
（Mawlana's Kulliyat (The Complete Works of Mawlana)　2023年選定
○イスタンブール大学図書館（イスタンブール）
⇒ユルドゥズ宮殿の写真コレクション（Yildiz Palace Photography Collection）　2023年選定

ノルウェー
○ノルウェー国立図書館（オスロ）
⇒ヘンリック・イプセン：人形の家（Henrik Ibsen: A Doll's House）　2001年選定
○ベルゲン市立公文書館（ベルゲン）　○ノルウェー国立公文書館ベルゲン支部（ベルゲン）
○ノルウェー医学出生選定所（ベルゲン）　○聖ヨルゲン病院（ベルゲン）
⇒ベルゲンのハンセン病のアーカイヴ（The Leprosy Archives of Bergen）　2001年選定
○ノルウェー国立映画協会（オスロ）　○ノルウェー国立図書館（モ・イ・ラナ）
⇒ロアール・アムンセンの南極探検（1910～1912年）
（Roald Amundsen's South Pole Expedition (1910-1912)）　2005年選定
○コンチキ号博物館（オスロ）
⇒トール・ヘイエルダールの史料（Thor Heyerdahl Archives）　2011年選定
○ベルゲン大学図書館（ベルゲン）
⇒ソフォス・トロムホルトのコレクション（Sophus Tromholt Collection）　2013年選定
○ストーティング・アーカイヴス（オスロ）
⇒1915年のベルジアン少年法（The Castbergian Child Laws of 1915）2017年選定

ハンガリー
○ハンガリー国立公文書館（ブダペスト）
⇒カルマン・ティハニィの1926年の特許申請のラジオスコープ
（Kalman Tihanyi's 1926 Patent Application Radioskop）　2001年選定
○ハンガリー国立セーチェーニ図書館（ブダペスト）
⇒コルヴィナ文庫のコレクション（The Bibliotheca Corviniana Collection）　2005年選定
オーストリア／ベルギー／フランス／ドイツ／ハンガリー／イタリア
⇒ハンガリー王国地図（Tabula Hungariae）　2007年選定
○ハンガリー科学アカデミー図書館（ブダペスト）
⇒ハンガリー科学アカデミー図書館のチョーマのアーカイヴ
（Csoma Archive of the Library of the Hungarian Academy of Sciences）
2009年選定
⇒ヤーノシュ・ボーヤイ：空間論
（Janos Bolyai: Appendix, scientiam spatii absolute veram exhibens. Maros-Vasarhelyini, 1832）
2009年選定
⇒ローランド・エトヴェシェの作品の2つの最も顕著な結果に関連した3つの書類
（Three documents related to the two most outstanding results of the work of Roland Eötvös）
2015年選定
○センメルヴェイス博物館、図書館、医学史アーカイヴス（ブダペスト）
⇒センメルヴェイスの発見（Semmelweis' discovery）　2013年選定

フィンランド
○フィンランド国立図書館（ヘルシンキ）
⇒アドルフ・エリック・ノルデンショルドのコレクション
（The A.E. Nordenskiold Collection）　1997年選定
⇒ラズヴィウ年代記とネスヴィジ図書館のコレクション
（Radzwills' Archives and Niasvizh (Nieswiez) Library Collection）　2009年選定

ベラルーシ／フィンランド／リトアニア／ポーランド／ロシア連邦／ウクライナ
○フィンランド国立公文書館（ヘルシンキ）　○サーミ・アーカイヴ（イナリ）
⇒スエンニェルのスコルト・サーミの村のアーカイヴ
　（Archive of the Skolt Sámi village of Suonjel Suenjel）　2015年選定
○オーランド海事博物館／オーランド自治州文書館（マリエハムン）
⇒オーランド諸島に保管されている1913年から1949年までの世界貿易における最後の
　ウィンドジャマー時代を伝えるグスタフ・エリクソン海運会社のアーカイブ
　（Gustaf Erikson Shipping Company archives in the Åland Islands from the era of
　the last Windjammers in global trade 1913-1949）　2023年選定

フランス
○エジプト大使館（パリ）
⇒スエズ運河の記録（Memory of the Suez Canal）1997年選定（エジプト）
○フランス国立図書館（パリ）
⇒直指心体要節（Baegun hwasang chorok buljo jikji simche yojeol (vol.II), the second volume of
　"Anthology of Great Buddhist Priests' Zen Teachings"）　2001年選定（韓国）
⇒人間と市民の権利の宣言（1789～1791年）
　（Original Declaration of the Rights of Man and of the Citizen(1789～1791)）2003年選定
⇒コルヴィナ文庫のコレクション（The Bibliotheca Corviniana Collection）2005年選定
　オーストリア／ベルギー／フランス／ドイツ／ハンガリー／イタリア
⇒ピエール・ヴィレー時代のクレルヴォー・シトー修道院図書
　（Library of the Cistercian Abbey of Clairvaux at the time of Pierre de Virey(1472)）
　2009年選定
⇒ルイ・パスツールのアーカイヴ（Louis Pasteur's Archive）　2015年選定
○フランス国立歴史アーカイヴス・センター（パリ）
⇒十進法システムの紹介(1790-1837)（Introduction of the decimal metric system, 1790-1837）
　2005年選定
○フランス映画アーカイヴス（イヴリーヌ県ボワ・ダルシー）
⇒リュミエール兄弟の映画（Lumiere Films）　2005年選定
○レジスタンス解放博物館（パリ）
⇒1940年6月18日のド・ゴール将軍の呼びかけ（The Appeal of 18 June 1940）
　2005年選定　　　フランス／英国
○征服王ウィリアム・センター（バイユ）
⇒バイユのタペストリー（Bayeux Tapestry）　2007年選定
○モンペリエ大学図書館（モンペリエ）
○トロワ・メディアテック図書館（トロワ）
⇒ピエール・ヴィレー時代のクレルヴォー・シトー修道院図書
　（Library of the Cistercian Abbey of Clairvaux at the time of Pierre de Virey(1472)）2009年選定
○パリ・ポーランド歴史文芸協会（パリ）
⇒パリ・ポーランド歴史文芸協会のアーカイヴス（1946～2000年）
　（Archives of the Literary Institute in Paris(1946-2000)（Association Institut Litteraire 'Kultura'）
　2009年選定（ポーランド）
⇒ポーランド歴史文学協会／パリのポーランド図書館／アダム・ミツキェヴィチ博物館の
　19世紀のコレクション（Collections of the 19th century of the Polish Historical and Literary
　Society / Polish Library in Paris / Adam Mickiewicz Museum）　2013年選定
○ヒューマニスト図書館（セレスタ）
⇒ベアトゥス・レナヌスの図書（Beatus Rhenanus Library）　2011年選定
○フランス国立公文書館（パリ）
⇒フランソワ1世統治時代のパリのシャトレのバナー選定（フランス国立公文書館）
　（Banniere Rsgister at Chatelet, Paris,during the reign of Francois I（National Archives Y9, France）
　2011年選定
○ポーランド図書館（パリ）
⇒ポーランド歴史文学協会／パリのポーランド図書館／アダム・ミツキェヴィチ博物館の
　19世紀のコレクション（Collections of the 19th century of the Polish Historical and Literary Society
　/ Polish Library in Paris / Adam Mickiewicz Museum）　2013年選定
○科学アカデミー（パリ）　○フランス国立文書館（パリ）
⇒ルイ・パスツールのアーカイヴ（Louis Pasteur's Archive）　2015年選定
○ピエール・アマルリック図書館（アルビ）
⇒アルビの世界地図（The Mappa mundi of Albi）　2015年選定
○フランス国立工芸院（CNAM）（パリ）
⇒エミール・レイノーの動画ショー（The moving picture shows of Émile Reynaud）

国別・収蔵機関別

2015年選定　フランス／チェコ
○オートビエンヌ県ブリアンス・スッド（ピエール・ビュフィエール）
⇒ペール・カストール・アーカイヴス（Archives of Père Castor）2017年選定
○ユネスコ・アーカイヴ（パリ）
⇒国際知的協力機関の1925～1946年のアーカイヴス
（Archives of the International Institute of Intellectual Cooperation, 1925-1946）　2017年選定
○フランス国立図書館（パリ）
⇒カール大帝宮廷学校の装飾写本（The illuminated manuscripts of Charlemagne's Court School）
フランス／オーストリア／ドイツ／ルーマニア／英国　2023年選定
○PSL研究大学（パリ文理研究大学）（PSL）（パリ）
⇒物理学および化学に関する国際ソルベー会議のアーカイブ（1910年から1962年まで）
（Archives of the International Solvay Conferences on Physics and Chemistry（1910-1962））
フランス／ベルギー　2023年選定
○タペストリー博物館（アンジェ）
⇒アンジェの黙示録のタペストリー（Apocalypse Tapestry of Angers）　2023年選定
○ボルドー市立図書館（ボルドー）
⇒ボルドー本：モンテーニュのエセーの著者加筆訂正本（1588年から1592年まで）
（Bordeaux Copy: Montaigne's Essays annotated（1588-1592）by the author）　2023年選定
○ジョゼフ・ウレザンスキ・アーカイブ研究センター（JWC）（バイエ・アン・フランス）
⇒1957年から1992年までのフランスとブルキナファソにおける国際ATDカールモンド運動のアーカイブ
（Archives of the International Movement ATD Fourth World in France and
Burkina Faso from 1957 to 1992）　フランス／ブルキナファソ　2023年選定
○ショア財団（パリ）
⇒クロード・ランズマンによる『SHOAH ショア』の35mmネガ復元版、そして200時間に及ぶ
ショアの歴史に関する目撃証言の音声アーカイブ
（"Shoah", by Claude Lanzmann, restored 35 mm negative;
Audio Archive Witnesses to the History of Shoah, 200 hours）　フランス／ドイツ　2023年選定
○フランス財団、フランス国立海外文書館、フランス国立図書館（パリ）
⇒旧フランス植民地（1666年から1880年まで）での奴隷化された人々の識別選定
（Registers identifying enslaved persons in the former French colonies（1666-1880））
フランス／ハイチ　2023年選定

ブルガリア
○聖キリル・メトディー国立図書館（ソフィア）
⇒「エニナの使徒行伝」11世紀ブルガリアのキリル文字文書
（Enina Apostolos, Old Bulgarian Cyrillic manuscript（fragment）of the 11th century）
2011年選定
⇒ボリルのシノディコン、或は、ボリル王のシノディコン
（Boril's Synodicon or Synodicon of King Boril）2017年選定
⇒タサール・イヴァン・アレクサンダル皇帝の福音書（Gospels of Tsar Ivan Alexander）
2017年選定　ブルガリア／英国
○ブルガリア科学アカデミー図書館
⇒マウラーナーのクリヤット（マウラーナー全集）（Mawlana's Kulliyat (The Complete Works of Mawlana)）
2023年選定　ブルガリア／タジキスタン／ドイツ／イラン／トルコ／ウズベキスタン

ベラルーシ
○ベラルーシ国立科学アカデミー中央科学図書館（ミンスク）
⇒ラズヴィヴ年代記とネスヴィジ図書館のコレクション
（Radzwills' Archives and Niasvizh（Nieswiez）Library Collection）　2009年選定
ベラルーシ／フィンランド／リトアニア／ポーランド／ロシア連邦／ウクライナ

ベルギー
○プランタン・モレトゥス印刷博物館（アントワープ）
⇒プランタン印刷所のビジネス・アーカイヴス（Business Archives of the Officina Plantiniana）
2001年選定
○ベルギー王立図書館（ブリュッセル）
⇒コルヴィナ文庫のコレクション（The Bibliotheca Corviniana Collection）2005年選定
オーストリア／ベルギー／フランス／ドイツ／ハンガリー／イタリア
○クリストファー・オキボ財団（COF）（ブリュッセル）
⇒クリストファー・オキボの詩集（Christopher Okigbo Collection）
2007年選定（民間財団）

○アントワープ市公文書館（アントワープ）
⇒アントワープの破産した ブーデルスカーメルのアーカイヴス
（Archives Insolvente Boedelskamer Antwerpen）2009年選定
○ベルギー国立公文書館（ルーヴェン）
○ルーヴェン・カトリック大学アーカイヴス・美術コレクション（ルーヴェン）
⇒ルーヴェン大学のアーカイヴス（1425～1797年）：世界的な重要性のある大学遺産
（The Archives of the University of Leuven (1425-1797): University Heritage of Global Significance）
2013年選定
○国際書誌協会（IIB）（ブリュッセル）
⇒万能書誌庫（Universal Bibliographic Repertory）2013年選定
○ブルージュ公文書館（ブルージュ）
⇒ハンザ同盟の歴史に関する文書（Documents on the history of the Hanse）2023年選定
○ブリュッセル自由大学（ブリュッセル）
⇒物理学および化学に関する国際ソルベー会議のアーカイブ（1910年から1962年まで）
（Archives of the International Solvay Conferences on Physics and Chemistry (1910-1962)）2023年選定

ボスニア・ヘルツェゴヴィナ
○ボスニア・ヘルツェゴヴィナ国立博物館（サラエヴォ）
⇒サラエヴォ・ハッガーダー装飾写本（The Sarajevo Haggadah manuscript）2017年選定

ポーランド
○ユダヤ歴史研究所（ワルシャワ）
⇒ワルシャワ・ゲットーのアーカイヴス（エマヌエル・リンゲルブルムのアーカイヴス）
（Warsaw Ghetto Archives（Emanuel Ringelblum Archives））1999年選定
○ヤギェロニアン大学（クラクフ）
⇒ニコラウス・コペルニクスの傑作「天球の回転 についての6巻」
（Nicolaus Copernicus' masterpiece "De revolutionibus libri sex"）1999年選定
○フレデリック・ショパン協会（ワルシャワ）
⇒フレデリック・ショパンの名曲（The Masterpieces of Fryderyk Chopin）1999年選定
○ポーランド海事博物館（グダニスク）
⇒1980年8月のグダニスクの二十一箇条要求：大規模な 社会運動で労働組合の連帯が誕生
（Twenty-One Demands, Gdansk, August 1980. The birth of the SOLIDARITY trades union :
a massive social movement）2003年選定
○ポーランド中央歴史記録アーカイヴス（ワルシャワ）
⇒1573年1月28日のワルシャワ連盟協約：宗教的寛容の保証
（The Confederation of Warsaw of 28th of January 1573: Religious tolerance guaranteed）2003年選定
⇒ラズヴィウ年代記とネスヴィジ図書館のコレクション
（Radzwills' Archives and Niasvizh（Nieswiez）Library Collection）2009年選定
ベラルーシ／フィンランド／リトアニア／ポーランド／ロシア連邦／ウクライナ
⇒15世紀中期から18世紀後期にポーランド王国とオスマン帝国の間で締結された平和条約集
（アフドナーメ）（Peace treaties (ahdnames) concluded from the mid-15th century to late-18th century
between the Kingdom (or Republic) of Poland and the Ottoman Empire）2013年選定
⇒ルブリン合同法の記録（The Act of the Union of Lublin document）2017年選定
ポーランド／リトアニア／ウクライナ／ベラルーシ／ラトヴィア
○ワルシャワ国立図書館（ワルシャワ）
⇒スプラスリエンシスの文書（スプラスルの文書−月別聖人伝、3月）
（Codex Suprasliensis - Mineia cetia, Mart（The Suprasl Codex- Menology, March）2007年選定
ポーランド／ロシア連邦／スロヴェニア
○ポーランド芸術科学アカデミー（クラクフ）
⇒国民教育委員会のアーカイヴス（National Education Commission Archives）2007年選定
○ポーランド国立公文書館（ワルシャワ）
⇒ワルシャワ再建局の記録文書（Archive of Warsaw Reconstruction Office）2011年選定
○ヴロツワフ大司教区博物館（ヴロツワフ）
⇒ヘンリクフの書（The Book of Henrykow）2015年選定
○ポズナン国立公文書館（ポズナン）
⇒ブレスト合同の資料と図書（Files and library of the Unity of the Brethren）
2015年選定
○国家記銘院（ワルシャワ）
⇒ユルゲン・シュトロープの報告書（Jürgen Stroop's Report）2017年選定
○ポーランド軍事アーカイヴス（ワルシャワ）
⇒1920年のワルシャワの戦いのポーランド・ラジオ・インテリジェンス文の記録

(Documents of Polish radio intelligence from the period of the Battle of Warsaw in 1920)
2017年選定
○グダニスク歴史博物館（グダニスク）
⇒ハンザ同盟の歴史に関する文書　（Documents on the history of the Hanse）　2023年選定

ポルトガル
○ポルトガル国立公文書館（リスボン）
⇒ペロ・ヴァス・デ・カミーニヤの書簡（Letter from Pero Vaz de Caminha）2005年選定
⇒コルポ・クロノロジコ（ポルトガル人の発見に関する文書集）
（Corpo Cronologico（Collection of Manuscripts on the Portuguese Discoveries））2007年選定
⇒イベリアの伝統の中で描かれた黙示録注釈(リエバーナのベアタス)の手稿
（The Manuscripts of the Commentary to the Apocalypse (Beatus of Liébana) in the Iberian Tradition)
2015年選定　　スペイン／ポルトガル
○ポルトガル国立博物館（リスボン）
⇒トルデシリャス条約（Treaty of Tordesillas）2007年選定
⇒イベリアの伝統の中で描かれた黙示録注釈(リエバーナのベアタス)の手稿
（The Manuscripts of the Commentary to the Apocalypse (Beatus of Liébana) in the Iberian Tradition)
2015年選定　　スペイン／ポルトガル
○ポルトガル国立図書館（リスボン）
⇒サンティアゴ・デ・コンポステーラ大聖堂のカリクストゥス写本と聖ヤコブの書の他の中世のコピー：ヨーロッパにおけるヤコブの伝統のイベリア半島の起源
（The Codex Calixtinus of Santiago de Compostela Cathedral and other medieval copies of the Liber Sancti Jacobi: The Iberian origins of the Jacobian tradition in Europe)
2017年選定　ポルトガル／スペイン
○海洋歴史公文書館（リスボン）
⇒1922年の最初の南大西洋横断飛行の記録
（First flight across the South Atlantic Ocean in 1922）2011年選定
○熱帯科学調査研究所（リスボン）
⇒デンボスのアーカイヴス／ンデンブ族のアーカイヴス(Arquivos dos Dembos /Ndembu Archives)
2011年選定　アンゴラ／ポルトガル
○ポルト市立図書館（ポルト）
⇒ヴァスコ・ダ・ガマのインドへの最初の航海史1497～1499年
（Journal of the first voyage of Vasco da Gama to India, 1497-1499）　2013年選定
○リスボン大学トーレ・ド・トンボ国立公文書館（リスボン）
⇒清王朝時代のマカオの公式記録(1693～1886年)
（Official Records of Macao During the Qing Dynasty (1693-1886)）　2017年選定
○ポルトガル外務省外交研究所（リスボン）
⇒1939～1940年にボルドー領事のアリスティデス・ソウザ・メンデスによって発給されたヴィザの選定簿
（Register Books of visas granted by Portuguese Consul in Bordeaux, Aristides Sousa Mendes (1939-1940)）　2017年選定
○トルレ・ド・トンボ国立公文書館（リスボン）
⇒最初の世界周航（1519年から1522年まで）　（First Voyage of Circumnavigation （1519-1522)）
2023年選定　ポルトガル／スペイン

マルタ
○ヘリテージ・マルタ（カルカラ）
⇒カモッショ地図（Camocio Maps）　2017年選定　チェコ／マルタ

ラトヴィア
○ラトヴィア民俗公文書館（リガ）
⇒ダイヌ・スカピス−民謡の戸棚（Dainu Skapis - Cabinet of Folksongs）　2001年選定
○ラトヴィア人民戦線博物館（リガ）
⇒バルトの道−自由への行進での三国を繋ぐ人間の鎖
（The Baltic Way - Human Chain Linking Three States in Their Drive for Freedom）　2009年選定
エストニア／ラトヴィア／リトアニア
○ラトヴィア国立図書館（リガ）
⇒ハンザ同盟の歴史に関する文書　（Documents on the history of the Hanse）
2023年選定　ラトヴィア／エストニア／デンマーク／ベルギー／ドイツ／ポーランド

リトアニア
○リトアニア国立公文書館（ヴィリニュス）
⇒ラズヴィウ年代記とネスヴィジ図書館のコレクション
（Radzwills' Archives and Niasvizh（Nieswiez）Library Collection）　2009年選定
ベラルーシ／フィンランド／リトアニア／ポーランド／ロシア連邦／ウクライナ
⇒バルトの道-自由への行進での三国を繋ぐ人間の鎖
（The Baltic Way - Human Chain Linking Three States in Their Drive for Freedom）　2009年選定
エストニア／ラトヴィア／リトアニア

ルクセンブルク
○ルクセンブルク国立視聴覚センター（ルクセンブルク）
⇒ファミリー・オブ・マン（Family of Man）　2003年選定

ルーマニア
○ルーマニア国立図書館（ブカレスト）
⇒カール大帝宮廷学校の装飾写本（Illuminated manuscripts of Charlemagne's Court School）
2023年選定　ルーマニア／ドイツ／オーストリア／英国／フランス

ロシア連邦
○ロシア国立図書館（モスクワ）
⇒1092年の大天使の福音書（Archangel Gospel of 1092）1997年選定
⇒ヒトロヴォの福音書（Khitrovo Gospel）1997年選定
⇒19世紀末と20世紀初期のロシアのポスター
（Russian posters of the end of the 19th and early 20th centuries）　1997年選定
⇒15世紀のキリル文字におけるスラブ語の出版物
（Slavonic publications in Cyrillic script of the 15th century）　1997年選定
○ロシア国立図書館（サンクトペテルブルク）
⇒ロシア帝国と18世紀のコレクション
（Maps of the Russian Empire and its collection of the 18th century）　1997年選定
⇒新聞コレクション（Newspaper collections）　1997年選定
⇒スプラスリエンシスの文書（スプラスルの文書-月別聖人伝、3月）
（Codex Suprasliensis - Mineia cetia, Mart（The Suprasl Codex- Menology, March）2007年選定
ポーランド／ロシア連邦／スロヴェニア
⇒オストロミールの福音書（1056～1057年）（Ostromir Gospel（1056-1057））　2011年選定
⇒1377年のラヴレンチー年代記（The Laurentian Chronicle 1377）　2013年選定
⇒フョードル・ドストエフスキーの手稿とメモ（Fyodor Dostoevsky: Handwritings and Notes）
2023年選定
○ロシア科学アカデミー（サンクトペテルブルク）
⇒サンクトペテルブルクのフォノグラム・アーカイヴスの歴史的コレクション（1889～1955年）
（The Historical Collections（1889-1955）of St. Petersburg Phonogram Archives）　2001年選定
⇒ラズヴィウ年代記とネスヴィジ図書館のコレクション
（Radzwills' Archives and Niasvizh（Nieswiez）Library Collection）　2009年選定
ベラルーシ／フィンランド／リトアニア／ポーランド／ロシア連邦／ウクライナ
⇒16世紀～18世紀のインドのアルバム、ペルシャのミニチュアそれにペルシャ書道の見本
（Album of Indian and Persian Miniatures from the 16th through the 18th Century and Specimens of
Persian Calligraphy）2017年選定
○国立レフ・トルストイ博物館（モスクワ）
⇒トルストイの個人蔵書、草稿、写真、映像のコレクション
（Tolstoy's Personal Library and Manuscripts, Photo and Film Collection）　2011年選定
○ロシア連邦公文書館（モスクワ）
⇒1649年の会議法典ウロジェニエ（The Sobornoye Ulozheniye of 1649）　2015年選定
○ロシア国立文学博物館（モスクワ）
⇒フョードル・ドストエフスキーの手稿とメモ（Fyodor Dostoevsky: Handwritings and Notes）
2023年選定

国別・収蔵機関別

北 米

アメリカ合衆国（米国）

○**米国議会図書館**（ワシントンD.C）
⇒プトレマイオスの慣例に習いアメリゴ・ヴェスプッチの探検を組み入れた世界地図
（Universalis cosmographia secundum Ptholomaei traditionem et Americi Vespucii aliorumque Lustrationes）　2005年選定　　米国／ドイツ

○**ジョージ・イーストマン・ハウス国際写真映画博物館**（ニューヨーク）
⇒メトロ・ゴールドウィン・メイヤーによって制作されたオズの魔法使
（ヴィクター・フレミング 1939）
（The Wizard of Oz（Victor Fleming 1939）, produced by MetroGoldwyn-Mayer）
2007年選定

○**スミソニアン協会人間学フィルムアーカイヴ**（メリーランド州スーツランド）
⇒ジョン・マーシャルのズール・ホアン・ブッシュマンの映画とビデオ集 1950〜2000年
（John Marshall Ju/'hoan Bushman Film and Video Collection, 1950-2000）
2009年選定

○**スミソニアン協会フォークライフ・文化遺産センター・ラルフ・リンツラー・フォークライフ・アーカイヴス・コレクション**（ワシントンD.C）
⇒スミソニアン協会フォークラフ・文化遺産センター所蔵のモーゼス・フランセス・アッシュ・コレクション
（Moses and Frances Asch Collection. Center for Folklife and Cultural Heritage, Smithsonian Institution）
2015年選定（アメリカ録音収蔵協会　民間団体）

○**アメリカ国立公文書館**（ニューヨーク）
⇒オランダの西インド会社の記録文書
（Dutch West India Company（Westindische Compagnie）Archives）　2011年選定
オランダ／ブラジル／ガーナ／ガイアナ／オランダ領アンティル／スリナム／英国／米国

○**アメリカ国立公文書館記録管理局**（ワシントンD.C.）
⇒シルバー・メン：パナマ運河における西インド諸島労働者の記録
（Silver Men : West Indian Labourers at the Panama Canal）　2011年選定
バルバドス／ジャマイカ／パナマ／セントルシア／英国／米国

○**アメリカ地質調査所**（ヴァージニア州レストン）
⇒ランドサット衛星計画の記録：複数スペクトル・スキャナー（MSS）の感知器
（Landsat Program records including the Multispectral Scanner, Thematic Mapper, and Enhanced Thematic Mapper and sensors）　2011年選定

○**エレノア・ルーズベルト文書プロジェクト事務所**（ワシントンD.C）
⇒エレノア・ルーズベルト文書プロジェクトの常設展
（Permanent Collection of the Eleanor Roosevelt Papers Project）　2013年選定

○**フォルガー・シェイクスピア図書館**（ワシントンD.C）
⇒「シェイクスピアの文書類」、ウイリアム・シェイクスピアの生涯の文書の足跡
（The 'Shakespeare Documents', a documentary trail of the life of William Shakespeare）
2017年選定
アメリカ合衆国／英国

○**ハーバード大学ハーバード図書館**（ケンブリッジ）
⇒ヴィラ・オカンポ文書センター（The Villa Ocampo Documentation Center）2017年選定
アメリカ合衆国／アルゼンチン

カナダ
○マニトバ州公文書館（ウィニペグ）
⇒ハドソン湾会社の記録（Hudson's Bay Company Archival records）　2007年選定
○文明博物館（ケベック）
⇒ケベック神学校のコレクション　1623〜1800年（17〜19世紀）
（Quebec Seminary Collection, 1623-1800(17th-19th centuries)）　2007年選定
○カナダ国立映画制作庁（モントリオール）
⇒1952年にノーマン・マクラレンが監督・制作したアニメーション映画「隣人」
（Neighbours, animated, directed and produced by Norman McLaren in 1952）2009年選定
○トロント大学トーマス・フィッシャー・レア・ブック図書館（トロント）
⇒インスリンの発見と世界的なインパクト
（The Discovery of Insulin and its Worldwide Impact）　2013年選定
⇒マーシャル・マクルーハン：未来のアーカイヴス
（Marshall McLuhan: The Archives of the Future）2017年選定
○カナダ国立図書館・文書館（オタワ）
⇒マーシャル・マクルーハン：未来のアーカイヴス
（Marshall McLuhan: The Archives of the Future）2017年選定
○シネマテーク・ケベコワーズ（モントリオール）
⇒混在の痕跡と諸大陸の記憶－アメリカにおけるフランス人のサウンド
（Mixed Traces and Memories of the continents - The Sound of the French people of America）
2017年選定
○マックマスター大学ミルズ・メモリアル図書館（ハミルトン）
○バートランド・ラッセル文書館（ハミルトン）
⇒ルートヴィヒ・ヴィトゲンシュタインの哲学遺産
（Philosophical Nachlass of Ludwig Wittgenstein）　2017年選定
オーストリア／カナダ／オランダ／英国

ラテンアメリカ・カリブ

アルゼンチン
○アルゼンチン国立公文書館（ブエノスアイレス）
⇒ラプラタ川の支配地域の記録遺産
（Documentary heritage of the Viceroyalty of the Rio de la Plata）　1997年選定
⇒1976〜1983年の人権記録遺産-国家テロ闘争での真実、正義、記憶のアーカイヴス
（Human Rights Documentary Heritage 1976 - 1983 - Archives for Truth, Justice and Memory
in the struggle against State Terrorism）　2007年選定
○ユネスコ・オカンポ邸（ブエノスアイレス）
⇒ヴィラ・オカンポ文書センター（The Villa Ocampo Documentation Center）2017年選定

ヴェネズエラ
○ヴェネズエラ国立図書館（カラカス）
⇒19世紀のラテン・アメリカの写真集
（Collection of Latin American photographs of the 19th Century）1997年選定
⇒国家のアーカイヴー解放者シモン・ボリバルの著作集
（General Archive of the Nation - Writings of The Liberator Simon Bolivar）1997年選定
○ヴェネズエラ歴史アカデミア（カラカス）
⇒コロンビア：フランシスコ・デ・ミランダ将軍の記録文書
（Colombeia: Generalissimo Francisco de Miranda's Archives）2007年選定

ウルグアイ

○**ウルグアイ国立公文書館**（モンテビデオ）
⇒カルロス・ガルデルの原盤－ オラシオ・ロリエンテのコレクション（1913～1935年）
（Original records of Carlos Gardel － Horacio Loriente Collection（1913-1935）） 2003年選定
○**ゴンザレス・コレクション、国立視覚芸術大学**（モンテビデオ）
⇒新聞『エル・ポプラル』の写真アーカイブ（Photographic Archive of the newspaper "El popular"）
2023年選定

エクアドル

○**エクアドル国立文化遺産研究所（INPC）**（キト）
○**アブヤ・ヤラ文化センター**（キト）
⇒他者の眼差し：エクアドル・アマゾンのサレジオ会の使徒座代理区の記録遺産1890～1930年
（The Gaze of the Other: Documentary heritage of the Salesian apostolic vicariate in the Ecuadorian
Amazon 1890-1930） 2015年選定

エルサルバドル

○**ホアン・ラモン・モレノ神学図書館**（サンサルバドル）
○**ホセ・シメオン・カニャス中央アメリカ大学**（サンサルバドル）
⇒イグナシオ・エリャクリアスの文書資産：歴史的事実と解放
（Ignacio Ellacuría's Documentary Fond: Historical Reality and Liberation） 2017年選定

オランダ領アンティル

○**オランダ領アンティル国立公文書館**（キュラソー）
⇒パピアメント語で書かれた最初のカテキズム
（First Catechism Written in Papiamentu Language） 2009年選定
⇒オランダの西インド会社の記録文書
（Dutch West India Company（Westindische Compagnie）Archives） 2011年選定
オランダ／ブラジル／ガーナ／ガイアナ／オランダ領アンティル／スリナム／英国／米国

ガイアナ

○**ガイアナ国立公文書館**（ジョージタウン）
⇒オランダの西インド会社の記録文書
（Dutch West India Company（Westindische Compagnie）Archives） 2011年選定
オランダ／ブラジル／ガーナ／ガイアナ／オランダ領アンティル／スリナム／英国／米国
⇒インド系契約労働者の記録（Records of the Indian Indentured Labourers） 2011年選定
フィジー／ガイアナ／スリナム／トリニダード・トバゴ

キューバ

○**マルティ研究センター**（ハバナ）
⇒『ホセ・マルティ・ペレス』の記録史料（"Jose Marti Perez"Fonds） 2005年選定
○**キューバ映画芸術産業庁（ICAIC）**（ハバナ）
⇒キューバ映画芸術産業庁のラテン・アメリカのオリジナル・ネガ
（Original Negative of the Noticiero ICAIC Lationamericano） 2009年選定
○**チェ・ゲバラ研究センター**（ハバナ）
⇒ボリビアでのチェ・ゲバラの日記
（Documentary Collection "Life and Works of Ernesto Che Guevara: from the originals manuscripts of
its adolescence and youth to the campaign Diary in Bolivia"）
2013年選定　　ボリヴィア／キューバ
○**ハバナ市歴史局歴史アーカイブ**（ハバナ）
⇒ハバナ市議会による法令（植民地時代の1550年から1898年まで）
（Acts of the Havana City council (colonial period 1550-1898)） 2023年選定
○**ハバナ市庁舎**（ハバナ）

⇒キューバ映画のポスター（Cuban Movie Posters）　2023年選定

グアテマラ
○中米アーカイヴ（グアテマラシティ）
⇒フロリド回想録、グアテマラ王国の歴史的スピーチと自然的・物質的・軍事的・政治的記述
（The Florid Recollection, a historical speech and natural, material, military and political account of the Reyno of Guatemala）2017年選定

コスタリカ
○コスタリカ国立公文書館（サンホセ）
⇒コスタリカの軍隊の廃止（Abolition of the Army in Costa Rica）2017年選定
⇒中米司法裁判所（Central American Court of Justice）2017年選定

コロンビア
○コロンビア国立公文書館（ボゴタ）
⇒黒人奴隷のアーカイヴス（Negros y Esclavos Archives）　2005年選定
○ボゴタ音楽アーカイヴ（ボゴタ）
⇒アメリカの植民地音楽：豊富な記録の見本
（American Colonial Music: a sample of its documentary richness）　2007年選定
ボリヴィア／コロンビア／メキシコ／ペルー

ジャマイカ
○アーカイヴス・ユニット（ミドルセックス郡セント・キャサリン教区）
⇒英国カリブ領の奴隷の登記簿1817～1834年
（Registry of Slaves of the British Caribbean 1817-1834）　1997年選定
バハマ／ベリーズ／ドミニカ／ジャマイカ／セント・キッツ／トリニダード・トバゴ／英国
○ジャマイカ・アーカイヴス・記録部（セント・キャサリン）
⇒シルバー・メン：パナマ運河における西インド諸島労働者の記録
（Silver Men : West Indian Labourers at the Panama Canal）　2011年選定
バルバドス／ジャマイカ／パナマ／セント・ルシア／英国／米国

シント・マールテン
○シント・マールテン・アーカイヴス（フィリップスブルフ）
⇒自由への道：二重国籍のシント・マールテン／セント・マーチン島で奴隷にされたアフリカ人がいかに彼らの自由を勝ち取ったかの事例研究
（Route/Root to Freedom: A case study of how enslaved Africans gained their freedom on the dual national island of Sint Maarten/Saint Martin）2017年選定
⇒オランダ領カリブ海地域の奴隷化された人々とその子孫の記録遺産（1816年から1969年まで）
（Documentary heritage of the enslaved people of the Dutch Caribbean and their descendants（1816-1969）
オランダ（シント・マールテン／キュラソー／スリナム共和国）　2023年選定

スリナム
○スリナム国立公文書館（パラマリボ）
⇒オランダの西インド会社の記録文書
（Dutch West India Company（Westindische Compagnie）Archives）　2011年選定
オランダ／ブラジル／ガーナ／ガイアナ／オランダ領アンティル／スリナム／英国／米国
⇒インド系契約労働者の記録（Records of the Indian Indentured Labourers）　2011年選定
フィジー／ガイアナ／スリナム／トリニダード・トバゴ
⇒オランダ領カリブ海地域の奴隷化された人々とその子孫の記録遺産（1816年から1969年まで）
（Documentary heritage of the enslaved people of the Dutch Caribbean and their descendants (1816-1969)
オランダ（キュラソー／シント・マールテン／スリナム共和国）　2023年選定

国別・収蔵機関別

セント・キッツ・ネイヴィース
○セント・キッツ・ネイヴィース国立公文書館（バセテール）
　⇒英国カリブ領の奴隷の登記簿1817〜1834年
　（Registry of Slaves of the British Caribbean 1817-1834）　1997年選定
　バハマ／ベリーズ／ドミニカ／ジャマイカ／セント・キッツ／トリニダード・トバゴ／英国

セント・ルシア
○プリンストン大学シーリー・G・マッド図書館（プリンストン）
　⇒ウイリアム・アーサー・ルイス卿の文書（Sir William Arthur Lewis Papers）　2009年選定
○セント・ルシア国立公文書館（カストリーズ）
　⇒シルバー・メン：パナマ運河での西インド諸島労働者の記録
　（Silver Men : West Indian Labourers at the Panama Canal）　2011年選定
　バルバドス／ジャマイカ／パナマ／セント・ルシア／英国／米国

チリ
○チリ国立公文書館（サンティアゴ）
　⇒チリの人権のアーカイヴ（Human Rights Archive of Chile）2003年選定
　⇒アメリカのイエズス会（Jesuits of America）2003年選定
　⇒チリの大衆詩のコレクション：リラ・ポピュラー
　（Collections of printed Chilean popular poetry: Lira popular）　2013年選定
○チリ大学（サンティアゴ）
　⇒チリの大衆詩のコレクション：リラ・ポピュラー
　（Collections of printed Chilean popular poetry: Lira popular）　2013年選定

ドミニカ共和国
○サントドミンゴ大司教管区歴史アーカイヴス（サントドミンゴ）
　⇒奴隷の洗礼に関する本（Book for the Baptism of Slaves（1636-1670））
　2009年選定
○ドミニカ共和国政府ラレシステンシアデ博物館記念ドミニカーナ（サントドミンゴ）
　⇒ドミニカ共和国における人権の抵抗と闘争に関する記録遺産
　（Documentary Heritage on the Resistance and Struggle for Human Rights in the Dominican Republic,
　1930-1961）2009年選定

ドミニカ国
○ドミニカ国記録センター（ロゾー）
　⇒英国カリブ領の奴隷の登記簿1817〜1834年
　（Registry of Slaves of the British Caribbean 1817-1834）1997年選定
　バハマ／ベリーズ／ドミニカ／ジャマイカ／セント・キッツ／トリニダード・トバゴ／英国

トリニダード・トバゴ
○トリニダード・トバゴ国立図書館（ポート・オブ・スペイン）
　⇒コンスタンティンのコレクション（Constantine Collection）　2011年選定
○トリニダード・トバゴ国立公文書館（ポート・オブ・スペイン）
　⇒英国カリブ領の奴隷の登記簿1817〜1834年
　（Registry of Slaves of the British Caribbean 1817-1834）　1997年選定
　バハマ／ベリーズ／ドミニカ／ジャマイカ／セント・キッツ／トリニダード・トバゴ／英国
　⇒エリック・ウィリアムズのコレクション（The Eric Williams Collection）　1999年選定
　⇒インド系契約労働者の記録（Records of the Indian Indentured Labourers）
　2011年選定　フィジー／ガイアナ／スリナム／トリニダード・トバゴ
○西インド諸島大学（セント・オーガスティン）
　⇒エリック・ウィリアムズのコレクション（The Eric Williams Collection）　1999年選定
○ウェスト・インディア・セント・オーガスティン大学（セント・オーガスティン）

⇒デレック・ウォルコットのコレクション（The Derek Walcott Collection）　1997年選定
⇒シリル・ライオネル・ロバート・ジェームズのコレクション
（The C.L.R. James Collection）　2005年選定

ニカラグア
○ニカラグア中米歴史研究所（IHNCA）（マナグア）
⇒ニカラグア十字軍の記録文書（National Literacy Crusade）2007年選定

ハイチ
○聖霊の父ハイチ図書館（ポルトープランス）
⇒オデッテ・ムネソン・リゴー・ホールディングス
（Odette Mennesson Rigaud holdings）　2017年選定
○ハイチ国立公文書館（ポルトープランス）
⇒旧フランス植民地（1666年から1880年まで）での奴隷化された人々の識別選定
（Registers identifying enslaved persons in the former French colonies （1666-1880））
ハイチ／フランス　2023年選定

パナマ
○パナマ運河博物館（パナマ）
⇒シルバー・メン：パナマ運河における西インド諸島労働者の記録
（Silver Men : West Indian Labourers at the Panama Canal）　2011年選定
バルバドス／ジャマイカ／パナマ／セント・ルシア／英国／米国

バハマ
○アーカイヴス部（ナッソー）
⇒英国カリブ領の奴隷の登記簿1817～1834年
（Registry of Slaves of the British Caribbean 1817-1834）　1997年選定
バハマ／ベリーズ／ドミニカ／ジャマイカ／セント・キッツ／トリニダード・トバゴ／英国
○バハマ国立公文書館（ナッソー）
⇒ファークハーソンの日誌（Farquharson's Journal）　2009年選定

パラグアイ
○パラグアイ最高司法裁判所人権擁護の為の記録文書センター（アスンシオン）
⇒恐怖の記録文書（Archives of Terror）2009年選定

バルバドス
○バルバドス博物館・歴史協会（セント・マイケル）
⇒カリブの奴隷にされた人々の記録遺産
（Documentary Heritage of Enslaved Peoples of the Caribbean）　2003年選定
⇒シルバー・メン：パナマ運河における西インド諸島労働者の記録
（Silver Men : West Indian Labourers at the Panama Canal）　2011年選定
バルバドス／ジャマイカ／パナマ／セント・ルシア／英国／米国
○西インド連邦アーカイヴス・センター（ブリッジタウン）
⇒西インド連邦のアーカイヴスの記録史料（Federal Archives Fonds）　2009年選定
○西インド諸島大学（ブリッジタウン）
⇒ニータ・バロウのコレクション（Nita Barrow Collection）　2009年選定
○西インド諸島大学シドニー・マーティン図書館（ケイブヒル）
⇒西インド委員会の報告書（The West Indian Commission Papers）　2015年選定

ブラジル
○ブラジル国立図書館（リオ・デ・ジャネイロ）
⇒皇帝のコレクション：19世紀の外国とブラジルの写真
（The Emperor's collection: foreign and Brazilian photography in the XIX century）　2003年選定

国別・収蔵機関別

○ブラジル国立公文書館（リオ・デ・ジャネイロ）
⇒オランダの西インド会社の記録文書
（Dutch West India Company（Westindische Compagnie）Archives）2011年選定
オランダ／ブラジル／ガーナ／ガイアナ／オランダ領アンティル／スリナム／英国／米国
⇒ブラジル軍事独裁政権時代（1964年～1985年）の情報網
（Network of information and counter information on the military regime in Brazil（1964-1985）
2011年選定
○オスカー・ニーマイヤー財団（リオ・デ・ジャネイロ）
⇒オスカー・ニーマイヤー建築アーカイヴ（Architectural Archive of Oscar Niemeyer）
2013年選定
○帝国博物館（リオ・デ・ジャネイロ）
⇒ブラジル皇帝ペドロ2世の国内外の旅行に関する書類
（Documents regarding the Emperor D. Pedro II's journeys in Brazil and abroad）　2013年選定
⇒アントーニョ・カルロス・ゴメス（Antonio Carlos Gomes）
ブラジル／イタリア　　2017年選定
○科学文献・情報センター（CEDIC）（サンパウロ）
⇒コーノ・スール諸国人権擁護基金委員会（CLAMOR）
（Fundo Comitê de Defesa dos Direitos Humanos para os Países do Cone Sul（CLAMOR））
ブラジル／ウルグアイ　　2015年選定
○パウロ・フレイレ研究所（サンパウロ）
⇒教育者パウロ・フレイレのコレクション（Collection Educator Paulo Freire）　2017年選定
○無意識のイメージ博物館（リオ・デ・ジャネイロ）
⇒ニーゼ・ダ・シルベイラの個人アーカイヴ（Nise da Silveira Personal Archive）
2017年選定
○ブラジル外務省歴史文書館、国立文書館、下院議員文書情報センター、
カンピーナス州立大学記憶センター（サンパウロ州カンピーナス）
⇒フェミニズム、科学、政治：ベルタ・ルッツの遺産
（Feminism, science and politics - Bertha Lutz's legacy）　2023年選定

ベリーズ
○ベリーズ・アーカイヴス・記録サービス（ベルモパン）
⇒英国カリブ領の奴隷の登記簿1817～1834年
（Registry of Slaves of the British Caribbean 1817-1834）　1997年選定
バハマ／ベリーズ／ドミニカ／ジャマイカ／セント・キッツ／トリニダード・トバゴ／英国

ペルー
○ペルー国立図書館（リマ）
⇒アメリカの植民地音楽：豊富な記録の見本
（American Colonial Music: a sample of its documentary richness）
2007年選定　　ボリヴィア／コロンビア／メキシコ／ペルー
⇒クレ・コレクション所蔵の30693枚のガラス乾板（1864年から1933年まで）
（30.693 glass plate negatives（1864-1933）from the Courret Collection）　2023年選定
○ペルー国立公文書館（リマ）
⇒ペルー人と南米人の初版（1584～1619年）
（Peruvian and South American First Editions（1584-1619））　2013年選定
⇒征服者の旅行記録、或は、"子牛の本"
（Travelling Registry of the Conquistadors or "Becerro Book"）　2013年選定

ボリヴィア
○ボリヴィア国立公文書図書館（スクレ）
⇒アメリカの植民地音楽：豊富な記録の見本
（American Colonial Music: a sample of its documentary richness）　2007年選定
ボリヴィア／コロンビア／メキシコ／ペルー

⇒ラ・プラタ王立大審問院の記録史料
（Documentary Fonds of Royal Audiencia Court of La Plata（RALP）） 2011年選定
⇒ラ・プラタ聖堂の教会音楽譜集（Cathedral of La Plata Church Music Manuscript Collection）
2013年選定
○ボリヴィア中央銀行アーカイヴス（ラパス）
⇒ボリヴィアでのチェ・ゲバラの日記
（Documentary Collection "Life and Works of Ernesto Che Guevara: from the originals manuscripts
of its adolescence and youth to the campaign Diary in Bolivia"） 2013年選定
ボリヴィア／キューバ

メキシコ
○メキシコ国立公文書館（メキシコシティ）
⇒テチャロヤン・デ・クアヒマルパの文書（Codex Techaloyan de Cuajimalpaz）
1997年選定
⇒オアハカ渓谷の文書（Codices from the Oaxaca Valley） 1997年選定
⇒メキシコ国立公文書館所蔵等の『地図・絵画・イラスト』をもとにした16世紀～18世紀の
図柄記録（Sixteenth to eighteenth century pictographs from the "Maps, drawings and illustrations"
of the National Archives of Mexico） 2011年選定
○国立人類学博物館（メキシコシティ）
⇒メキシコ語の発音記号のコレクション（Collection of Mexican Codices）1997年選定
○パラフォクシアナ図書館（プエブラ）
⇒パラフォクシアナ図書館（Biblioteca Palafoxiana） 2005年選定
○メキシコ国立自治大学(UNAM)フィルム・アーカイヴ（メキシコ）
⇒忘れられた人々（Los olvidados）2003年選定
○オアハカ管区歴史アーカイヴ（オアハカ）
⇒アメリカの植民地音楽：豊富な記録の見本
（American Colonial Music: a sample of its documentary richness） 2007年選定
ボリヴィア／コロンビア／メキシコ／ペルー
○グアダラハラ大学（グアダラハラ）
⇒先住民族言語のコレクション（Coleccion de Lenguas Indigenas） 2007年選定
○メキシコ・アシュケナージ社会記録調査センター（アカプルコ）
⇒メキシコのアシュケナージ（16～20世紀）
（Collection of the Center of Documentation and Investigation of the Ashkenazi Community in Mexico
(16th to 20th Century) 2009年選定
○ヴィスカイナスの聖イグナチオ・デ・ロヨラ学院の歴史アーカイヴ"ホセ・マリア・バサゴイティ・ノリ
エガ"（メキシコシティ）
⇒ヴィスカイナス学院の歴史的アーカイヴの古文書：世界史の中での女性の教育と支援
（Old fonds of the historical archive at Colegio de Vizcainas: women's education and support in the
history of the world） 2013年選定
○メキシコ最高裁判所（メキシコシティ）
⇒権利の誕生に関する裁判記録集：1948年の世界人権宣言(UDHR)に対するメキシコの保護
請求状の貢献による効果的救済
（Judicial files concerning the birth of a right: the effective remedy as a contribution of the Mexican
writ of amparo to the Universal Declaration of Human Rights (UDHR) of 1948.）
2015年選定
○マヌエル・アルバレス・ブラボのアーカイヴ（メキシコシティ）
⇒マヌエル・アルバレス・ブラボのネガ、出版物、文書のアーカイヴス
（The Archives of negatives, publications and documents of Manuel Álvarez Bravo）
2017年選定

国別・収蔵機関別

索　引

バイオントダム災害に関する刑事訴訟
（Criminal Proceedings of the Vajont dam disaster）
2023年選定
＜所蔵機関＞ベッルーノ裁判所（ベッルーノ）

国名、国際機関、団体（50音順）

New　初出国　　　シンクタンクせとうち総合研究機構

索引

国名（128の国と地域）地域別

〈アフリカ〉
14か国（26件）

〈アラブ諸国〉
7か国（17件）

〈アジア〉
24か国（127件）

〈太平洋〉
4か国（11件）

※複数国にまたがる物件をそれぞれの国でカウント
　しているため、（　）内の物件数の合計には差異
　が生じる。

石に刻まれたアラビアの年代記：イクマ山
（Arabian Chronicles in Stone: Jabal Ikmah）
2023年選定
＜所在地＞ アル・ウラー渓谷（メディナ州ヘグラ）

索引

索引

シンクタンクせとうち総合研究機構　　※複数国にまたがる物件をそれぞれの国でカウントしているため、
　　　　　　　　　　　　　　　　　　　（　）内の物件数の合計には差異が生じます。

選定遺産名（50音順）

索引

太数字は、国別・地域別　　　　　　　　シンクタンクせとうち総合研究機構

索引

太数字は、国別・地域別

索引

索引

（モンゴル）……………………………74
○バルバドス発祥のアフリカの歌、或は、詠唱
（バルバドス／英国）　92, 125, 137, 151, 166
○バルバネラ暦書のコレクション
（イタリア）……………… 85, 148, 165
○バンガバンドゥ・シェイク・ムジブル・ラフマンの
3月7日の歴史的な演説（バングラデシュ）68, 149, 162
○ハンガリー王国地図（ハンガリー／クロアチア）
………… 104, 105, 135, 143, 168, 174
○ハンガリー科学アカデミー図書館のチョーマの
アーカイヴ（ハンガリー）…… 104, 144, 174
○ハンザ同盟の歴史に関する文書（ドイツ／エストニア／
デンマーク／ベルギー／ラトヴィア／ポーランド）
……………………………………95
○パンジ物語手稿（カンボジア／インドネシア／
オランダ／マレーシア／英国）
…… 70, 72, 73, 92, 137, 149, 158, 160, 162, 168
○バンスカー・シュティアヴニッツァの鉱山地図
（スロヴァキア）…… 43, 104, 143, 171
○ハンス・クリスチャン・アンデルセンの直筆文書と
通信文（デンマーク）… 42, 109, 140, 172
○ハン・トゥア物語（マレーシア）… 73, 141, 162
○万能書誌庫（ベルギー）…… 98, 147, 177
○ハンブルク聖書（デンマーク）… 109, 145, 172

【 ヒ 】
○ヒヴァ・ハン国の公文書のアーカイヴス
（ウズベキスタン）…… 67, 149, 158
○ピエール・ヴィレー時代のクレルヴォー・シトー
修道院図書（フランス）…… 87, 144, 175
○非同盟運動第1回首脳会議のアーカイブ
（セルビア／アルジェリア／エジプト／インド／
インドネシア）………………… 106
○ヒトロヴォの福音書（ロシア連邦）… 114, 140, 179

【 フ 】
○ファークハーソンの日記（バハマ）… 122, 144, 185
○ファミリー・オブ・マン
（ルクセンブルク）…… 98, 142, 179
○フィリピンの古文書文字（ハヌノウ、ブイッド、
タグバンワ、パラワン）（フィリピン）
…………………… 73, 140, 162
○フィリピンの人民の力革命のラジオ放送
（フィリピン）………… 42, 73, 141, 162
○フェニキア文字（レバノン）… 64, 142, 156
○フェミニズム、科学、政治：ベルタ・ルッツの遺産
（ブラジル）……………………… 131
○武芸図譜通志（北朝鮮）…… 76, 150, 161
○物理学および化学に関する国際ソルベー会議の
アーカイブ（1910年から1962年まで）
（ベルギー／フランス）………………98
○プトレマイオスの慣例に習いアメリゴ・ヴェスプッチ

の探検を組み入れた世界地図
（アメリカ合衆国／ドイツ）… 94, 117, 135, 142, 180
○ブハラ首長国のクシュベギの官庁
（ウズベキスタン）…………………67
○フョードル・ドストエフスキーの手稿とメモ
（ロシア連邦）……………… 115
○ブラジル軍事独裁政権時代（1964年～1985年）の
情報網（ブラジル）……… 131, 146, 185
○ブラジル皇帝ペドロ2世の国内外の旅行に関する書類
（ブラジル）………………131, 147, 185
○プラ・タート・パノム年代記のヤシの葉の写本の
国家コレクション（○○○○）
……………………………○
○ブラチスラヴァ・チャプターハウス図書館からの
彩飾文書（スロヴァキア）… 104, 140, 171
○ブラームスの作品集（オーストリア）… 99, 142, 167
○フランクフルト・アウシュビッツ裁判
（ドイツ）………… 41, 43, 95, 150, 173
○フランスがモーリシャスを占領していた時代の
記録文書（モーリシャス）… 61, 140, 155
○「フランス領西アフリカ」（AOF）の記録史料
（セネガル）……… 42, 58, 140, 154
○フランス領西アフリカの古葉書集
（セネガル）……… 58, 148, 154
○フランソワ1世統治時代のパリのシャトレのバナー
選定（フランス）………… 87, 145, 176
○プランタン印刷所のビジネス・アーカイヴス
（ベルギー）…………43, 98, 141, 176
○ブリーク・コレクション（南アフリカ）61, 140, 155
○フールベルト・バーヌー・ナータヴァーンの
「花の本」、イラスト入りの詩集
（アゼルバイジャン）…………… 112
○フレイ・ベルナルディーノ・デ・サアグン
（1499～1590年）の作品
（メキシコ／イタリア）… 85, 119, 136, 149, 165, 170
○ブレスト合同の資料と図書
（ポーランド）………… 102, 148, 177
○フレデリック・ショパンの名曲
（ポーランド）………… 101, 141, 177
○フロリド回想録、グアテマラ王国の歴史的スピーチ
と自然的・物質的・軍事的・政治的記述
（グアテマラ）………… 120, 151, 182

【 ヘ 】
○ベアトゥス・レナヌスの図書
（フランス）………… 87, 145, 176
○ベシャギッチのイスラムの文書集
（スロヴァキア）……… 104, 140, 171
○ベハイムの地球儀（ドイツ）…………… 95
○ベール・カストール・アーカイヴス
（フランス）………… 87, 150, 176
○ベルゲンのハンセン病のアーカイヴ（ノルウェー）
………………… 108, 141, 174
○ペルシャ語の文書（エジプト）… 63, 143, 156
○ペルー人と南米人の初版（1584～1619年）

太数字は、国別・地域別

シンクタンクせとうち総合研究機構

太字数字は、国別・地域別

シンクタンクせとうち総合研究機構

　　　本書の作成にあたり、下記の方々から写真や資料のご提供、ご協力をいただきました。

ユネスコ・アーカイヴス、図書館、記録管理ユニット、MUNIRAH A. ALMUSHAWH、Abdyldazhan Akmatal-iev、National Library of Thailand、National Archives of the Republic of Indonesia、State Archives of Belluno、deutsch-land.de、ゲルマン国立博物館（ドイツ・ニュルンベルク）、Wissenschaftliche Bibliothek der Stadt Trier/Stadtarchiv、Germanisches Nationalmuseum、History Lund University、EMI Archive Trust、Gallaudet Univer-sity Archives、National Association of the Deaf、（公社）びわこビジターズビューロー、シンクタンクせとうち総合研究機構、世界遺産総合研究所、古田陽久

索引

著者の「世界の記憶」の旅

2011年 5月25日	日本の「山本作兵衛コレクション」が「世界の記憶」に選定される。
2011年 6月18日	タイの「世界の記憶」「ワット・ポーの碑文書」が所蔵されている「ワット・ポー寺院」を訪問。
2011年 6月21日	ユネスコ本部（パリ）情報・コミュニケーション局知識社会部ユニバーサルアクセス・保存課のジョア・スプリンガー氏を訪問。
2011年 6月26日	福岡県田川市石炭・歴史博物館、それに福岡県飯塚市在住の山本作兵衛氏のご子息の山本照雄氏とお孫さんの緒方惠美氏を訪問。
2011年12月23日	「世界世界の記憶データ・ブック－2012年版－」発刊。
2012年 1月15日	福岡県田川市石炭・歴史博物館で、「世界世界の記憶研究会」。
2012年 1月25日	西日本新聞に「世界世界の記憶データ・ブック　2012年版」発刊の記事。
2012年 1月27日	西日本新聞に「MOWデータ・ブック」発刊の記事。
2012年 3月 6日	韓国の「世界の記憶」「高麗大蔵経板と諸経板」が所蔵されている「海印寺」を訪問。
2012年 2月 2日	中国新聞に「世界世界の記憶データ・ブック　2012年版」発刊の記事。
2012年 2月14日	毎日新聞広島版に「世界世界の記憶データ・ブック　2012年版」の関連記事。
2012年 4月 2日	中国新聞の「オピニオン」に「世界遺産条約40年の節目」を投稿。
2012年 6月15日	2017年の「世界の記憶」候補の「上野三碑」がある高崎市の「多胡碑」（1954年国指定特別史跡）を訪問。
2012年 6月19日	中国新聞の「オピニオン」に「世界遺産条約40年の節目」を投稿。原爆資料館などにある被爆資料を「世界の記憶」への選定を提言。
2012年 6月27日	フィンランドの「世界の記憶」「アドルフ・エリック・ノルデンショルドのコレクション」が所蔵されている「フィンランド国立図書館」を訪問。
2012年 7月 7日	岩手日報の「日報論壇」に「復興への記録を後世に」を投稿。鉱山地図、鉱山史などの歴史的な記録文書を「世界の記憶」への選定を提言。
2012年 9月 8日	韓国の「世界の記憶」「朝鮮王朝儀軌」、「朝鮮王朝実録」、「承政院日記」、「日省録」が所蔵されている「ソウル国立大学奎章閣」を訪問。
2012年12月15日	ポーランドの「世界の記憶」「ニコラウス・コペルニクスの傑作「天球の回転についての6巻」が所蔵されている「ヤギェロニアン大学図書館」を訪問。
2012年12月16日	スロヴァキアの「世界の記憶」「ベシャギッチのイスラムの文書集」が所蔵されている「ブラチスラヴァ大学図書館」を訪問。
2012年12月17日	ハンガリーの「世界の記憶」「ヤーノシュ・ボーヤイの空間論」が所蔵されている「ハンガリー科学アカデミー」を訪問。
2013年 2月 5日	聖教新聞に「世界世界の記憶の旅」連載（30回）開始の第1回は、「山本作兵衛コレクション」を取り上げる。
2013年 3月 8日	森山教授主宰の「世界世界の記憶研究会」で、福岡県立大学附属研究所で講演「山本作兵衛コレクションと世界世界の記憶の保存・活用」
2013年 4月21日	「御堂関白記：藤原道長の自筆日記」が所蔵されている「陽明文庫」（京都市右京区）を訪問。
2013年 6月 6日	カンボジアの「世界の記憶」「トゥール・スレン虐殺博物館のアーカイヴス」が所蔵されている「トゥール・スレン虐殺博物館」を訪問。
2013年12月 5日	アゼルバイジャンの「世界の記憶」「中世の医療薬学に関する文書」が所蔵されている「アゼルバイジャン国立科学アカデミー」（バクー）を訪問。
2013年11月20日	「世界世界の記憶データ・ブック　2013～2014年版」発刊。
2014年 1月21日	世界人権宣言大阪連絡会議は主催する第357回国際人権規約連続学習会で、「ユネスコ世界世界の記憶とは何か」について講演。
2014年 3月 7日	2015年の「世界の記憶」候補の「東寺百合文書」が所蔵されている「京都府立総合資料館」（京都市左京区）を訪問。
2014年 3月15日	「世界遺産ガイド－ユネスコ遺産の基礎知識－」発刊。
2014年 8月24日	2015年の「世界の記憶」候補の「舞鶴への生還 1945～1956シベリア抑留等日本人の本国への引き揚げの記録」が所蔵されている「舞鶴引揚記念館」（京都府舞鶴市）を訪問。

2015年 6月14日	「ヒロシマの被爆作家（栗原・原・峠）による原爆文学資料を世界世界の記憶に」（主催：広島市文学資料保存の会）にパネリストとして参加。	
2015年 6月30日	ドイツの「世界の記憶」「ベートーヴェンの交響曲第9番ニ短調作品125」が所蔵されている「ベートーヴェン博物館」を訪問。	
2015年 7月10日	幻冬舎から「世界の世界の記憶60」を出版。	
2015年 7月30日	東京新聞に「世界の世界の記憶60」出版の記事。	
2015年 8月14日	週刊朝日8月14日号に話題の新刊「世界の世界の記憶60」の記事。	
2015年 9月17日	聖教新聞での連載「世界世界の記憶の旅Ⅱ」を開始。2017年12月28日掲載まで通算74回	
2015年11月10日	月刊文藝春秋に「世界の記憶」関連記事。	
2015年11月20日	スウェーデンの「世界の記憶」「アルフレッド・ノーベル家族の記録文書」ゆかりのノーベル博物館を訪問。	
2015年11月23日	ノルウェーの「世界の記憶」「ベルゲンのハンセン病のアーカイヴ」ゆかりのベルゲンの聖ヨルゲン教会（ハンセン病博物館）を訪問。	
2015年11月24日	デンマークの「世界の記憶」「ハンス・クリスチャン・アンデルセンの直筆文書と通信文」ゆかりのアンデルセンの生まれ育ったオーデンセを訪問。	
2016年 1月	岐阜県の八百津町にある「杉原千畝記念館」を訪問。	
2016年 3月	長崎県の対馬市にある「長崎県立対馬歴史民俗史料館」を訪問。	
2016年 4月	メキシコの「世界の記憶」「忘れられた人々」ゆかりのメキシコ・シティのメキシコ国立自治大学を訪問。	
2016年 7月	トルコの「世界の記憶」「エヴリア・チェレビの旅行記」ゆかりのイスタンブールのトプカプ宮殿博物館を訪問。「ボガズキョイにおけるヒッタイト時代の楔形文字タブレット」、「キュルテペ遺跡の古アッシリア商人のアーカイヴス」ゆかりのイスタンブール考古学博物館を訪問。	
2017年 1月 8日	読売新聞社朝刊長崎版「200年の絆朝鮮通信使⑤平和外交世界へアピール」	
2017年 7月	ポーランドの「世界の記憶」「フレデリック・ショパンの名曲」ゆかりのワルシャワのフレデリック・ショパン協会を、また「ワルシャワ再建局の記録文書」ゆかりのワルシャワ再建局を訪問。	
2017年11月	広島県呉市下蒲刈町にある朝鮮通信使ゆかりの「松濤園」を訪問。	
2018年6月	バーレンの首都マナーマにある「国立図書館」を訪問。	
2018年10月	「オランダの東インド会社の記録文書」が所蔵されているスリランカの「国立公文書館」を訪問。	
2019年1月	ミャンマーのバガンにある「バガン考古学博物館」と「ミャゼディ・パゴダ」を訪問、「ミャゼーディーの4言語の石碑」を見学。	
2019年4月	「ホセ・マルティ・ペレスの記録史料」が所蔵されているキューバのハバナにある「ホセ・マルティ記念博物館」を訪問。	
2019年7月	アゼルバイジャンの首都バクーにある「国立図書館」を訪問。	
2019年9月	モンゴルのユネスコ国内委員会と「国立図書館」を訪問、所蔵庫等を見学。	
2021年4月	「ユネスコ遺産ガイド－日本編－総集版」発刊。	
2022年2月	「ユネスコ遺産ガイド－世界編－総合版」発刊。	
2022年12月	宗教法人園城寺（滋賀県大津市）並びに独立行政法人国立文化財機構東京国立博物館（東京都台東区）を訪問。	
2023年7月	「世界の記憶データ・ブック－2023年版－」発刊。	

【表紙写真】

（表）　　　　（裏）

❶ベハイムの地球儀（ドイツ）
❷プラタート・パノム年代記のヤシの葉写本の国家コレクション（タイ）
❸モールのコレクション（チェコ）
❹ナレーター、サグンバイ・オロズバコフによるキルギスの叙事詩『マナス』の写本（キルギス）
❺石に刻まれたアラビアの年代記：イクマ山（サウジアラビア）
❻キューバ映画のポスター（キューバ）
❼EMIアーカイブトラストの1897年から1914年までの蓄音機用のレコードと蝋管（国際音声・視聴覚アーカイブ協会（IASA））

〈著者プロフィール〉

古田 陽久（ふるた・はるひさ　FURUTA Haruhisa）
世界遺産総合研究所 所長

1951年広島県生まれ。1974年慶応義塾大学経済学部卒業、1990年シンクタンクせとうち総合研究機構を設立。アジアにおける世界遺産研究の先覚・先駆者の一人で、「世界遺産学」を提唱し、1998年世界遺産総合研究所を設置、所長兼務。毎年の世界遺産委員会や無形文化遺産委員会などにオブザーバー・ステータスで参加、中国杭州市での「首届中国大運河国際高峰論壇」、クルーズ船「にっぽん丸」、三鷹国際交流協会の国際理解講座、日本各地の青年会議所（JC）での講演など、その活動を全国的、国際的に展開している。これまでにイタリア、中国、スペイン、フランス、ドイツ、インド、メキシコ、英国、ロシア連邦、アメリカ合衆国、ブラジル、オーストラリア、ギリシャ、カナダ、トルコ、ポルトガル、ポーランド、スウェーデン、ベルギー、韓国、スイス、チェコ、ペルー、キューバなど68か国、約300の世界遺産地を訪問している。
HITひろしま観光大使（広島県観光連盟）、防災士（日本防災士機構）現在、広島市佐伯区在住。

【専門分野】世界遺産制度論、世界遺産論、自然遺産論、文化遺産論、危機遺産論、地域遺産論、日本の世界遺産、世界無形文化遺産、世界の記憶、世界遺産と教育、世界遺産と観光、世界遺産と地域づくり・まちづくり

【著書】「世界の世界の記憶60」（幻冬舎）、「世界遺産データ・ブック」、「世界無形文化遺産データ・ブック」、「世界の記憶データ・ブック」（世界世界の記憶データブック）、「誇れる郷土データ・ブック」、「世界遺産ガイド」シリーズ、「ふるさと」「誇れる郷土」シリーズなど多数。

【執筆】連載「世界遺産への旅」、「世界世界の記憶の旅」、日本政策金融公庫調査月報「連載『データで見るお国柄』」、「世界遺産を活用した地域振興－『世界遺産基準』の地域づくり・まちづくり－」（月刊「地方議会人」）、中日新聞・東京新聞サンデー版「大図解危機遺産」、「現代用語の基礎知識2009」（自由国民社）世の中ペディア「世界遺産」など多数。

【テレビ出演歴】TBSテレビ 「あさチャン！」、「ひるおび」、「NEWS23」、テレビ朝日「モーニングバード」、「やじうまテレビ」、「ANNスーパーJチャンネル」、日本テレビ「スッキリ!!」、フジテレビ「めざましテレビ」、「スーパーニュース」、「とくダネ!」、NHK福岡「ロクいち！」、テレビ岩手「ニュースプラス１いわて」など多数。
【ホームページ】「世界遺産と総合学習の杜」http://www.wheritage.net/

世界の記憶データ・ブック－2023年版－

2023年（令和5年）8月 31日　初版 第1刷

著 　 者	古 田 陽 久
企画・編集	世界遺産総合研究所
発 　 行	シンクタンクせとうち総合研究機構　Ⓒ

〒731-5113
広島市佐伯区美鈴が丘緑三丁目4番3号
TEL＆FAX　082-926-2306
電子メール　wheritage@tiara.ocn.ne.jp
インターネット　http://www.wheritage.net
出版社コード　86200

Complied and Printed in Japan, 2023　ISBN978-4-86200-268-6 C1520 Y3000E

発行図書のご案内

世界遺産シリーズ

世界遺産データ・ブック　2023年版 新刊　978-4-86200-265-5 本体 2727円 2023年3月発行
最新のユネスコ世界遺産1157物件の全物件名と登録基準、位置を掲載。ユネスコ世界遺産の概要も充実。世界遺産学習の上での必携の書。

世界遺産事典－1157全物件プロフィール－ 新刊　978-4-86200-264-8 本体3000円 2023年3月発行
2023改訂版　世界遺産1157物件の全物件プロフィールを収録。 2023改訂版

世界遺産キーワード事典　2020改訂版 新刊　978-4-86200-241-9 本体 2600円 2020年7月発行
世界遺産に関連する用語の紹介と解説

世界遺産マップス－地図で見るユネスコの世界遺産－ 新刊　978-4-86200-263-1 本体 2727円 2023年2月発行
2023改訂版　世界遺産1157物件の位置を地域別・国別に整理

世界遺産ガイド－世界遺産条約採択40周年特集－　978-4-86200-172-6 本体 2381円 2012年11月発行
世界遺産の40年の歴史を特集し、持続可能な発展を考える。

世界遺産フォトス
世界遺産の多様性を写真資料で学ぶ。
－写真で見るユネスコの世界遺産－　4-916208-22-6 本体 1905円 1999年8月発行
第2集－多様な世界遺産－　4-916208-50-1 本体 2000円 2002年1月発行
第3集－海外と日本の至宝100の記憶－　978-4-86200-148-1 本体 2381円 2010年1月発行

世界遺産入門－平和と安全な社会の構築－　978-4-86200-191-7 本体 2500円 2015年5月発行
世界遺産を通じて「平和」と「安全」な社会の大切さを学ぶ

世界遺産学入門－もっと知りたい世界遺産－　4-916208-52-8 本体 2000円 2002年2月発行
新しい学問としての「世界遺産学」の入門書

世界遺産学のすすめ－世界遺産が地域を拓く－　4-86200-100-9 本体 2000円 2004年4月発行
普遍的価値を顕す世界遺産が、閉塞した地域を拓く

世界遺産概論＜上巻＞＜下巻＞　世界遺産の基礎的事項をわかりやすく解説　上巻 978-4-86200-116-0 2007年1月発行／下巻 978-4-86200-117-7 本体 各 2000円

世界遺産ガイド－ユネスコ遺産の基礎知識－2023改訂版 新刊　978-4-86200-267-9 本体 2727円 2023年8月発行
混同しやすいユネスコ三大遺産の違いを明らかにする

世界遺産ガイド－世界遺産条約編－　4-916208-34-X 本体 2000円 2000年7月発行
世界遺産条約を特集し、条約の趣旨や目的などポイントを解説

世界遺産ガイド－世界遺産条約とオペレーショナル・ガイドラインズ編－　978-4-86200-128-3 本体 2000円 2007年12月発行
世界遺産条約とその履行の為の作業指針について特集する

世界遺産ガイド－世界遺産の基礎知識編－ 2009改訂版　978-4-86200-132-0 本体 2000円 2008年10月発行
世界遺産の基礎知識をQ&A形式で解説

世界遺産ガイド－図表で見るユネスコの世界遺産編－　4-916208-89-7 本体 2000円 2004年12月発行
世界遺産をあらゆる角度からグラフ、図表、地図などで読む

世界遺産ガイド－情報所在源編－　4-916208-84-6 本体 2000円 2004年1月発行
世界遺産に関連する情報所在源を各国別、物件別に整理

世界遺産ガイド－自然遺産編－ 2020改訂版 新刊　978-4-86200-234-1 本体 2600円 2020年4月発行
ユネスコの自然遺産の全容を紹介

世界遺産ガイド－文化遺産編－ 2020改訂版 新刊　978-4-86200-235-8 本体 2600円 2020年4月発行
ユネスコの文化遺産の全容を紹介

世界遺産ガイド－文化遺産編－
1. 遺跡　4-916208-32-3 本体 2000円 2000年8月発行
2. 建造物　4-916208-33-1 本体 2000円 2000年9月発行
3. モニュメント　978-4-86200-35-8 本体 2000円 2000年10月発行
4. 文化的景観　4-916208-53-6 本体 2000円 2002年1月発行

世界遺産ガイド－複合遺産編－ 2020改訂版 新刊　978-4-86200-236-5 本体 2600円 2020年4月発行
ユネスコの複合遺産の全容を紹介

世界遺産ガイド－危機遺産編－ 2020改訂版 新刊　978-4-86200-237-2 本体 2600円 2020年4月発行
ユネスコの危機遺産の全容を紹介

世界遺産ガイド－文化の道編－　978-4-86200-207-5 本体 2500円 2016年12月発行
世界遺産に登録されている「文化の道」を特集

世界遺産ガイド－文化的景観編－　978-4-86200-150-4 本体 2381円 2010年4月発行
文化的景観のカテゴリーに属する世界遺産を特集

世界遺産ガイド－複数国にまたがる世界遺産編－　978-4-86200-151-1 本体 2381円 2010年6月発行
複数国にまたがる世界遺産を特集

世界遺産ガイド-地形・地質編-	978-4-86200-185-6 本体2500円 2014年5月発行 世界自然遺産のうち、代表的な「地形・地質」を紹介
世界遺産ガイド-生態系編-	978-4-86200-186-3 本体2500円 2014年5月発行 世界自然遺産のうち、代表的な「生態系」を紹介
世界遺産ガイド-自然景観編-	4-916208-86-2 本体2000円 2004年3月発行 世界自然遺産のうち、代表的な「自然景観」を紹介
世界遺産ガイド-生物多様性編-	4-916208-83-8 本体2000円 2004年1月発行 世界自然遺産のうち、代表的な「生物多様性」を紹介
世界遺産ガイド-自然保護区編-	4-916208-73-0 本体2000円 2003年5月発行 自然遺産のうち、自然保護区のカテゴリーにあたる物件を特集
世界遺産ガイド-国立公園編-	4-916208-58-7 本体2000円 2002年5月発行 ユネスコ世界遺産のうち、代表的な国立公園を特集
世界遺産ガイド-名勝・景勝地編-	4-916208-41-2 本体2000円 2001年3月発行 ユネスコ世界遺産のうち、代表的な名勝・景勝地を特集
世界遺産ガイド-歴史都市編-	4-916208-64-1 本体2000円 2002年9月発行 ユネスコ世界遺産のうち、代表的な歴史都市を特集
世界遺産ガイド-都市・建築編-	4-916208-39-0 本体2000円 2001年2月発行 ユネスコ世界遺産のうち、代表的な都市・建築を特集
世界遺産ガイド-産業・技術編-	4-916208-40-4 本体2000円 2001年3月発行 ユネスコ世界遺産のうち、産業・技術関連遺産を特集
世界遺産ガイド-産業遺産編-保存と活用	4-86200-103-3 本体2000円 2005年4月発行 ユネスコ世界遺産のうち、各産業分野の遺産を特集
世界遺産ガイド-19世紀と20世紀の世界遺産編-	4-916208-56-0 本体2000円 2002年7月発行 激動の19世紀、20世紀を代表する世界遺産を特集
世界遺産ガイド-宗教建築物編-	4-916208-72-2 本体2000円 2003年6月発行 ユネスコ世界遺産のうち、代表的な宗教建築物を特集
世界遺産ガイド-仏教関連遺産編 新刊	4-86200-223-5 本体2600円 2019年2月発行 ユネスコ世界遺産のうち仏教関連遺産を特集
世界遺産ガイド-歴史的人物ゆかりの世界遺産編-	4-916208-57-9 本体2000円 2002年9月発行 歴史的人物にゆかりの深いユネスコ世界遺産を特集
世界遺産ガイド-人類の負の遺産と復興の遺産編-	978-4-86200-173-3 本体2000円 2013年2月発行 世界遺産から人類の負の遺産と復興の遺産を学ぶ
世界遺産ガイド-未来への継承編 新刊	4-916208-242-6 本体3500円 2020年10月発行 2022年の「世界遺産条約採択50周年」に向けて
ユネスコ遺産ガイド-世界編- 総合版 新刊	4-916208-255-6 本体3500円 2022年2月発行 世界のユネスコ遺産を特集
ユネスコ遺産ガイド-日本編- 総集版 新刊	4-916208-250-1 本体3500円 2021年4月発行 日本のユネスコ遺産を特集

世界の文化シリーズ

世界遺産の無形版といえる「世界無形文化遺産」についての希少な書籍

世界無形文化遺産データ・ブック 新刊 2022年版	978-4-86200-257-0 本体2727円 2022年3月 世界無形文化遺産の仕組みや登録されているものを地域別・国別に整理。
世界無形文化遺産事典 2022年版 新刊	978-4-86200-258-7 本体2727円 2022年3月 世界無形文化遺産の概要を、地域別・国別・登録年順に掲載。

世界の記憶シリーズ

ユネスコのプログラム「世界の記憶」の全体像を明らかにする

世界の記憶データ・ブック 新刊 2023年版	978-4-86200-268-6 本体3000円 2023年8月発行 ユネスコ三大遺産事業の一つ「世界の記憶」の仕組みや494件の世界の記憶など、プログラムの全体像を明らかにする。